历史性突破

张卓元　林兆木◎主编

全面深化改革开放这十年

Comprehensively Deepening Reform and Opening-up in the Last Decade

中国工人出版社

图书在版编目（CIP）数据

历史性突破：全面深化改革开放这十年 / 张卓元，
林兆木主编. — 北京：中国工人出版社，2023.11
ISBN 978-7-5008-8349-4
Ⅰ.①历…　Ⅱ.①张… ②林…　Ⅲ.①改革开放—研究—中国
Ⅳ.①D61
中国国家版本馆CIP数据核字（2023）第239858号

历史性突破：全面深化改革开放这十年

出 版 人　董　宽
责任编辑　左　鹏
责任校对　张　彦
责任印制　栾征宇
出版发行　中国工人出版社
地　　址　北京市东城区鼓楼外大街 45 号　邮编：100120
网　　址　http://www.wp-china.com
电　　话　（010）62005043（总编室）
　　　　　（010）62005039（印制管理中心）
　　　　　（010）62382916（工会与劳动关系分社）
发行热线　（010）82029051　62383056
经　　销　各地书店
印　　刷　北京美图印务有限公司
开　　本　710 毫米 × 1000 毫米　1/16
印　　张　16
字　　数　260 千字
版　　次　2024 年 1 月第 1 版　2024 年 1 月第 1 次印刷
定　　价　68.00 元

本书如有破损、缺页、装订错误，请与本社印制管理中心联系更换

目录

前　言

2023年是全面贯彻党的二十大精神的开局之年，也是改革开放45周年和党的十八届三中全会召开10周年。

2013年11月12日，党的十八届三中全会通过了《中共中央关于全面深化改革若干重大问题的决定》(以下简称《决定》)。《决定》提出全面深化改革的总体目标，对“五位一体”的全面深化改革进行战略部署，有诸多新的亮点，其中不乏历史性的重大突破。《决定》明确提出，“经济体制改革是全面深化改革的重点，核心问题是处理好政府和市场的关系，使市场在资源配置中起决定性作用和更好发挥政府作用。”从党的十四大提出的“基础性作用”到党的十八届三中全会提出的“决定性作用”，虽然只有几个字之差，却是承继、发展社会主义市场经济体制的重要历史性突破。

党的十九届六中全会通过的《中共中央关于党的百年奋斗重大成就和历史经验的决议》评价，“党的十八届三中全会也是划时代的，实现改革由局部探索、破冰突围到系统集成、全面深化的转变，开创了我国改革开放新局面。”中国改革开放的历史是政府与市场作用不断磨合的历史，是政府和市场力量共同作用的历史。党的十八届三中全会以历史性的担当和勇气，在政府和市场关系的认识上实现了历史性突破，牵动影响着改革发展全局，是一场深刻的思想解放。

党的二十大报告提出“坚持深化改革开放”。习近平总书记在二十届中央全面深化改革委员会第一次会议上强调，“实现新时代新征程的目标任务，要把全面深化改革作为推进中国式现代化的根本动力”。在此背景下，推进社会主义现代化强国建设，承继和发展党的十八届三中全会“划时代”的精神、勇气和担当，尤为重要。

中国（海南）改革发展研究院（以下简称“中改院”）自2014年开始启动了“口述改革历史”访谈项目。为此，中改院专门邀请了党的十八届三中全会文件起草组部分成员和全会召开以来重大改革亲历者接受口述访谈，由张卓元、林兆木担任主编组织编写本书。全书以“历史性突破”为主标题，从坚持社会主义市场经济改革方向、市场在资源配置中起决定性作用和更好发挥政府作用、坚持两个毫不动摇和以开放促改革、发展成果更多更公平惠及全体人民四个方面，回顾党的十八届三中全会及其《决议》的历史性作用，以及召开全会以来我国改革开放的重要举措和历程。本书为2020年度国家社会科学基金重大委托项目“改革开放史专题研究”（20@ZH024）阶段性成果。

我的同事杨睿、陈薇、张娟、刘铁奇、陈所华等也参与了本书的编辑和相关工作，中国工人出版社的编辑团队对此也付出了辛勤劳动，在此一并表示感谢！

最后，谨以此书献给党的十八届三中全会召开10周年！

迟福林

2023年11月

绪　论

党的十八大之后，中国特色社会主义进入新时代。新时代以来致力于全面深化改革，但不是平均用力、齐头并进。主要深化了对经济体制、政治体制、文化体制、社会体制、生态文明体制、党的建设制度等领域的重点方面改革。特别是围绕使市场在资源配置中起决定性作用和更好地发挥政府作用，处理好政府和市场的关系，深化经济体制改革，坚持和完善基本经济制度，加快完善现代市场体系、宏观调控体系、开放型经济体系，加快转变经济发展方式，加快建设创新型国家，推动经济实现了更有效率、更加公平、更可持续的发展。紧紧围绕坚持党的领导、人民当家作主、依法治国有机统一深化政治体制改革，加快推进社会主义民主政治制度化、规范化、程序化，建设社会主义法治国家，推动发展了更加广泛、更加充分、更加健全的人民民主。围绕建设社会主义核心价值体系、社会主义文化强国深化文化体制改革，加快完善文化管理体制和文化生产经营机制，建立健全现代公共文化服务体系、现代文化市场体系，有效推动了社会主义文化大发展大繁荣。围绕更好地保障和改善民生、促进社会公平正义深化社会体制改革，改革收入分配制度，促进共同富裕，推进社会领域制度创新，推进基本公共服务均等化，加快形成科学有效的社会治理体制，确保社会既充满活力又和谐有序。围绕建设美丽中国深化生态文明体制改革，坚持和完善生态文明制度体系，健全国土空间开发、资源节约利用、生态环境保护的体制机制，推动形成了人与自然和谐发展现代化建设新格局。围绕提高科学执政、民主执政、依法执政水平深化党的建设制度改革，加强民主集中制建设，完善党的领导体制和执政方式，保持党的先进性和纯洁性，为改革开放和社会主义现代化建设提供了坚强政治保证。这些方面的改革全面发力、系统推进，推动新时代中国特色社会主义迈上新台阶、开拓新境界、取得新成就。

党的十八大确定了全面建成小康社会和全面深化改革开放的目标，强调要加快完善社会主义市场经济体制，加快推进社会主义民主政治制度化、规范化、程序化，加快完善文化管理体制和文化生产经营机制，加快形成科学有效的社会管理体制，加快建立生态文明制度。围绕这个目标要求，党的十八大对推进经济建设、政治建设、文化建设、社会建设、生态文明建设等作出全面部署，提出了一系列重大改革任务和改革举措。

党的十八届三中全会把完善和发展中国特色社会主义制度，推进国家治理体系和治理能力现代化确立为全面深化改革的总目标。为实现这一总目标，提出了一个由七个“紧紧围绕”组成的全面深化改革路线图和总布局：紧紧围绕使市场在资源配置中起决定性作用深化经济体制改革；紧紧围绕坚持党的领导、人民当家作主、依法治国有机统一深化政治体制改革；紧紧围绕建设社会主义核心价值体系、社会主义文化强国深化文化体制改革；紧紧围绕更好保障和改善民生、促进社会公平正义深化社会体制改革；紧紧围绕建设美丽中国深化生态文明体制改革；紧紧围绕提高科学执政、民主执政、依法执政水平深化党的建设制度改革；紧紧围绕建设一支听党指挥、能打胜仗、作风优良的人民军队这一党在新形势下的强军目标，构建中国特色现代军事力量体系。党的十八大以后的5年，改革全面发力、多点突破、纵深推进，着力增强改革系统性、整体性、协同性，压茬拓展改革广度和深度，推出了1500多项改革举措，重要领域和关键环节改革取得了突破性进展。

党的十九大指出，我国仍处于并将长期处于社会主义初级阶段的基本国情没有变，必须牢牢坚持党的基本路线，坚持以经济建设为中心，坚持四项基本原则，坚持改革开放。把“坚持全面深化改革”概括为习近平新时代中国特色社会主义思想的一个主要内容，强调只有改革开放才能发展中国、发展社会主义、发展马克思主义。强调要通过全面深化改革坚持和完善中国特色社会主义制度，不断推进国家治理体系和治理能力现代化，坚决破除一切不合时宜的思想观念和体制机制弊端，突破利益固化的藩篱，吸收人类文明有益成果，构建系统完备、科学规范、运行有效的制度体系，充分发挥我国社会主义制度优越性。党的十九大对决胜全面建成小康社会，开启全面建设社会主义现代化国家新征程作出了一系列全面深化改革的战略部署。

围绕全面深化改革的总目标，党的十九届四中全会从坚持和完善中国特色社会主义制度的高度对全面深化改革“再部署”，具体包括十三个方面：坚持和完善党的领导制度体系，提高党科学执政、民主执政、依法执政水平；坚持和完善人民当家作主制度体系，发展社会主义民主政治；坚持和完善中国特色社会主义法治体系，提高党依法治国、依法执政能力；坚持和完善中国特色社会主义行政体制，构建职责明确、依法行政的政府治理体系；坚持和完善社会主义基本经济制度，推动经济高质量发展；坚持和完善繁荣发展社会主义先进文化的制度，巩固全体人民团结奋斗的共同思想基础；坚持和完善统筹城乡的民生保障制度，满足人民日益增长的美好生活需要；坚持和完善共建共治共享的社会治理制度，保持社会稳定、维护国家安全；坚持和完善生态文明制度体系，促进人与自然和谐共生；坚持和完善党对人民军队的绝对领导制度，确保人民军队忠实履行新时代使命任务；坚持和完善“一国两制”制度体系，推进祖国和平统一；坚持和完善独立自主的和平外交政策，推动构建人类命运共同体；坚持和完善党和国家监督体系，强化对权力运行的制约和监督。这十三个方面是继续全面深化改革的更为具体的行动方案。

党的二十大提出了以中国式现代化全面推进中华民族伟大复兴的使命任

务。为实现这一使命任务，党的二十大把“坚持深化改革开放”作为前进道路上必须牢牢把握的重大原则之一。强调要“深入推进改革创新，坚定不移扩大开放，着力破解深层次体制机制障碍，不断彰显中国特色社会主义制度优势，不断增强社会主义现代化建设的动力和活力，把我国制度优势更好转化为国家治理效能”。把“改革开放迈出新步伐”作为未来5年的主要目标任务之一。党的二十大作出了推进和拓展中国式现代化的一系列重大战略部署。在经济建设方面，要构建高水平社会主义市场经济体制，建设现代化产业体系，推动经济实现质的有效提升和量的合理增长。在政治建设方面，要发展全过程人民民主，保障人民当家作主。在文化建设方面，要推进文化自信自强，铸就社会主义文化新辉煌。在社会建设方面，要坚持在发展中保障和改善民生，扎实推进共同富裕，提高人民生活品质。在生态建设方面，要推进美丽中国建设，促进人与自然和谐共生。在教育科技人才支撑方面，要实施科教兴国战略，加快建设教育强国、科技强国、人才强国。在法治建设方面，要坚持全面依法治国，坚持走中国特色社会主义法治道路，推进法治中国建设。这些重大战略部署，都是全面深化改革需要重点推进的领域。

改革开放是当代中国发展进步的活力之源，是我们党和人民大踏步赶上时代前进步伐的重要法宝，是坚持和发展中国特色社会主义的必由之路。2018年，习近平总书记在庆祝改革开放40周年大会上的讲话中指出，“改革开放是我们党的一次伟大觉醒，正是这个伟大觉醒孕育了我们党从理论到实践的伟大创造。改革开放是中国人民和中华民族发展史上一次伟大革命，正是这个伟大革命推动了中国特色社会主义事业的伟大飞跃”。2021年，在庆祝中国共产党成立100周年大会上的讲话中，习近平总书记强调，“改革开放是决定当代中国前途命运的关键一招”。党的十九届六中全会通过的《中共中央关于党的百年奋斗重大成就和历史经验的决议》对改革开放的历史性成就给予高度评价：“改革开放和社会主义现代化建设的伟大成就举世瞩目，我国实现了从生产力相对落后的状况到经济总量跃居世界第二的历史性突破，实现了人民生活从温饱不足到总体小康、奔向全面小康的历史性跨越，推进了中华民族从站起来到富起来的伟大飞跃。”

党的十八大以来，以习近平同志为核心的党中央高举改革开放伟大旗帜，坚持改革正确方向，开创了我国改革开放新局面，党和国家事业发生了全方位、开创性、深层次、根本性变革，全面深化改革已经成为当代中国最鲜明的特色，扩大对外开放已经成为当代中国最鲜明的标识。坚定不移深化改革开放，才能推进国家治理体系和治理能力现代化，把我国制度优势更好转化为国家治理效能，才能推动以中国式现代化实现中华民族伟大复兴。

当前，世界进入新的动荡变革期，全面建设社会主义现代化的新征程还面临不少深层次矛盾，躲不开、绕不过，我们必须面对各种复杂的形势，完成好各项艰巨的任务。其中，高质量发展是全面建设社会主义现代化国家的首要任务。坚定不移深化改革开放，才能推动高质量发展。这是因为，实现高质量发展，必须把实施扩大内需战略同深化供给侧结构性改革有机结合起来，增强国内大循环内生动力和可靠性，提升国际循环质量和水平，加快建设现代化经济体系，着力提高全要素生产率，着力提升产业链供应链韧性和安全水平，着力推进城乡融合和区域协调发展。只有坚定不移深化改革开放，才能不断解放和发展社会生产力，增强社会主义现代化的动力和活力，推动经济实现质的有效提升和量的合理增长。

也只有坚定不移深化改革开放，才能构建新发展格局。新发展格局是以国内大循环为主体、国内国际双循环相互促进的新格局。过去，我国经济发展是在改革开放条件下取得的，未来经济发展也必须在改革开放的条件下进行。只有深化改革开放，才能扫除阻碍国内大循环和国内国际双循环畅通的制度、观念和利益羁绊，破除妨碍生产要素市场化配置和商品服务流通的体制机制障碍，形成高效规范、公平竞争、充分开放的国内统一大市场；才能依托我国超大规模市场优势，增强国内国际两个市场两种资源联动效应，稳步扩大规则、规制、管理、标准等制度型开放，营造市场化、法治化、国际化一流营商环境，才能形成国内国际双循环的新发展格局。

当代中国正经历着我国历史上最为广泛而深刻的社会变革，改革开放是当代中国最显著的特征、最壮丽的气象。时代潮流浩浩荡荡，改革开放永无止境。在习近平新时代中国特色社会主义思想的指导下，新时代全面深化改革开放的新的伟大征程必将取得新的更伟大的历史性成就，以中国式现代化推进中华民族伟大复兴的使命任务一定能够成功实现。

魏礼群

2023 年 12 月

第一章

坚持社会主义市场经济改革方向

坚定信心，凝聚共识，统筹谋划，协同推进，坚持社会主义市场经济改革方向，以促进社会公平正义、增进人民福祉为出发点和落脚点，进一步解放思想、解放和发展社会生产力、解放和增强社会活力，坚决破除各方面体制机制弊端，努力开拓中国特色社会主义事业更加广阔的前景。

——《中共中央关于全面深化改革若干重大问题的决定》

坚持和完善社会主义市场经济体制

林兆木
中国宏观经济研究院研究员

2013年11月12日，党的十八届三中全会审议通过了《中共中央关于全面深化改革若干重大问题的决定》。《中共中央关于全面深化改革若干重大问题的决定》以协调推进“四个全面”、实现“五位一体”的总体布局，抓住了改革发展稳定的关键，确立了新形势下党和国家各项工作的顶层设计、战略方向，提出“紧紧围绕使市场在资源配置中起决定性作用深化经济体制改革”，为进一步完善社会主义市场经济体制指明了方向。

党的二十大报告中提出“构建高水平社会主义市场经济体制”的重大任务，并指出，坚持和完善社会主义基本经济制度，毫不动摇巩固和发展公有制经济，毫不动摇鼓励、支持、引导非公有制经济发展，充分发挥市场在资源配置中的决定性作用，更好地发挥政府作用。这为全面深化改革、构建高水平社会主义市场经济体制确定了总的方向。

十年前，习近平总书记亲自主持制定、经党的十八届三中全会通过的《中共中央关于全面深化改革若干重大问题的决定》(以下简称《决定》)，提出了一系列新论断、新观点、新决策、新部署。其中，对全面深化经济体制改革具有全局性和战略意义的是《决定》作出“使市场在资源配置中起决定性作用和更好发挥政府作用”的重大决策，并且按照这个要求，提出了经济领域众多新的重大改革举措。这是我国改革开放历史进程中具有里程碑意义的创新和发展。当年我参加了文件起草组工作，见证了《决定》起草的过程，本文拟就《决定》的显著特点、历史意义和市场与政府在资源配置中的作用问题，略表己见。

一、《决定》的显著特点和历史意义

党的十八届三中全会通过的《决定》有以下显著特点：

第一，习近平总书记亲自挂帅、党中央高度重视。2013年4月中央政治局决定，成立由习近平总书记担任组长的《决定》起草组。由党的最高领导人亲自担任中央全会文件起草组组长，这是改革开放以来第一次，充分体现了党中央对全面深化改革的高度重视。习近平总书记在深入调研的基础上，以深邃的洞察力和高屋建瓴的战略眼光，提出了全面深化改革需要调查研究的6个重大问题：进一步形成全国统一的市场体系，形成公平竞争的发展环境；进一步增强经济发展活力，为实现经济持续健康发展提供不竭动力；进一步提高宏观调控水平，提高政府效率和效能；进一步增强社会发展活力，促进社会和谐稳定；进一步实现社会公平正义，通过制度安排更好保障人民群众各方面权益；进一步提高党的领导水平和执政能力，充分发挥党总揽全局、协调各方的作用。这6个重大课题，直指我国全面深化改革的关键。2013年4月24日，习近平总书记在起草组第一次全体会议上发表重要讲话，明确了《决定》的指导思想和基本要求，为起草工作指明了方向。在《决定》提交党的十八届三中全会审议通过前，中央政治局常委会会议4次、中央政治局会议两次分别审议《决定》送审稿。在《决定》形成过程中，党中央先后就全会议题和《决定》审议稿两次征求各地区各部门和党内老同志的意见。习近平总书记亲自主持座谈会，专门听取各民主党派中央、全国工商联负责人和无党派人士意见。《决定》起草组对这些意见和建议高度重视，逐条认真研究，尽可能吸收，最大限度地达成共识。因此，《决定》是全党智慧的结晶，广泛汇聚了全国各个方面的智慧，充分体现了以习近平同志为核心的党中央高举改革开放伟大旗帜的坚定意志，充分体现了全党、全国人民对全面深化改革的愿望和要求。

第二，是我们党历史上第一个关于全面深化改革的决定。《决定》首次把经济、政治、文化、社会、生态文明的体制改革和党的建设制度改革，作为一个整体进行全面、系统部署。党的十一届三中全会之后，从党的十二届三中全会到党的十七届三中全会，都是围绕经济体制改革方面的主题作出决定；而党的十八届三中全会《决定》从经济体制改革扩展、上升到与经济建设、政治建设、文化建设、社会建设、生态文明建设“五位一体”总体布局相对应的全面改革，同时加强国防和军队改革、党的建设制度改革，是“5+1+1”的全面深化改革，这本身就是一个重大突破。在新的历史起点上，各个领域改革之间的内在联系更为紧密，任何一个领域的改革都会影响到其他领域改革，也需要其他领域改革的配合。因此，《决定》注重全面深化改革的统筹谋划，把各个方面改革作为整体进行部署并协同推进。这反映出我们党对中国特色社会主义总体布局的认识达到了一个新的高度。

第三，在全面深化改革中突出重点。《决定》突出重点体现在两个层面：一个层面是在全面深化改革中把深化经济体制改革作为重点，提出发挥经济体制改革对其他领域改革的牵引作用。这是因为经济是基础，以经济建设为中心是党的基本路线的核心内容；解决我国现阶段的社会主要矛盾和各方面问题，归根结底要靠发展社会生产力；同时，我国社会主义市场经济体制虽然已经建立，但是还不完善，只有进一步深化经济体制改革，才能推动经济持续健康发展，也才能推动其他各个领域的建设和改革继续向前发展。另一个层面是各个领域改革本身也都突出了重点，即《决定》提出的六个“紧紧围绕”，分别指出经济、政治、文化、社会、生态文明和党的建设这六个领域改革的主线。这六个要“紧紧围绕”的主线，反映了各个领域改革的核心理念和要求。各个领域改革分别围绕各自的主线来展开和推进，才能抓住主攻方向，取得更大更好的成效。

第四，全面深化改革以解决重大问题为导向。在《决定》起草过程中，习近平总书记多次强调，要有强烈的问题意识，以重大问题为导向，抓住关键问题进一步研究思考，着力推动解决我国发展面临的一系列突出矛盾和问题。改革是由问题倒逼而产生，又在不断解决问题中得以深化。所谓问题，包括各个领域各方面体制机制的弊端、经济社会发展中的突出矛盾和问题、人民群众反映强烈的热点问题、党的领导和建设存在的主要问题等。归纳起来就是习近平总书记指出的全面深化改革需要调查研究的 6 个重大问题。《决定》关于全面深化改革的决策部署，自始至终都是围绕这些关键问题展开的。

第五，《决定》不仅在改革广度和力度上前所未有，而且在深度和难度上也有重大突破。《决定》共有 16 个部分、60 条、300 多项改革举措，涵盖了各个领域改革的方方面面，这既反映了改革的广度，也反映了改革的力度。因为改革的力度不仅表现在《决定》中许多单项改革举措的力度上，而且表现在各个领域众多改革协同推进汇集起来的推进力度上。《决定》在改革深度和难度上的突破，集中表现在《决定》提出一系列全面深化改革的新论断、新决策、新举措，包括《决定》提出“使市场在资源配置中起决定性作用和更好发挥政府作用”，提出“推进国家治理体系和治理能力现代化”等重大理论观点和治国理念，进一步突破了传统观念的束缚，对推动触及深层次问题和利益固化矛盾的改革，有重大和深远的影响。同时，《决定》对一些长期没有触及的、影响面广而难度又大的问题，提出了突破性、开创性的改革举措，或者明确了改革的方向。

第六，《决定》体现了改革顶层设计和“摸着石头过河”相结合。《决定》对改革的顶层设计，体现在总论（第一部分）提出了全面深化改革的指导思想、总体目标、基本原则、主要任务，又在分论（第二至第十六部分）分别提出各个领域改革的具体目标、任务和举措，描绘了清晰的改革路线图。与此同时，《决定》也提出了改革的时间表，即到 2020 年，在重要领域和关键环节改革上取得了决定性成果，完成了《决定》提出的改革任务。《决定》提出，“中央成立全面深化改革领导小组，负责改革总体设计、统筹协调、整体推进、督促落实”。这是加强改革顶层设计，并把改革决策部署落到实处的组织保证。“摸着石头过河”体现在:《决定》提出的全面深化改革的决策、部署和举措，都是从实践中来的，既是针对当前存在的实际问题，又是在总结实践经验基础上提出解决问题的改革思路和改革举措;《决定》对一些重要改革的实施，还要求采取探索的办法，先试点取得经验后再推广。这些都体现了加强顶层设计和“摸着石头过河”相结合，改革胆子要大、步子要稳的精神。

《决定》对中国现阶段的突出矛盾和重大问题把握准确，针对性、指导性、操作性很强，回应了人民群众和社会各个方面的诉求和期待，具有深刻的理论基础、实践基础和广泛的群众基础、社会基础，是党的十一届三中全会以来又一个具有里程碑意义的光辉历史文献，是我国发展新阶段全面深化改革的行动纲领。

《决定》的重大历史意义体现在：改革开放是决定当代中国前途命运的关键一招，也是决定实现“两个一百年”奋斗目标、实现中华民族伟大复兴的关键一招；中国特色社会主义萌生于改革开放、形成于改革开放，也将更加成熟、更加定型于改革开放，全面深化改革是完善中国特色社会主义制度的必由之路；当前，国内外环境正在发生极为广泛而深刻的变化，我国发展面临一系列突出矛盾和挑战，前进道路上还有不少困难和问题，解决这些问题关键在于全面深化改革。从 1978 年 12 月党的十一届三中全会到 2013 年 11 月党的十八届三中全会是 35 年，从党的十八届三中全会到新中国成立 100 周年差不多也是 35 年。如果说第一个 35 年是实现“两个一百年”奋斗目标的上篇，我们取得了巨大成就，那么作为下篇的第二个 35 年，中国特色社会主义事业将会更加精彩、更加伟大。在两个 35 年、上篇与下篇交汇的重要历史节点上，党的十八届三中全会就全面深化改革作出《决定》，对全面推进改革开放和社会主义现代化建设、实现“两个一百年”奋斗目标，具有重大的现实意义和深远的历史意义。

二、从“基础性”到“决定性”是最大亮点之一

《决定》提出“使市场在资源配置中起决定性作用和更好发挥政府作用”，是我国改革开放理论与实践的深化和发展。市场经济是人类文明发展的共同成果。商品生产和商品交换作为市场经济的原始形态在世界各国古已有之，只是到资本主义产生后，简单商品经济才发展成为近代市场经济，并极大地促进了生产力发展。1848 年马克思和恩格斯在《共产党宣言》中说，资产阶级在它不到一百年的阶级统治中所创造的生产力，比过去一切世代创造的全部生产力还要多、还要大。之所以如此，就是因为资产阶级革命清除了封建社会制度束缚生产力和市场经济发展的障碍；而正是市场经济的发展催生了人类历史上第一次工业革命，使机器大工业和社会化生产得以迅速发展。自 1848 年至今 170 多年间，全球创造的生产力更是大大超过历史上所创造的全部生产力。全球生产力的这种巨大发展，主要应归因于经济全球化所带动的市场经济在全球的发展。历史和现实表明，与其他经济体制相比，市场经济是资源配置最有效率的体制，也是发展生产力和实现现代化的最优途径。“使市场在资源配置中起决定性作用”的本质要求，就是在经济活动中遵循和贯彻价值规律；其实质就是让价值规律、竞争和供求规律等市场经济规律在资源配置中起决定性作用。

我国的实践证明，社会主义和市场经济能够成功结合。市场经济为社会主义注入蓬勃生机和发展活力，社会主义为市场经济开辟崭新境界和广阔前景。社会主义和市场经济都不是僵化不变的，而是能动的、不断向前发展的。社会主义市场经济体制的巨大优越性和强大生命力就在于：它不仅能够将社会主义和市场经济两者的优势结合，而且留有很大空间，可以随着实践和认识的发展，通过深化改革不断优化这种结合。提出“使市场在资源配置中起决定性作用和更好发挥政府作用”，就是从理论上和实践上对这种结合的新的重大发展。

我国从计划经济体制转到社会主义市场经济体制的改革，始终是围绕着处理好政府和市场的关系这个核心问题展开的。所谓政府和市场的关系，实际上就是哪一方在资源配置中起决定性作用的问题。改革开放以前，我国实行的是高度集中的计划经济体制，完全由政府通过国家计划进行资源配置。改革开放要在实践上突破计划经济体制的束缚，就必须在思想上突破否定和排斥市场经济的传统观念束缚。

20 世纪 80 年代，随着改革开放实践的推进，我们对政府（计划）和市场关系的认识逐步摆脱了传统观念的束缚，对推动改革和发展起了重要作用。特别是 1992 年初邓小平同志“南方谈话”，使得我们对这一认识有了重大突破。随后，党的十四大明确提出，我国经济体制改革的目标是建立社会主义市场经济体制，就是要使市场在社会主义国家宏观调控下对资源配置起基础性作用。这一重大理论突破，对推动我国改革开放和经济社会发展发挥了极为重要的作用。

在提出市场对资源配置起基础性作用的定位之后，我们党一直在继续探索适应改革和发展客观实际变化要求的更准确定位。党的十六大提出，在更大程度上发挥市场在资源配置中的基础性作用；党的十七大提出，从制度上更好发挥市场在资源配置中的基础性作用；党的十八大进一步提出，更大程度更广范围发挥市场在资源配置中的基础性作用。从党的十六大到党的十八大，在“市场的基础性作用”前面所加的关键词，都集中在强调改革的取向是增强市场作用。这些重要论断为党的十八届三中全会《决定》提出“使市场在资源配置中起决定性作用和更好发挥政府作用”在思想和理论上作了准备。

提出“使市场在资源配置中起决定性作用和更好发挥政府作用”的论断是党的十八届三中全会《决定》的最大亮点之一。这个新表述抓住了新的历史条件下推动经济体制改革和经济发展的牛鼻子。《决定》根据完善社会主义市场经济体制和现阶段经济发展的客观要求，广泛考虑各方面意见，将使市场在资源配置中起“基础性作用”修改为“决定性作用”。虽然只有两字之差，但却提出了一个重大理论观点。“决定性作用”和“基础性作用”，这两种表述是一致和衔接的，前者是在后者基础上与时俱进的发展。“决定性作用”的表述在理论上更为明确、到位，对于现阶段经济体制改革的指导更有针对性，是我国改革理论和实践在新的历史条件下的重大发展。这个新表述有利于进一步在全党全社会树立关于政府和市场关系的正确观念，有利于进一步解放和发展生产力，进一步解放和增强社会活力。紧紧围绕“使市场在资源配置中起决定性作用”深化经济体制改革，将开创我国改革开放的崭新局面。

三、对经济社会发展的重大意义

从经济发展的国际经验看，据世界银行研究，1960 年全世界属于中等收入的国家和地区共有 101 个，到 2008 年只有 13 个经济体进入高收入行列。大多数经济体之所以掉入中等收入陷阱，主要是因为未能正确处理好政府与市场的关系，有些是过分依赖政府作用、忽视市场作用，有些则是只重视市场作用、忽视政府作用。从国内发展的实践背景看，我国经济发展阶段的重大变化迫切要求加快经济转型升级，而当前经济发展中不可持续的突出矛盾，如部分商品、服务和生产要素价格扭曲、产能过剩、地方政府债务和金融风险积累、生态环境恶化、公共服务缺失等，都与政府对资源配置干预过多、干预不当和市场监管、公共服务缺位、市场功能发挥不够有密切关系。

《决定》明确指出，要着力解决市场体系不完善、政府干预过多和监管不到位问题。必须积极稳妥从广度和深度上推进市场化改革，大幅度减少政府对资源的直接配置，推动资源配置依据市场规则、市场价格、市场竞争实现效益最大化和效率最优化。从《决定》关于深化经济体制改革的决策部署，我们可以清晰地看到，使市场在资源配置中起决定性作用，对于建立和完善社会主义市场经济体制，推动经济持续健康发展，具有重大现实意义。

第一，有利于最大限度地激发各类市场主体创业、创新活力。马克思主义认为，生产力是一切社会发展的最终决定力量。人是生产力中最重要的因素。我国是一个拥有 14 亿多人口的发展中大国，人口超过美、日、欧等发达国家和地区人口的总和，发展需求和潜力也大得多。这么多人的就业、创业，这么多需求的满足，这么多经济、社会建设事业的发展，这一切都必须依靠最广泛、最充分地调动全社会所有人的积极性、主动性和创造性。企业是市场经济的细胞，是创业、创新的主体，是整个经济生机活力和蓬勃发展的基础。而平等的市场准入和产权保护、公平的竞争条件和营商环境，是市场主体焕发生机活力的根本保证。现在阻碍民营企业投资和发展的"玻璃门"、"弹簧门"仍然存在；政府对企业技术创新过度干预，而知识产权保护方面又缺乏作为。解决这些问题，关键是要在经济领域依据市场规则、市场价格、市场竞争进行资源配置。

第二，有利于加快我国经济转型升级。我国经济结构不合理，不少行业产能严重过剩，同政府对经济干预过多导致生产要素价格扭曲、资源错配有很大关系。根据"使市场在资源配置中起决定性作用"的要求深化相关改革，才能推动经济更有效率、更加公平、更可持续发展。

第三，有利于建设高效廉洁的服务型政府。政府治理与市场功能的边界不够清晰，政府将过多时间和精力用在审批项目、招商引资等直接干预微观经济事务上。"使市场在资源配置中起决定性作用"要求：凡是市场和企业能解决的，放给市场和企业；凡是社会中介组织能承担的职能，交给社会中介组织。这不仅有利于政府真正转变职能，把重点转到加强市场监管、增强公共服务和维护社会公平正义上来，而且有利于铲除公职人员受贿、权钱交易等腐败现象的土壤和根源。20 世纪八九十年代，重要物资和外汇等双轨制，党政机关经商办企业，都曾经是腐败现象的多发高发领域，后来正是通过改革从体制和制度上解决了这些问题。

第四，有利于构建开放型经济新体制。国内改革和对外开放相辅相成、相互促进，是我国改革开放以来的一条成功经验。对外开放不仅使我国得以充分利用国际市场和国外资源有力推动国内发展，而且为国内改革提供了发展市场经济的经验、规则借鉴，成为促进改革的重要动力和活力源泉。我国和其他新兴市场经济体是经济全球化和贸易投资自由化的受益者。国际金融危机以来，世界经济深度调整，竞争更趋激烈，主要发达国家正在推动新一轮贸易投资自由化谈判。使市场在资源配置中起决定性作用，才能适应新一轮国际竞争的要求，推动我国形成高水平的对外开放新格局。

政府与市场的这种新关系，不仅是重大的理论发展，而且与广大群众利益息息相关。使市场在资源配置中起决定性作用，才能使价格更放开，竞争更充分，资源利用更经济、更有效。这就意味着，作为企业经营者和劳动者，百姓大众能有更多创业、就业、致富的机会；作为消费者，百姓大众能有更多物美价廉的商品可选择，可以得到更多实惠。要想更好地发挥政府作用，政府就要不越位、不缺位，做好该做的，管好该管的，解决好对公共服务、市场监管不到位的问题。这就意味着，作为社会成员，百姓大众能得到更公平的上学、就业机会，更安全的食品药品，更好的医疗、养老等社会保障，以及更干净的水和空气。

归根结底，使市场在资源配置中起决定性作用，就是要进一步解放对生产力发展的所有束缚，让一切劳动、知识、技术、管理、信息、资本的活力竞相迸发，让一切创造社会财富的源泉充分涌流，让发展成果更多更公平地惠及全体人民。

四、紧紧围绕“主线”深化经济体制改革

“使市场在资源配置中起决定性作用和更好发挥政府作用”，不是抽象命题，而是贯穿《决定》关于经济体制改革决策部署的主线。《决定》中有关经济体制改革的六个部分，都是紧紧围绕这个主线展开的。

第一，加快完善现代市场体系，是“使市场在资源配置中起决定性作

用”的基础。党的十八届三中全会《决定》从多个方面提出了改革举措，包括：加快形成企业自主经营、公平竞争，消费者自由选择、自主消费，商品和要素自由流动、平等交换的现代市场体系；建立公平开放透明的市场规则，实行统一的市场准入制度，推进工商注册制度便利化；建设法治化营商环境，实行统一的市场监管；完善主要由市场决定价格的机制；建立城乡统一的建设用地市场；完善金融市场体系，加快推进利率市场化等。

第二，政府主动放权，是“使市场在资源配置中起决定性作用”的关键举措。调整政府与市场的关系，主要的障碍和压力来自政府内部，面临着思想观念束缚、传统行为惯性与利益固化三大障碍。要破除这三大障碍，《决定》给了我们“三字经”：一是“让”。大幅度减少政府对资源的直接配置，让市场对资源配置起决定性作用。二是“放”。进一步简政放权，深化行政审批制度改革，最大限度地减少政府对微观事务的管理，由地方管理更方便有效的经济社会事项一律下放地方和基层管理。三是“交”。凡是能由市场形成价格的都交给市场，凡是市场和企业能解决的，交给市场和企业，凡是社会中介组织能承担的职能，交给社会中介组织。

五、全面认识更好发挥政府作用的意义

发展社会主义市场经济，既要发挥市场在资源配置中的决定性作用，又要更好地发挥政府的经济职能和重要作用。《决定》对更好地发挥政府作用提出了明确要求，强调指出，科学的宏观调控，有效的政府治理，是发挥社会主义市场经济体制优势的内在要求。

西方古典经济学创始人亚当斯密主张自由放任的市场经济，由市场这只“无形的手”使资源得到合理配置，政府只承担“守夜人”职能。这主要是因为亚当斯密生活在资本主义市场经济早期，未能看到它由于内在矛盾发展而产生的重大变化：从 1825 年起，几乎每隔十年就发生一次周期性经济危机；自由竞争引起资本积聚和集中进而产生垄断；特别是 1929 年世界性严

重经济危机，导致20世纪30年代全球经济大萧条。在此大背景下，英国经济学家凯恩斯在1936年创立了宏观经济学理论，主张当经济周期处于衰退阶段或繁荣阶段时，由政府分别实施扩张性或紧缩性财政政策，以及通过货币政策传导机制，调节消费和投资，进而影响总需求和总产出。第二次世界大战后，各市场经济国家在由市场决定资源配置的同时，普遍实行不同方式的政府干预，包括宏观经济管理（宏观调控）和微观经济规制（市场监管）。

在西方发达国家，政府干预的对象是市场功能充分发挥的成熟市场经济。与之不同的是，市场经济在我国并没有得到充分发展。我国经济体制改革的起始点，不是自由竞争和发达的市场经济，而是政府高度干预的计划经济；当前改革开放所要解决的主要问题，也仍然是进一步发挥市场机制作用，解决政府对经济干预过多、干预不当和监管不到位问题，因此提出使市场在资源配置中起决定性作用。但这绝不是说市场是万能的、可以把一切交给市场、所有领域都市场化；更不是认为政府对市场可以撒手不管。

《决定》强调“坚持社会主义市场经济改革方向”。这说明我国的市场化改革是坚持中国特色社会主义方向的经济市场化。市场在资源配置中起决定性作用，并不是起全部作用。市场经济是法治经济，也是讲道德、讲诚信的经济；市场主体的经济行为，不仅受利己动机和竞争压力的约束，而且要受法律、法规和职业道德、社会公德的约束。因此，政府“有形的手”有效配合市场“无形的手”发挥作用，才能保证社会主义市场经济健康发展。

在现代市场经济中，政府的宏观调控和市场监管，不是要弱化市场作用，更不是要取代市场作用，而是要弥补市场失灵，并为市场有效配置资源和经济有序运行创造良好环境。对此，《决定》明确指出，政府的职责和作用主要是保持宏观经济稳定，加强和优化公共服务，保障市场公平竞争，加强市场监管，维护市场秩序，推动可持续发展，促进共同富裕，弥补市场失灵。换言之，更好地发挥政府作用，一方面是要解决政府越位，即对市场干预过多和干预不当问题；另一方面是要解决政府缺位，政府要把该做的事做好，把该管的事管好。政府除了必须承担的经济职能外，在经济活动中，不要当“运动员”上场比赛，而是要制订比赛规则，当好“裁判员”，维持好比赛秩序。

党的正确和强有力领导，政府的有效宏观调控和积极有为，是我国社会主义市场经济体制的独特优势。改革开放以来，我国经济社会发展之所以能够取得历史性和全球罕见的巨大成就，这同我们党和政府在推动改革开放和发展、维护发展环境稳定等方面所发挥的重大作用是分不开的。

在改革开放进程中，我国宏观调控和政府治理积累了丰富经验。其中一条重要经验，就是以国家发展战略和规划为导向，正确运用宏观经济政策手段，调节总需求和总供给水平，防范财政、金融的系统性风险，防止经济周期性大幅波动。同时，市场主体为获得自身利益最大化，有可能与社会利益发生冲突，政府必须加强市场监管，维护市场秩序，保护生态环境和劳动者、消费者的安全、健康等权益。政府还必须采取反对垄断和不公平竞争的经济性规制，保障竞争公平和消费者利益。尤其重要的是，由于市场机制不能很好地解决公共产品供给和收入分配公平问题，政府必须加强和优化公共服务，推进基本公共服务均等化；维护和规范由市场形成的初次分配秩序，并通过税收、社会保障、转移支付等手段对收入再分配进行合理调节，防止收入和财富分配差距过大，促进共同富裕，维护公平正义和社会稳定。

回忆党的十八届三中全会《决定》起草过程与改革进展

郑新立

中央政策研究室原副主任

党的十八届三中全会审议通过《中共中央关于全面深化改革若干重大问题的决定》，明确全面深化改革的总目标是完善和发展中国特色社会主义制度，推进国家治理体系和治理能力现代化，在新的历史起点上对全面深化改革作出了战略部署，为实现中华民族伟大复兴的中国梦勾勒出了改革路线图和时间表，吹响全面深化改革的号角。

2013 年 11 月，党的十八届三中全会通过《中共中央关于全面深化改革若干重大问题的决定》(以下简称《决定》)，总结了前 35 年改革的经验，系统提出了全面深化改革的目标、任务，在一系列重大问题上有了新的理论和体制突破，是把我国改革全面推向经济、政治、文化、社会、生态领域的纲领性文献，在我国改革史上具有划时代意义。十年来，按照《决定》的部署不断深化改革，为实现党的第一个百年奋斗目标提供了体制保障。继续深化改革，必将为实现第二个百年奋斗目标提供强有力的支撑。

我有幸参加了《决定》起草组的工作，回忆十年前的起草经历和十年来的改革进展，为我们党的理论创新能力和推动改革发展的执政能力感到由衷的自豪。

起草组成立之初，习近平总书记讲话，要求我们一定要解放思想，实事求是。起草组具体负责人王沪宁同志遵照总书记的讲话精神，提出此次起草的文件，即党的十八届三中全会决定，一定要尽量避免用“不准”这个词，要写就写“允许”。所以在最后通过的文件中，没有一个“不准”的字眼，都是“允许”、“允许”、“允许”，充分体现了放开搞活的精神。文件公布以后，在全党、全国、全球引起强烈反响，文件内容令人热血沸腾、心潮澎湃，《决定》创新改革的意识非常强，让我们解放了思想，仅在经济方面的改革就有100多项，讲的全是干货，将具体改革方法落到实处。

《决定》在政府和市场关系上的一个重大突破，即提出“使市场在资源配置中起决定性作用和更好发挥政府作用”。把市场的“基础性作用”改为“决定性作用”，体现了对市场经济规律的尊重，对价值规律的肯定。提出由市场决定资源配置，这是根据我国35年来市场经济的成熟程度、市场主体的发育程度以及我国企业市场竞争力提高这样一个新情况做出的决策。当然，政府和市场的作用是并行不悖的，不是说强调市场的作用就不要政府的作用了。对于提出这个“决定性作用”，当时在起草小组内部，大家的认识是一致的，都很赞成这个提法。应当说，提出发挥市场对资源配置的决定性作用，是适应了市场经济的客观要求。我在作解读的时候，把市场决定资源配置的理论追溯得更远一点，即我们改革的理论先驱——孙冶方同志，他在20世纪60年代曾经提出一个著名的论断，即“千规律，万规律，价值规律第一条”。他讲到，搞经济工作，抓住价值规律，就是抓住了“牛鼻子”；否则，就是“抬牛腿”。孙冶方同志讲得特别深刻、形象。他讲的“价值规律第一条”，就是市场决定资源配置，按照价值规律来配置资源。要素配置到哪个地方能够获得更高的回报，他的价格更高，要素就往哪里流动，说明要素配置到这个地方效益最好；就是要尊重价值规律，按价值规律办事。“价值规律第一条”与市场决定资源配置，在理论上是一脉相通的，说明我们抓住了市场经济的本质，适应了它的基本规律。所以，党的十八届三中全会提出这个“决定性作用”，可以说是我们思想上的又一次解放，是社会主义市场经济理论的新突破，是对生产力的又一次解放。把发挥市场对资源配置的决定性作用同更好地发挥政府作用有机结合起来，使两者相辅相成、互为补充，这是我们党坚持唯物辩证法的思想方法的体现。

党的十八届三中全会《决定》对改革的新突破还有很多。比如，在国有企业和国有资产管理体制改革上，提出从管企业为主向管资本为主转变。过去，党的十六届三中全会讲的是“管人管事管资产相统一”，现在要进一步发展到“以管资本为主”，就是要组建若干国有资本运营公司，支持有条件的国有企业改组为国有资本投资公司。提出国有资本、集体资本、非公有资本等交叉持股、相互融合的混合所有制经济，是基本经济制度的重要实现形式。允许更多国有经济和其他所有制经济发展为混合所有制经济。国有资本投资项目允许非国有资本参股。允许混合所有制经济实行企业员工持股，形成资本所有者和劳动者利益共同体。国有经济允许非公有制经济进入，建立规范的股份制企业，这不是国有经济功能的缩小，而是功能的放大，可以用较少的国有资本通过参股和控股，控制更多的社会资本，从而增强国有资本的控制力、影响力。实行以管资本为主的管理体制，国资委和政府不再干预企业的经营活动，有利于企业成为一个自主决策、独立运营、自负盈亏的经济主体，有利于企业做大做强。企业领导人也要更多地通过市场竞争来选拔，通过企业家市场选拔职业经理人。国有企业和民营企业都要建立党委，确保企业执行党的方针政策，坚持社会主义方向，发挥党员的先锋模范作用，对企业的经营起到保证作用。另外，允许混合所有制企业实行员工持股制，将改变企业的经营决策机制，使企业更加注重长远发展，从而把更多的利润用于技术研发投入。这将有助于把国有企业培育为创新型企业，发挥国有企业在自主创新中的骨干和带动作用。特别是企业管理人员持股，就如同戴上“金手铐”，使他们竭尽全力把企业办好。2022 年，华为公司的研发投入达 1615 亿元，研发投入强度达 25.1%。为什么华为在研发上这么舍得花钱？深层次原因在于他的股权结构。华为 19 万员工中，7 万人有股份，管理层特别是高管的收入主要靠分红。所以他们并不看重眼前的收入，更注重长远收入，注重企业的长期发展潜力。只有高强度的研发投入，才能带来企业的长期兴旺发展。这方面恰恰是国有企业的薄弱环节。

在鼓励发展私营个体经济方面，党的十八届三中全会提出两个“不可侵犯”，即对公有制经济财产权不可侵犯，对非公有制经济财产权同样不可侵犯。国家保护各种所有制经济产权和合法利益，保证各种所有制经济依法平等使用生产要素、公开公平公正参与市场竞争、受到法律同等保护，依法监管各种所有制经济。这就从建立和维护现代产权制度的高度，为国有经济和民营经济平等发展创造一个稳定的、公平的竞争环境，再一次给民营企业家吃了定心丸。

在农村改革上，党的十八届三中全会也取得了一系列重大突破，与十七届三中全会相比，政策进一步放开。特别是在土地制度上，提出“建立城乡统一的建设用地市场”，“在符合规划和用途管制前提下，允许农村集体经营性建设用地出让、租赁、入股，实行与国有土地同等入市、同权同价”。提出“赋予农民更多财产权利”，“保障农户宅基地用益物权，改革完善农村宅基地制度，选择若干试点，慎重稳妥推进农民住房财产权抵押、担保、转让，探索农民增加财产性收入渠道”。这是在中央文件中第一次赋予农民住房以商品属性，允许农民的住房进入市场，并获得财产性收入。众所周知，城镇的住房早在 20 世纪 90 年代就已经实现了商品化，城镇居民早已从城市化带来的不动产增值中享受到了财富效应，而由于农村住房制度改革滞后，使几亿农民分享不到房地产增值的收益，成为造成城乡居民收入差距拉大的重要原因，这是很不公平的。党的十八届三中全会提出允许农民住房财产权抵押、担保、转让，是建立城乡融合发展体制机制和政策体系的重大举措，是对城乡分割和不平等交换的旧体制的一个重大突破。

在解读党的十八届三中全会《决定》时，我曾提到，党的十八届三中全会送给了农民三个“大红包”。

第一个“红包”就是承包地的经营权可以抵押担保转让。按照现在的转让价格，一亩地每年 500 元，18 亿亩耕地一年的转包费将近一万亿元。理论上讲，即使农民不种地，把经营权转让出去，让合作社、农业公司、种田大户、国有农场耕种，农民即可坐收地租一万亿元。

第二个“红包”更大得难以想象。全国有宅基地 17 万平方公里即 2.5 亿亩。按照重庆当时的转让价格每亩平均 20 万元，宅基地的总价值达 50 万亿元。所以党的十八届三中全会《决定》中有这样一句话，农民就坐拥 50 万亿元的财产。当然，这个财产只有在交换中才能实现。即使不转让，财富效应也会体现出来。特别是进城务工的 2.9 亿农民工，如果在城里有了稳定的工作和收入，希望把户口迁入城市，他在农村的房地产包括宅基地转让出去，就能获得一笔可观的收入。到 2022 年一季度，城乡居民收入差距为 2.35∶1，而城乡居民的财产性收入差距为 11∶1。实现农民住房商品化，将为农民增加财产性收入做出重大的具有决定性意义的贡献。可见党的十八届三中全会送给农民的第二个“大红包”分量之大！

2015 年 11 月，中办和国办联合下发了《深化农村改革综合性实施方案》，提出要完善和拓展城乡建设用地增减挂钩和建设用地“地票”改革试验。这是第一次把重庆农村宅基地改革的经验写入了中央的文件。在此之前，重庆宅基地制度改革已经试验了六七年，实践证明是成功的。这项改革从汪洋同志任市委书记时开始。重庆市作为中央确定的统筹城乡改革发展试验区，在建立城乡融合发展体制机制方面进行了积极探索。后来黄奇帆同志任市长，使宅基地制度改革不断完善。重庆实行的地票市场，就是农民自愿有偿退出宅基地，复垦为耕地，经国土部门丈量面积并发给地票，然后到市场交易。需要建设用地者从地票市场买到建设用地指标，再由规划部门统一调剂使用。全市 7 年共卖了 17 万亩宅基地，收入 320 亿元，其中村集体分得 15%，农户分得 85%。农户通过出让宅基地和房产，共获得收入 270 亿元，平均每户获得 10 万元，作为进城落户的安家费。7 年间重庆市共有 300 多万户农民进城落户，户籍人口城市化率的提高速度在全国城市中是最快的。全市退出的 17 万亩宅基地中，有 10 万亩转为城市建设用地，有 7 万亩作为新增耕地。由于实行建设用地和耕地占补平衡政策，重庆市不再缺乏城市建设用地，有力地支撑了城市的繁荣发展。重庆市推进城乡融合体制的改革，唤醒了沉睡的土地资源，激活了蛰伏的巨大发展潜力，有力地推动了农业现代化、乡村建设和城市经济发展。2015年上半年重庆市地区生产总值增长速度跃居全国各省市区首位。改革开放进行了37年，前十几年是广东领跑全国，之后七八年是内蒙古领跑，紧接着风水轮流转，转到重庆了。重庆地处西部山区，没有什么区位优势和资源优势，重庆的经济增长速度能够跃居全国第一，主要靠改革，特别是靠土地制度改革，由市场决定土地资源配置，从而为经济增长注入了强大活力。实践证明，建立健全全国统一、城乡融合的要素市场体系，是当前扩大内需、缓解以及消除经济下行压力的关键之举。这步棋走活，全盘皆活。特别是中部五省，都是农民工输出大省，如果能推行重庆的经验，必将爆发出巨大的经济增长活力，通过中部崛起，为2035年基本实现现代化作出重大贡献。

在建立城乡统一土地市场过程中，需要严格把关的问题有以下几方面：一是复耕土地的质量，退出的宅基地是不是真正复耕了，新占用的耕地和补偿的耕地不仅面积要相同，而且必须做到粮食产能不下降，不能占优补劣。如果补偿的耕地质量差，可以打一个折扣系数。二是要在全省或全国范围内统筹土地的占补平衡。不能仅仅局限在本县范围内占补平衡。因为多数县二、三产业不发达，对建设用地需求少。应当把土地市场的范围扩大到全国，至少是一个省。根据在河南新乡市的调研，一亩建设用地指标，在县域范围内转让，价格在7万元左右；在地级市范围内转让，价格在20万元左右；如果在全省范围内转让，价格可达到50万元；如果是跨省转让，把建设用地指标卖给苏南和浙江，每亩可达80万元以上。

2008年10月，党的十七届三中全会做出的《中共中央关于推进农村改革发展若干重大问题的决定》，已经明确写入推进土地占补平衡，可以在省域范围内进行。后来中农办和国土资源部联合下发了一个文件，规定土地占补平衡只能在县域范围内进行。党的十八届三中全会又进一步对农村土地制度改革做出部署。2019 年 4 月 15 日印发的《中共中央 国务院关于建立健全城乡融合发展体制机制和政策体系的意见》，强调要消除要素在城乡市场之间自由流动、平等交换的障碍，重塑新型城乡关系。提出两个“三权分置”和“三个允许”，即对承包地和宅基地分别实行所有权、承包权、经营权和所有权、资格权、使用权三权分置；允许农村集体经营性建设用地入市，允许就地入市或异地调整入市，允许村集体在农民自愿的前提下，依法把有偿收回的闲置宅基地、废弃的集体公益性建设用地转变为集体经营性建设用地入市。2022 年 11 月 14 日，《中共中央 国务院关于加快建设全国统一大市场的意见》提出，完善城乡建设用地增减挂钩节余指标、补充耕地指标跨区域交易机制。完善全国统一的建设用地使用权转让、出租、抵押二级市场。落实这一系列文件精神，将为农业现代化、乡村建设、农民工市民化和新型城镇化提供强有力的体制政策支持。

第三个“红包”，就是城市郊区农村集体经营性建设用地与城市国有土地同权同价。落实这项政策，郊区农民依靠出让集体经营性建设用地可获得较高的财产性收入，迅速富裕起来。

加快建立健全城乡融合发展体制机制和政策体系，吸引生产要素由城市向农村流动，实现平等交换，农业农村就能大大加快现代化步伐。2005 年制定“十一五”规划时，笔者曾带队到韩国考察新村建设。韩国在工业化、城市化过程中，城乡居民收入始终保持在 1∶0.9 左右，关键在于韩国的城乡市场始终是一体化的，没有任何流通障碍。如果我们能够建立城乡统一的市场体系，加上政策引导，城乡发展差距就能迅速缩小。贯彻落实中央的各项政策，真正把三个“红包”交到农民手中，农民的收入就能较快增加，城乡居民收入差距就能迅速缩小。这对实现共同富裕的发展目标，将起到重要推动作用。目前，我国农村还有 5 亿人口。农民收入的增加，农村市场巨大的需求潜力将释放出来，对当前克服需求收缩局面必将起到立竿见影的效果。改革开放 45 年来，每次遇到重大发展难题，都是通过农村的改革发展来解决的。当前面对美国打压、国内经济下行压力加大等问题，我们应当下定决心在农村改革上取得突破，以农村的繁荣带动国民经济的强劲回升和高质量发展，顺利实现 2035 年基本现代化的目标。

坚持社会主义市场化改革的方向
加快推进市场化改革

彭　森

中国经济体制改革研究会会长

党的十八届三中全会审议通过的《中共中央关于全面深化改革若干重大问题的决定》提出，“必须积极稳妥从广度和深度上推进市场化改革”。党的二十大报告提出，“坚持社会主义市场经济改革方向”“构建高水平社会主义市场经济体制”。当前，世界百年未有之大变局加速演进，世界政治、经济、安全格局发生深刻的变化，各种风险和不确定性持续上升。在全面建设社会主义现代化国家新征程上，我们要贯彻落实党的二十大精神，坚持社会主义市场经济改革方向，以要素市场化配置改革为重点，加快推进市场化改革，用市场化的改革来破解我们发展中的难题和问题。

2023年是贯彻党的二十大精神的开局之年，也是中国改革开放45周年，党的十八大以来全面深化改革10周年。党的二十大开启了全面建设社会主义现代化国家的新征程。坚持改革开放，是我们迈进新时代、开启新征程必须承担的新使命。党的二十大在强调发展是党执政兴国的第一要务的同时，进一步强调坚持社会主义市场经济改革方向、坚持高水平对外开放。李强总理在2023年“两会”后出席第一次新闻发布会时，也明确重申“还是要吃改革的饭，走开放的路”，“要坚持社会主义市场经济改革方向，在深化改革开放中不断增强发展的动力和活力”。可以说，党的二十大确定的坚持以经济建设为中心，坚持社会主义市场经济改革方向不动摇这一方针路线，是我们应对各项风险和挑战的根本保障。

一、党的十八大以来改革的主要进展

党的十八大以来，以习近平同志为核心的党中央高举中国特色社会主义伟大旗帜，深刻总结历史经验，把握时代发展大势，回答实践新要求，顺应人民新期待，不断推进理论创新、实践创新、制度创新，做出全面深化改革的重大战略部署，以巨大的政治勇气全面深化改革，打响改革攻坚战，加强改革顶层设计，敢于突进深水区，敢于啃硬骨头，敢于涉险滩，敢于面对新矛盾新挑战，冲破思想观念束缚，突破利益固化藩篱，坚决破除各方面体制机制弊端，各领域基础性制度框架基本建立，许多领域实现历史性变革、系统性重塑、整体性重构，中国特色社会主义制度更加成熟更加定型，国家治理体系和治理能力现代化水平明显提高，开创了党和国家改革开放和现代化建设事业承前启后、继往开来的新局面。党的十八大以来改革的主要进展主要有以下六个方面：

第一，在理论上取得重大突破。党的十八届三中全会把市场在资源配置中的决定性作用写进了党的文件，是思想解放领域的重大突破。党的十八届四中全会以全面依法治国为主题，理论上解决改革与法治的关系问题。十九届四中全会将社会主义市场经济体制表述为我国社会主义基本经济制度。十九届五中全会又提出促进全体人民共同富裕的任务，这都是理论上的重大进展和贡献。

第二，加强党对改革的领导。从中央到地方，每个层级都设置了全面深化改革委员会，对改革进行顶层设计。中央全面深化改革委员会，党的十八大以来连续召开了 50 多次会议，通过了 1700 项改革的重要举措，体现了党对改革的直接领导，大大提高了改革的系统性、整体性和协同性水平。

第三，正确处理了改革创新和全面依法治国的关系。党的十八届三中全会作出了全面深化改革的决定，党的十八届四中全会作出了全面依法治国的决定，各项改革都要纳入法治的轨道，坚持依宪治国、依法治国。近一两年来，中央强调中央的顶层设计和地方的积极性，要把这两者关系处理好，所以在地方开展了一些先行先试示范区的试点，包括深圳、浦东、海南等。但是中央要求，这些先行示范试点一定要综合授权、先行先试，通过批量式的清单式的审批，这样符合依法治国的程序。

第四，改革取得了一些实质性的突破。比如国有企业混改，一共推出了 3 批、50 多家央企的改革试点。特别是中国联通这样的一些混改试点，一些民营企业家也参与到过去传统都是由国企、央企垄断的一些领域中去，并担任执行董事，参与到决策层，把市场运作机制带入国有企业中去。再如政府“放管服”改革，改善营商环境和重要商品价格改革等方面也取得了重大进展。

第五，在构建全国统一大市场方面迈出重大步伐。其一是市场负面清单制度不断完善，已经实现了“三个一”。首先是“一网”，“一单尽列、单外无单”。中央只有一个清单，各地方各部门均不允许再往里面加其他的市场准入的限制内容。其次是“一年一修”，每年都对这个清单进行一些调整，主要是进一步削减纳入清单的内容。最后是“一网通办”，通过“一网通办”提高行政效率，营造国际化、市场化、法治化的营商环境，成效巨大。其二是建立公平竞争审查制度。作为社会主义市场经济的一项基础性制度，公平竞争审查制度的重点是限制政府，特别是地方政府由于行政分割导致的一些差异性政策。任何一项政策的出台，都必须先经过公平竞争审查后才能出台，不符合就要撤销或者是纠正。其中包括市场准入和退出方面的标准，要素自由流动方面的标准，也包括企业生产经营成本方面的一些标准等，不允许搞特殊补贴，同时还有生产经营方式的标准。这四个标准对各级政府提出了在市场经济条件下怎样正确处理好政府和市场关系的政策性的规定和边界。

第六，在对外开放方面作出了一些创新，取得了一些新的突破。比如，在海南建设自由贸易港，现在正在有条不紊地实施自贸港政策，全国人大也推出了海南自由贸易港有关的法律。同时，全国自由贸易试验区增加到了21个，进一步扩大了对外开放的深度和对外开放的范围。坚持制度型对外开放，在规则、规制、标准各个方面进一步和国际接轨。

二、改革的新形势新任务

改革开放是决定当代中国命运的关键一招，也是构建新发展格局、实现高质量发展、推进中国式现代化的关键一招。当前，我国经济发展的外部环境十分复杂严峻。百年未有之大变局加速演进，世界政治、经济、安全格局发生深刻的变化，各种风险和不确定性持续上升。除俄乌冲突基本无解之外，2023年世界经济又出现许多新的问题，包括瑞士信贷、美国硅谷银行的破产爆雷，加大了国际银行金融业危机和风险，以及美国2022年3月以来10次疯狂的加息“溢出效应”对全球的冲击。全球化进程遭受重大挫折，新冷战的威胁不断浮现。特别是中美关系持续紧张，有向全面脱钩、对抗方面演化的趋势，引起全球的焦虑。近一段时间以来，美国国务卿布林肯、财长耶伦等相继访华，中美关系有所缓和，但整体趋势未变，北约峰会将中国列为“系统性挑战”，脱钩断链已由美对中“单挑”变为组成价值联盟，集体与我国脱钩断链。可以说，当前是中国面临国际形势最严峻复杂的时期。

从国内形势看，中国45年的改革为发展提供了重要的动力。前40年平均增长9%以上，但是从2011年以后，出现逐年下降的趋势，到2019年增长率达6.1%。2020—2022年，由于疫情冲击和全球投资、贸易放缓等因素，我国经济自2021年以来一直面临需求收缩、供给冲击、预期转弱三重压力，3年平均年增长4.5%，其中2022年仅3.0%。2023年按照政府工作报告确定的5.0%以上的目标，我国坚持稳中求进的总基调，在宏观政策和改革开放等方面出台一系列措施。1—6月各项经济指标回升向好，国民经济出现企稳回升的态势，一季度国内生产总值同比增长4.5%，二季度同比增长6.3%，上半年整体同比增长5.5%。当然，目前我国经济恢复的基础还不巩固，内生动力不足，内外部的需求仍然疲软。特别是外部环境更加复杂严峻，全球贸易投资放缓等直接影响我国经济恢复进程。

面对这样的经济下行压力时，一方面要运用宏观政策工具，更重要的就是通过改革开放，为发展提供长期增长的动力。这是改革45年的重要经验，也可以说，面对挑战和不确定性，我国最大的确定性就是坚持发展是第一要务，坚持市场化改革的方向不动摇，坚持高水平的对外开放不动摇。那么长期的增长靠什么？靠结构性改革和创新。

党的二十大对构建高水平社会主义市场经济体制提出了明确任务。中央近年在积极推动要素市场化配置改革、加快建设全国统一市场、健全公平竞争审查制度、进一步完善社会主义市场经济体制等方面，推出了一系列市场化改革的文件。这进一步向世人宣示了中央坚持社会主义市场经济改革方向的决心。改革永远在路上，但是市场化改革的任务，必须以只争朝夕的决心和勇气加快推进，其中很重要的一个方面，就是要加快推进要素市场化改革。实现要素市场化配置的实质是要突破阻碍要素自由流动的体制机制障碍，实现资源配置方式的优化和创新。市场化改革是破解经济发展中矛盾和问题的关键一招，也是实现数据要素市场化配置，助力高质量发展的关键一招。

三、推进要素市场化改革的进展与挑战

经过长期的不懈努力，我国社会主义市场经济体制不断健全和完善，社会主义制度和市场经济实现了有机结合，商品市场发育比较充分，市场决定商品价格基本实现全覆盖。但在要素市场领域，我国市场经济仍然存在束缚市场主体活力、阻碍市场和价值规律充分发挥作用的弊端，市场发育仍不充分、市场决定要素配置范围有限、要素流动存在体制机制障碍等问题仍较突出。

上述问题涉及我国市场化改革能不能取得关键性的突破和进展。下一步

的改革应抓住三个重点：一是各项改革必须坚持以经济改革为重点；二是经济改革必须坚持以市场化改革为重点；三是市场化改革必须坚持以要素市场化配置改革为重点。党的十八届三中全会《决定》明确提出，要积极稳妥地在更大的深度和广度方面推进市场化的改革。2019年政府工作报告提出，要用市场化的改革来破解我们发展中的难题和问题。2020年4月，出台了《中共中央 国务院关于构建更加完善的要素市场化配置体制机制的意见》；当年5月又发布了《中共中央 国务院关于新时代加快完善社会主义市场经济体制的意见》。这两个文件为要素市场化配置改革方面加快步伐，提出了任务和要求。2022年，国务院办公厅发布《要素市场化配置综合改革试点总体方案》，要求到2023年，试点工作取得阶段性成效，力争在土地、劳动力、资本、技术等要素市场化配置关键环节上实现重要突破，在数据要素市场化配置基础制度建设探索上取得积极进展。目前，全国有20多个省份提出了要求加入改革试点的申请。经过全面的评估，可能选择了10多个省市先行试点示范，通过中央充分授权先行先试，创造一些可复制可推广的经验。

《中共中央 国务院关于构建更加完善的要素市场化配置体制机制的意见》，主要从五个大要素，包括土地要素、资本要素、劳动力要素、技术要素以及数据要素，提出了改革的要求。其中的关键难点一个是土地制度的改革，另一个是劳动力自由流动这方面存在的一些障碍和问题。

我国的土地制度应该是市场化改革诸领域中进展相对滞后领域。到目前为止，我国仍是实行自上而下集中的、由政府来主导的土地要素配置的体制机制。

下一步在土地要素市场化改革方面，重点是要加快推进农村土地征收制度的改革，还要推进农村建设用地平等入市、同价同权改革，包括农村的宅基地改革也要进一步地深化和探索。对于农村土地的管理体制，特别是国家用地的管理体制，也要进行一些根本性的改革。这些方面，在“十四五”期间都有希望迈出新的步伐。

在劳动力要素市场化方面，过去的10年、20年，有很大的进展，大量的农民工到外地务工。第七次人口普查显示，现在我国人户分离人口已达4.9亿。但是，这也反映了目前的户籍制度是一种适应计划经济体制和二元结构的制度，对于劳动力的自由流动是一个束缚的体制性的因素。劳动力要素的市场化改革，首先要突破户籍等因素对于劳动力自由流动方面的一些障碍；其次要进一步放开除个别特大城市之外其他城市的落户限制；同时，对于在城市工作的农民工要在公共服务方面真正实现均等化，平等对待。

具体而言，就是要用居住证制度真正取代实行了70多年的户籍制度。这是一个很深刻的改革，对于进一步加强和完善社会治理，推进国家治理体系和治理能力现代化都至关重要。我们有完全成熟的技术条件和社会条件来保障让居住证制度替代目前实行的户籍制度。户籍制度实际上可以做个影子制度继续保持下来，它只是记录人的出生和迁徙的情况，最后发挥作用的是居住证制度。任何人只要在一个地方有工作，在这个地方有纳税，在这个地方有居住地，就应该享受和当地居民完全一致的社会服务和公共服务。总之，解决劳动力自由流动、市场化配置不仅是要素市场化改革的一项任务，也是从根本上打破二元结构，促进中国式现代化的题中应有之义，对当前促进消费也大有裨益。

开创新时代全面深化改革新局面

张占斌

中央党校（国家行政学院）中国式现代化研究中心主任

党的十八大以来，党中央以巨大的政治勇气全面深化改革，敢于突进深水区，敢于啃硬骨头，敢于涉险滩，敢于面对新矛盾新挑战，坚决破除各方面体制机制弊端，以前所未有的力度打开了崭新局面。新时代10年，推进全面深化改革是全方位、深层次、根本性的，取得了历史性、革命性、开创性的成就，推动我国迈上全面建设社会主义现代化国家新征程。立足新征程，需要以党的二十大精神为指引，以更大力度、更实举措、更强定力推进改革创新，以高质量发展推进中国式现代化。

党的十八大以来，面对艰巨复杂的改革任务，以习近平同志为核心的党中央举旗定向、谋篇布局，以巨大的政治勇气和智慧推进全面深化改革，推动党和国家事业发生历史性变革、取得历史性成就，推动中国特色社会主义进入新时代。党的十八届三中全会提出，全面深化改革总目标是完善和发展中国特色社会主义制度、推进国家治理体系和治理能力现代化，并在总目标统领下明确了经济体制、政治体制、文化体制、社会体制、生态文明体制和党的建设制度等各领域深化改革的目标，并作出具体部署。党的十九大把坚持全面深化改革列为新时代坚持和发展中国特色社会主义的基本方略。党的二十大把“坚持深化改革开放”作为推进中国式现代化必须牢牢把握的一项重大原则，并部署多项重大改革任务，充分体现了以习近平同志为核心的党中央，推进全面深化改革的战略定力和坚定决心，为持续深入推进改革工作指明了前进方向、提供了工作遵循。

2023年4月，习近平总书记在主持召开的二十届中央全面深化改革委员会第一次会议上强调，2023年是全面贯彻党的二十大精神的开局之年，也是改革开放45周年和党的十八届三中全会召开10周年。实现新时代新征程的目标任务，要把全面深化改革作为推进中国式现代化的根本动力，作为稳大局、应变局、开新局的重要抓手，把准方向、守正创新、真抓实干，在新征程上谱写改革开放新篇章。伟大的改革实践需要伟大思想来引领，中国特色社会主义进入新时代，坚定不移推进全面深化改革，就是要用习近平新时代中国特色社会主义思想武装头脑、指导实践、推动改革。

一、改革进入攻坚期和深水区

1. 提出我国改革进入攻坚期和深水区的判断

2012年12月，习近平当选中共中央总书记后首次外出考察就到改革开放之先锋的深圳等地。他在前海考察时指出，我国改革已进入攻坚期和深水区，全党上下要敢于啃硬骨头，敢于涉险滩，做到改革不停顿、开放不止步。这就昭示全党全国，我国改革进入新的攻坚阶段即全面深化改革阶段。2014年2月7日，习近平接受俄罗斯电台记者采访时说，在中国这样一个拥有13亿多人口的国家深化改革，绝非易事。中国改革经过30多年，已进入深水区，可以说，容易的、皆大欢喜的改革已经完成了，好吃的肉都吃掉了，剩下的都是难啃的硬骨头。这就指出了我国改革进入深水区，涉及问题之多、领域之广、矛盾之深，前所未有，靠某个部门或单兵突进是行不通了，靠几项改革举措零敲碎打更行不通了。因此，习近平明确指出，我们要加强宏观思考和顶层设计，更加注重改革的系统性、整体性、协同性，同时也要继续鼓励大胆试验、大胆突破，不断把改革开放引向深入。

从世界各国发展实践看，刚开始发展时一般速度较快、效果明显，但是要进一步发展就必须破解发展面临的各种难题，化解来自各方面的风险和挑战，这就需要进行改革。如果改革不全面不彻底，那么不但发展会停滞不前，甚至可能会导致倒退，这是很多国家，尤其是发展中国家掉进“中等收入陷阱”的根本原因。如果发展不能跨过攻坚期和深水区，我们也会面临“中等收入陷阱”这个问题，因此，必须全面深化改革。

2. 改革进入攻坚期和深水区的特征和要求

改革开放是一个系统工程，是一场深刻而全面的社会变革，处于攻坚期和深水区的中国改革，其表现特征和要求已很明显。一方面，改革越向前深入，整体推进和系统配套要求越高，必须统筹多方面利益、兼顾多重目标、选择多种方案，每一项改革都会带来牵一发而动全身的改革效应，都要考虑相关改革发展事项的协同性，注重推进相关性较强的配套性改革来支撑。同时，各个阶段和各个领域出现的改革难点、重点和突破点可能互相掣肘、互为条件。因此，进入攻坚期和深水区的全面深化改革必须注重实施方案协同、推进过程协同，才能在改革成效上相得益彰。另一方面，随着改革不断纵深推进，对利益再调整关系的触及越来越深。越接近于改革目标的实现，越要啃硬骨头、蹚深水，遇到的矛盾越深刻尖锐，遇到的风险和挑战越大，改革方案设计和协同推进就会面临多重困境要突破。

从不断变化的整体环境看，改革已进入攻坚期。改革不仅要考虑体制建设的要求，还要考虑与整体环境的协调，与整体环境的契合度，这直接决定改革的成效。当前，全面深化改革面临的需求环境更加复杂，人民多元化的消费诉求凸显，对社会公平正义的要求更高，因而使得改革的成本提高。从改革涉及的领域看，改革进入攻坚期。一方面，必须认识到党的二十大围绕党和国家事业发展新要求，部署了一批力度更大、要求更高、举措更实的改革任务。还要继续推动落实党的十八大以来部署的各项改革任务，改革的担子越挑越重。另一方面，改革的横向覆盖面涉及领域不断拓展，主要是以经济体制改革为重点，全方位推进的政治体制、社会体制、文化体制、生态文明体制、党的制度等其他领域的改革，各项改革之间的关系错综复杂。从涉及的深层次利益来看，改革进入攻坚期，继续深化各项改革必然要涉及一些重大利益关系、利益格局的深度调整。利益调整是改革的最大阻力，不解决这个问题必然导致改革动力的弱化。

二、全面深化改革是推进中国式现代化的根本动力

习近平总书记在党的二十大报告中指出，从现在起，中国共产党的中心任务就是团结带领全国各族人民全面建成社会主义现代化强国、实现第二个百年奋斗目标，以中国式现代化全面推进中华民族伟大复兴。回望历史，我们推动全方位、深层次、根本性的改革，取得了历史性、革命性、开创性的成就，打开了中国式现代化发展新局面。习近平总书记强调，要把全面深化改革作为推进中国式现代化的根本动力。在全面建设社会主义现代化国家新征程上，必须坚持全面深化改革，为推进中国式现代化注入源源不断的发展动力。

1. 全面深化改革为中国式现代化奠定更为坚实的物质基础

中国式现代化首先是经济的现代化，强调生产资料的社会性质能真正充分地实现。必须“坚定不移深化改革扩大开放，不断增强经济社会发展的动力和活力”，“推动经济实现质的有效提升和量的合理增长”，不断厚植现代化的物质基础。

党的十八大以来，以习近平同志为核心的党中央科学谋划“四个全面”战略布局，全力构建高水平社会主义市场经济体制，形成了独具中国特色的经济现代化发展模式。我国社会主义市场经济体制更加系统完备、更加成熟定型，重要领域和关键环节改革取得决定性成果。但我国仍处于并将长期处于社会主义初级阶段，我国仍是世界上最大的发展中国家，发展仍是解决我国所有问题的基础和关键。必须继续深化经济体制改革，不断解放和发展生产力，既发挥市场经济的长处，又发挥社会主义制度的优越性，展现中国式现代化的经济发展优势。

全面深化改革助推构建新发展格局。2020 年 4 月，习近平总书记提出构建以国内大循环为主体、国内国际双循环相互促进的新发展格局。在开启

全面建设社会主义现代化国家新征程中，对加快构建新发展格局，习近平总书记强调，“要从两个维度来研究和布局：一是更有针对性地加快补上我国产业链供应链短板弱项，确保国民经济循环畅通；二是提升国内大循环内生动力和可靠性，提高国际竞争力，增强对国际循环的吸引力、推动力”。为此，必须全面深化改革，打破阻碍生产力发展的生产关系和制度的障碍，打通国内国际高层次要素资源循环流动的道路，把握未来发展主动权。

2. 全面深化改革为中国式现代化提供更为完善的制度保证

推进改革的目的就是要不断推进我国社会主义制度自我完善和发展，赋予社会主义新的生机活力。持续推进中国式现代化，必须更加坚定地全面深化改革，不断完善和发展中国特色社会主义制度、推进国家治理体系和治理能力现代化。

坚持党的自我革命，激发建设中国式现代化的强劲动力。中国共产党自成立起，就不断加强自身建设，确立党的指导思想，明确党的奋斗方向，团结带领人民积极探索适合中国国情的现代化发展之路。在中国式现代化推进拓展中，中国共产党科学把握中国具体实际，用几十年的时间走完了发达国家几百年走过的工业化历程，打破了“现代化等于西方化”的神话，给世界上那些既希望加快发展又希望保持自身独立性的国家和民族提供了全新选择。实践证明，中国共产党始终是中国现代化事业的领导核心，始终保持自我革命的清醒和自觉，始终做到自我净化、自我完善、自我革新、自我提高，在全面深化改革中坚持全面从严治党，“勇于改革创新，不断破除各方面体制机制弊端，为中国式现代化注入不竭动力”。

党的二十大报告指出，不断增强社会主义现代化建设的动力和活力，把我国制度优势更好地转化为国家治理效能。提出以国家治理现代化推进中国式现代化的时代要求，激发中国式现代化的创造力和影响力。以国家治理现代化推进中国式现代化，要以国家机构改革为抓手，推进新一轮全面深化改革，完善治理体系、提升治理能力、提高治理现代化水平，从而增强中国式现代化的组织力、执行力、推进力。党的二十大报告指出，必须更好发挥法治固根本、稳预期、利长远的保障作用，在法治轨道上全面建设社会主义现代化国家。继续深化各领域各方面体制机制改革，对法治体系改革提出了更高要求。我们必须坚持中国特色社会主义法治理论，坚持法治体系建设正确方向，深化法治领域改革，提高各领域工作法治化水平，在法治框架下保障中国式现代化的顺利实现。

3. 全面深化改革为中国式现代化创造更具活力的社会环境

持续推进中国式现代化需要更加开放的社会环境和更具活力的建设主体。全面深化改革能够激发市场主体活力、强化人才支撑能力、增强科技创新动力，进一步解放和发展生产力、解放和创新社会活力。

全面深化改革激发市场主体活力。市场主体是社会经济发展的主要力量。党中央始终强调“两个毫不动摇”，将培育更有活力、创造力和竞争力的市场主体作为中国市场化改革的重点。深化国资国企改革，优化国有资本布局，完善中国特色国有企业现代公司治理，注重发挥国有经济“稳定器”“压舱石”的作用；优化民营企业发展环境，营造促进民营企业健康发展的良好环境，稳定民营企业投资发展预期，促进民营经济发展壮大；加快推进“放管服”改革和商事制度改革，持续优化营商环境，为市场主体干事兴业提供广阔舞台，创造改革红利持续激发市场主体活力。

全面深化改革强化人才支撑能力。功以才成，业由才广。人才是富国之本、兴邦大计，是全面建设社会主义现代化国家的基础性、战略性支撑。坚持深化人才发展体制机制改革，是做好人才工作的重要保障。当前，我国人才工作同中国式现代化的新任务新要求相比，还有很多不适应的地方，人才发展体制机制改革是全面深化改革过程中需要继续下大气力解决的重点和难点。要坚持党对人才工作的全面领导，“加快形成有利于人才成长的培养机制、有利于人尽其才的使用机制、有利于人才各展其能的激励机制、有利于人才脱颖而出的竞争机制”，为中国式现代化建设提供更加有力的人才支撑。

三、新时代全面深化改革的总要求

全面深化改革是推进中国式现代化的根本动力，立足新征程，推进中国式现代化既面临难得的历史机遇，也面临诸多风险挑战。从国际上看，百年变局加速演进，世界多极化、经济全球化、文化多样化深入发展，求稳定、盼和平、谋发展成为国际社会的普遍诉求，但根深蒂固的“冷战”思维、“小圈子”、“小团体”思维仍在发酵，局部性冲突和动荡频发，单边主义、保护主义持续蔓延，一些国家的霸权霸凌霸道行径愈演愈烈，世界经济增长动能不足、复苏乏力，各种不稳定性、不确定性大大增加。从国内来看，推进中国式现代化面临着一系列长期积累以及新出现的突出矛盾和问题，还有许多未知领域需要我们去探索和实践。发展难度世所罕见、矛盾问题尖锐复杂、改革任务极其艰巨。只有以更大力度、更实举措、更强定力推进改革创新，才能不断解放和增强社会活力，不断解放和发展社会生产力，以高质量发展推进中国式现代化。

1. 以习近平新时代中国特色社会主义思想为指引，把全面深化改革作为推进中国式现代化的根本动力

习近平总书记在党的二十大报告中，把“坚持深化改革开放”作为推进中国式现代化必须牢牢把握的一项重大原则。在新进中央委员会的委员、候补委员和省部级主要领导干部学习贯彻习近平新时代中国特色社会主义思想和党的二十大精神研讨班开班式上强调，推进中国式现代化是一个探索性事业，还有许多未知领域，需要我们在实践中去大胆探索，通过改革创新来推动事业发展，决不能刻舟求剑、守株待兔。我们要全面贯彻落实党的二十大精神，把握蕴含其中的改革精神、改革部署、改革要求，坚定不移地把改革推向前进，为大力推进中国式现代化提供动力支撑和体制机制保障。习近平总书记强调，“当前，国内外环境都在发生极为广泛而深刻的变化，我国发展面临一系列突出矛盾和挑战，前进道路上还有不少困难和问题”，“面对

新形势新任务，我们必须通过全面深化改革，着力解决我国发展面临的一系列突出矛盾和问题，不断推进中国特色社会主义制度自我完善和发展。

习近平总书记在二十届中央全面深化改革委员会第一次会议强调，要把全面深化改革作为推进中国式现代化的根本动力。在全面建设社会主义现代化国家新征程上，必须坚持全面深化改革，为推进中国式现代化注入源源不断的发展动力。新征程上继续推进全面深化改革，要坚持和加强党的领导，把准改革方向，明确目标任务，以科学的谋划、创新的魄力把各项工作抓好抓实。要抓好重大改革任务攻坚克难，统筹全局、把握重点，聚焦全面建设社会主义现代化国家中的重大问题谋划推进改革，用好机构改革创造的有利条件，努力在破除各方面体制机制弊端、调整深层次利益格局上再攻下一些难点。要加强改革调查研究，多到矛盾问题集中的地方和部门去，深入基层、走进群众，体察实情、解剖麻雀，既深入研究具体问题，又善于综合各方面情况，在总体思路和全局工作上多动脑筋、多下功夫。要加大改革抓落实力度，完善上下协同、条块结合、精准高效的改革落实机制，下更大气力抓好改革督察工作，推动改革举措落地见效。要调动各方面改革积极性，健全改革创新激励机制，加大改革典型经验交流推广，加强舆论引导，及时回应各方关切。

2. 以完善和发展中国特色社会主义制度，推进国家治理体系和治理能力现代化作为全面深化改革总目标

在党的十八届三中全会上，习近平总书记明确提出，全面深化改革的总目标，就是完善和发展中国特色社会主义制度、推进国家治理体系和治理能力现代化。党的十九大把全面深化改革总目标写入习近平新时代中国特色社会主义思想的“八个明确”。党的十八大以来全面深化改革的各项重大举措就是围绕这个总目标展开的。深刻理解和准确把握这个总目标，是贯彻落实各项改革举措的关键。习近平总书记指出，制度是关系党和国家事业发展的根本性、全局性、稳定性、长期性问题。真正实现社会和谐稳定、国家长治久安，还是要靠制度，靠我们在国家治理上的高超能力。从形成更加成熟更加定型的制度看，中国社会主义实践的前半程已经走过了，后半程，我们的主要历史任务是完善和发展中国特色社会主义制度，为党和国家事业发展、为人民幸福安康、为社会和谐稳定、为国家长治久安提供一整套更完备、更稳定、更管用的制度体系。

党的二十大明确指出，我们的工作还存在一些不足，面临不少困难和问题。如发展不平衡不充分问题仍然突出，推进高质量发展还有许多卡点“瓶颈”，重点领域改革还有不少硬骨头要啃，城乡区域发展和收入分配差距仍然较大，民生保障还存在短板，党面临的执政考验、改革开放考验、市场经济考验、外部环境考验将长期存在等。新时代推进国家治理体系和治理能力现代化，就是要适应时代变化，改革不适应实践发展要求的体制机制、法律法规，构建新的体制机制、法律法规。使各方面制度更加科学、更加完善，实现党、国家、社会各项事务治理制度化、规范化、程序化。要更加注重治理能力建设，增强按制度办事、依法办事意识，善于运用制度和法律治理国家，把有效的政策及时转化成制度，在制度化程度高的社会，政策不容易发生方向性错误，把各方面制度优势转化为管理国家的效能，提高党科学执政、民主执政、依法执政水平。

3. 必须契合新时代社会主要矛盾变化的新要求，把主攻方向放在解决不平衡不充分的发展问题上

我国社会主要矛盾已经转化为人民日益增长的美好生活需要和不平衡不充分的发展之间的矛盾。这是新时代推进全面深化改革的基本理论依据，也为全面深化改革指明了主攻方向。一方面，全面深化改革要适应人民群众美好生活需要日益广泛和全面增长的变化。改革既要往有利于增添发展新动力新动能方向前进，又要往有利于维护社会公平正义方向前进；既要推进有利于满足人民对物质文化生活更高要求的改革，又要推进有利于满足人民对民主、法治、公平、正义、安全、环境日益增长要求的改革。另一方面，全面深化改革必须把主攻方向放在解决不平衡不充分的发展问题上，“不平衡不充分的发展”是对我国经济社会发展状况的实事求是的科学概括。在对“不平衡”“不充分”科学认识的基础上，还要重点把握二者的内在关系，“不充分”是“不平衡”产生的客观基础，“不平衡”也会加剧“不充分”。

历史告诉我们，全面深化改革是解决我国社会主要矛盾的关键，我们要加强改革系统集成，激活高质量发展新动力，打通理顺诸多堵点、难点，进行系统性重塑、整体性重构，从事物发展的全过程来谋划设计改革。中国式现代化是解决我国社会主要矛盾的时代选择，但必须依靠改革开放来实现。发展的不平衡不充分，不仅是物品生产创新的供给不足，而且是制度、治理、机制、服务等领域生产创新的供给不足。转变这种状况，都需要全面深化改革，解决体制机制性障碍、利益羁绊性障碍。

4. 坚持社会主义市场经济的改革方向，使市场在资源配置中起决定性作用和更好发挥政府作用

党的二十大报告从全面建成社会主义现代化强国、实现第二个百年奋斗目标的历史任务出发，强调“坚持社会主义市场经济改革方向”，作出“构建高水平社会主义市场经济体制”的重大战略部署。党的十八届三中全会提出“使市场在资源配置中起决定性作用和更好发挥政府作用”的重大论断，有力促进了10年来我国经济体制改革的全面深化，破除了一系列体制机制弊端，为经济实力实现历史性跃升提供了重要的制度保障。进入第二个百年奋斗目标的新征程，全面建设社会主义现代化国家迫切需要社会主义基本经济制度更加完善、市场经济基础制度更加完备、制度活力更加彰显、创新活力更加活跃的高水平市场经济制度环境。加快构建高水平社会主义市场经济体制，特别是推动有效市场和有为政府更好结合，完善社会主义基本经济制度，有利于促进市场体系高效运行，资源要素高效配置，经济发展和治理水平迈上更高水平，为全面建设社会主义现代化国家提供坚实的制度保障。

加快构建高水平社会主义市场经济体制，要立足新发展阶段，坚持社会

主义市场经济的改革方向，围绕“使市场在资源配置中起决定性作用和更好发挥政府作用”，推动经济体制深化改革和开放创新，以改革办法解决发展难题，使各项改革朝着推动构建新发展格局、推动高质量发展聚焦发力。一是坚持和完善社会主义基本经济制度，进一步激发各类市场主体活力、解放和发展社会生产力；二是加快建设全国统一大市场，增强国内大循环的内生动力和稳定性提升；三是深化要素市场化改革，促进要素资源高效配置；四是推进制度型开放，促进高水平对外开放；五是进一步提升监管效能，优化提升营商环境。

5. 适应贯彻新发展理念和建设现代化经济体系的新要求，加快构建以国内大循环为主体、国内国际双循环相互促进的新发展格局

党的十八大以来，以习近平同志为核心的党中央对新时代发展作出一系列重大判断和战略部署，十八届五中全会提出创新、协调、绿色、开放、共享的新发展理念。这一理念是在全面分析国内外发展大势、深刻总结国内外发展经验教训的基础上形成的科学论断，是引领高质量发展的理论指导和实践指南。因此，在全面深化改革进程中，坚持创新是引领发展的第一动力，以高水平创新推动高质量发展；坚持协调是持续健康发展的内在要求，促进产业结构优化、城乡融合发展、区域协调发展；坚持绿色是永续发展的必要条件和人民对美好生活追求的重要体现，推进绿色低碳发展；坚持开放是国家繁荣发展的必由之路，构建高水平对外开放新格局；坚持共享是中国特色社会主义的本质要求，兜牢基本民生底线，持续增进民生福祉。

建设现代化经济体系是我国发展的战略目标，也是转变经济发展方式、优化经济结构、转换经济增长动力的迫切要求。党的二十大对加快建设现代化经济体系作出新的战略部署，强调要坚持以推动高质量发展为主题，推动经济实现质的有效提升和量的合理增长。国家强，经济体系必须强。只有形成现代化经济体系，才能更好顺应现代化发展潮流和赢得国际竞争主动，才能为其他领域现代化提供有力支撑。全面深化改革，既包括经济体制改革、

发展方式转变，也包括经济体系变革。要建设创新引领、协同发展的产业体系，统一开放、竞争有序的市场体系，体现效率、促进公平的收入分配体系，彰显优势、协调联动的城乡区域发展体系，资源节约、环境友好的绿色发展体系，多元平衡、安全高效的全面开放体系，充分发挥市场作用、更好发挥政府作用的经济体制。党的二十大报告明确指出，必须完整、准确、全面贯彻新发展理念，坚持社会主义市场经济改革方向，坚持高水平对外开放，加快构建以国内大循环为主体、国内国际双循环相互促进的新发展格局。

6. 把高质量发展是全面建设社会主义现代化国家的首要任务，把以人民为中心推动共同富裕作为出发点和落脚点

进入新时代，我国社会发展中的矛盾和问题更多体现在发展质量上。党中央强调，贯彻新发展理念、推动高质量发展，是关系现代化建设全局的一场深刻变革，不再简单以生产总值增长率论英雄。全面建设社会主义现代化国家，必须坚持以人民为中心的发展思想，加快转变发展方式，更多依靠创新驱动，推动质量变革、效率变革、动力变革，着力提高发展的质量和水平。党的二十大报告明确指出，高质量发展是全面建设社会主义现代化国家的首要任务，同时强调这是中国式现代化的本质要求。

中国特色社会主义新时代是“逐步实现全体人民共同富裕的时代”。对此，习近平总书记指出，党的十八大以来，党中央把握发展阶段新变化，把逐步实现全体人民共同富裕摆在更加重要的位置上，推动区域协调发展，采取有力措施保障和改善民生，打赢脱贫攻坚战，全面建成小康社会，为促进共同富裕创造了良好条件。现在，已经到了扎实推动共同富裕的历史阶段。在全面建设社会主义现代化国家新征程上，我们必须牢牢抓住共同富裕这一社会主义的本质要求，把促进全体人民共同富裕摆在更加重要的位置。要把握好鼓励勤劳创新致富、坚持基本经济制度、尽力而为量力而行、坚持循序渐进的原则，坚持以人民为中心的发展思想，在高质量发展中促进共同富

裕，正确处理效率和公平的关系，构建初次分配、再分配、第三次分配协调配套的基础性制度安排，加大税收、社保、转移支付等调节力度并提高精准性，扩大中等收入群体比重，增加低收入群体收入，合理调节高收入，取缔非法收入，形成中间大、两头小的橄榄型分配结构，促进社会公平正义，促进人的全面发展，使全体人民朝着共同富裕目标扎实迈进。

四、新时代全面深化改革的战略举措与实践成果

在新时代新征程上，发展的战略机遇和风险挑战并存。放眼全球态势，经济全球化遭遇逆流，世界进入动荡变革期，世界百年未有之大变局加速演进；纵观国内环境，人民对美好生活的需要越来越迫切，经济发展面临科技创新能力还不强、供给体系质量还不高、资源要素投入消耗较大、绿色生产生活方式还未完全形成等问题，中华民族伟大复兴进入关键时期。越是局面复杂，越是要加快改革步伐，向深化改革要动力。在中国式现代化前进道路上，要实现经济发展，必须将全面深化改革进行到底，不断应对新情况、化解新矛盾、解决新难题。

党的十八大以来，我们以巨大的政治勇气全面深化改革，坚持目标引领，突出问题导向，敢于突进深水区，敢于啃硬骨头，敢于涉险滩，敢于面对新矛盾新挑战，坚决破除各方面体制机制弊端，以前所未有的力度打开了崭新局面。进入新时代以来，我们推动的改革是全方位、深层次、根本性的，取得的成就是历史性、革命性、开创性的。放眼全世界，没有哪个国家和政党，能有这样的政治气魄和历史担当，敢于大刀阔斧、刀刃向内、自我革命，也没有哪个国家和政党，能在这么短时间内推动这么大范围、这么大规模、这么大力度的改革，这是中国特色社会主义制度的鲜明特征和显著优势。

1. 经济体制改革深入推进，改革成效亮点纷呈

党的十八届三中全会在对全面深化改革作出总体部署的同时，牢牢抓住

经济体制改革这个重点。主动适应、把握和引领经济发展新常态，坚持以新发展理念为指导，深入推进供给侧结构性改革，破解重大结构性失衡问题取得积极成效，坚持实施创新驱动发展战略成果丰硕，经济社会发展取得了历史性成就、发生了历史性变革。

一是坚持以经济体制改革为重点，经济实力迈上新台阶。党的十八届三中全会指出，经济体制改革是全面深化改革的重点，核心是处理好政府与市场的关系，使市场在资源配置中起决定性作用和更好发挥政府作用。从新时代的经济体制改革实践来看，改革呈现全面发力、多点突破、纵深推进的局面，重点领域和关键环节改革取得突破性进展，经济发展变得更有效率、更加公平、更可持续，统一开放、竞争有序的市场体系逐步完善，市场配置资源的决定性作用逐步显现。同时注重更好发挥政府作用，实施科学的宏观调控，有效的政府治理，弥补市场失灵，优化公共服务供给，政府的效能进一步提升。我国国内生产总值从 2012 年的 54 万亿元增长到 2022 年的 121 万亿元，10 年增加近 70 万亿元、年均增长 6.2%，我国经济总量占世界经济的比重达到 18%，提高 6.7 个百分点，稳居世界第二位。货物进出口总额年均增长 8.6%，突破 40 万亿元并连续多年居世界首位，吸引外资和对外投资居世界前列。

二是正确研判经济发展总体状况，提出经济发展新常态。党的十八大以来，以习近平同志为核心的党中央综合分析世界经济长周期和我国发展阶段性特征及其相互作用，作出了“我国经济发展进入新常态”的重大战略判断，经济发展新常态的趋势性特征主要体现在 3 个层面，即增长速度从高速增长转为中高速增长，产业结构由中低端水平向中高端水平转换，增长动力从要素驱动、投资驱动向创新驱动发展转型。把握了这些特征，为我们历史地、辩证地认识我国经济发展新常态，主动适应、引领新常态奠定了思想基础。

三是深入实施创新驱动发展战略，加快建设创新型国家。健全新型举国体制，强化国家战略科技力量，坚决打赢关键核心技术攻坚战，以高水平科技自立自强推动经济社会发展，以创新带动实体经济提质增效，同时，优化科技创新生态，建立多主体、多层次的创新体系，在创新驱动发展战略上取得了丰硕的成果。一批重大创新成果竞相涌现，在中微子振荡、铁基超导、脑科学等前沿方向上取得一批重大原创成果，北斗导航全球组网，超导量子计算原型机“祖冲之号”成功问世。创新创业创造活力竞相迸发，北京、上海、粤港澳大湾区跻身全球科技创新集群前10位；新技术新业态新模式蓬勃发展，新一代信息技术、生物技术、高端装备、绿色环保等战略性新兴产业发展迅速。创新投入大幅增长，全社会研发投入强度由2012年的1.91%提高到2022年的2.5%以上，科技进步贡献率提高到60%以上，全球创新指数排名由第34位上升至第12位。

四是深入推进供给侧结构性改革，经济结构加快优化升级。供给侧结构性改革就是用改革的方法推进结构性调整，减少无效和低端供给，扩大有效和中高端供给，提高供给体系的质量和效率，增强供给结构对需求结构的适应性和灵活性，提高全要素生产率。深化供给侧结构性改革的最终目的是满足需求，主攻方向是提高质量，根本途径是深化改革。党的十八大以来，以习近平同志为核心的党中央以新发展理念为指导，坚持以供给侧结构性改革为主线，全力推进“三去一降一补”任务，进一步优化实体经济特别是制造业发展环境，着力培育壮大新动能，经济结构加快优化升级，阶段性成效显著。最终消费支出对经济增长的贡献率从2012年的55.4%上升到2021年的65.4%，上升了10个百分点，经济发展驱动力开始摆脱过去主要依赖出口和投资的局面；第三产业增加值占国内生产总值的比重持续上升，对国内生产总值的贡献率从2012年的45%提升到2021年的54.9%，提高近10个百分点；制造业综合实力和国际影响力大幅提升，高技术、高质量、高附加值产品的比重和国际竞争力也大幅度提升，2013—2021年高技术产品出口年均增速达到5.1%。

五是创新宏观调控，保持经济运行在合理区间。面对贸易保护主义抬头、疫情冲击等接踵而来的严峻挑战，创新宏观调控方式，不过度依赖投资，统筹运用财政货币等政策，增强针对性和有效性，直面市场变化，重点支持市场主体纾困发展，进而稳就业保民生。把年度主要预期目标作为一个有机整体来把握，加强区间调控、定向调控、相机调控、精准调控，既果断加大力度，又不搞“大水漫灌”、透支未来，持续做好“六稳”“六保”工作，强化保居民就业、保基本民生、保市场主体、保粮食能源安全、保产业链供应链稳定、保基层运转，以改革开放办法推动经济爬坡过坎、持续前行。合理把握赤字规模，近五年总体赤字率控制在3%以内，政府负债率控制在50%左右，减税降费公平普惠、高效直达，5 年累计减税 5.4 万亿元、降费 2.8 万亿元，10 年来我国居民消费价格涨幅稳定在 2%左右的较低水平。

六是加强完善党对国有企业的领导，改革红利持续释放。国有企业改革是当前全面深化改革的重要组成部分。党的十八大以来，党中央高度重视加强和完善党对国有企业的领导，把提高国有资本效率和增强国有企业活力作为国有企业全面深化改革的中心任务。10 年来，国资国企坚持社会主义市场经济改革方向，全面落实国企改革“1+N”文件体系，深入实施国企改革三年行动，一批体制机制障碍得到有力破除，一批长期想解决而没有解决的难题加快解决。国有经济布局优化和结构调整持续推进，中国特色现代企业制度建设取得实质性突破，混合所有制经济稳健发展，以管资本为主的国资监管体制不断健全。电力、石油、天然气、铁路、民航、电信、军工等重点行业改革提速，竞争性环节有序放开。

七是推进财税金融体制改革，切实防范金融风险。深化预算管理体制改革，加大预算公开力度，推进中央与地方财政事权和支出责任划分改革，完善地方政府债务管理体系，构建综合与分类相结合的个人所得税制，进一步深化税收征管改革。推动金融监管体制改革，统筹推进中小银行补充资本和改革化险，推进股票发行注册制改革，完善资本市场基础制度，加强金融稳定法治建设。运用市场化法治化方式，精准处置一批大型企业集团风险，平稳化解高风险中小金融机构风险，大型金融机构健康发展，金融体系稳健运行，守住了不发生系统性风险的底线。

八是坚定扩大对外开放，深化互利共赢。推动进出口稳中提质，发展外贸新业态，新设 152 个跨境电商综试区，推进通关便利化。积极有效利用外资，出台外商投资法实施条例，不断优化外商投资环境。推动高质量共建"一带一路"。坚持共商、共建、共享，遵循市场原则和国际通行规则，实施一批互联互通和产能合作项目，对沿线国家货物进出口额年均增长 13.4%，各领域交流合作不断深化。

2. 政治体制改革稳步有序推进

党的十八届三中全会《决定》明确指出，紧紧围绕坚持党的领导、人民当家作主、依法治国有机统一深化政治体制改革，加快推进社会主义民主政治制度化、规范化、程序化，建设社会主义法治国家，发展更加广泛、更加充分、更加健全的人民民主。党的十八大以来，以习近平同志为核心的党中央坚持走中国特色的社会主义政治发展道路，积极稳妥推进政治体制改革，保证人民依法通过各种途径和形式管理国家事务，管理经济文化事务，管理社会事务，巩固和发展生动活泼、安定团结的政治局面。使得我国社会主义民主政治建设取得积极成效，推动监察体制、党和国家机构等重要领域和关键性改革取得重要进展。

一是逐步完善社会主义民主制度建设，发展全过程人民民主。党的十八大以来，以习近平同志为核心的党中央坚持党的领导、人民当家作主、依法治国有机统一，通过完善制度体系保证人民有序参与国家治理、实现人民当家作主。以人民代表大会制度这一根本政治制度，中国共产党领导的多党合作和政治协商制度、民族区域自治制度、基层群众自治制度等基本政治制度为主要内容的人民当家作主制度体系，为维护人民利益奠定了坚实制度基础。全面推进民主选举、民主协商、民主决策、民主管理、民主监督，协同推进选举民主与协商民主，人民享有广泛民主权利，人民依法有序政治参与不断扩大。在新时代的中国，人民的民主生活丰富多彩，民主蔚然成风，人们心情舒畅，社会充满生机活力。

二是加快转变政府职能，稳步推进行政体制改革。行政体制改革的核心和关键就是转变政府职能。党的十八大以来，党中央、国务院把转变政府职能作为一场“刀刃向内”的自我革命，积极推进建立权责统一、权威高效的依法行政体制，建设职能科学、结构优化、廉洁高效、人民满意的服务型政府。持续深入推进“简政放权、放管结合和优化服务”改革。努力做好简政放权的“减法”，最大限度减少行政审批。对现有政府机构作出大幅度调整，坚决破除制约使市场在资源配置中起决定性作用、更好发挥政府作用的体制机制弊端。同时推进法治政府建设，大幅减少行政审批事项，非行政许可审批彻底终结，建立政府权力清单、负面清单、责任清单，规范行政权力，推动严格规范公正文明执法。改革给人们经商办企业更多便利和空间，2022 年底企业数量超过 5200 万户、个体工商户超过 1.1 亿户，市场主体总量超过 1.6 亿户，是 10 年前的 3 倍，发展内生动力明显增强。

三是全面推进依法治国，法治中国建设迈出坚实步伐。党的十八大以来，适应党和国家事业发展要求，完善立法体制，制定民法典、外商投资法、国家安全法、监察法等法律，修改立法法、国防法、环境保护法等法律；加强重点领域、新兴领域、涉外领域立法，中国特色社会主义法律体系日趋完善。坚持依宪治国，与时俱进设立国家宪法日，建立宪法宣誓制度，加强规范性文件备案审查制度，宪法实施和监督全面加强。坚定不移推进法治领域改革，先后废止劳动教养制度、收容教育制度，以专门教育制度取代收容教养制度，依照宪法规定实行特赦；深化以司法责任制为重点的司法体制改革，推进政法领域全面深化改革，加强对执法司法活动的监督制约，开展政法队伍教育整顿；深化国家监察体制改革，组建各级监察委员会，依法赋予职权并用留置取代“两规”措施，实现对所有行使公权力的公职人员监察全覆盖。依法纠正冤错案件，严厉惩治执法司法腐败，执法司法质量、效率、公信力显著提高。法治在体现人民利益、反映人民愿望、维护人民权利、增进人民福祉方面的作用更加彰显。

四是深化国家机构改革，以国家治理现代化推进中国式现代化。2018年2月28日，党的十九届三中全会通过了《中共中央关于深化党和国家机构改革的决定》，对全面深化党和国家机构改革问题做了新的决策部署。这个改革方案对党和国家机构进行了较大幅度的调整，减少了8个正部级和7个副部级机构，优化了机构设置和职能配置，理顺了职责关系。党的二十大对深化党和国家机构改革作出重要部署；党的二十届二中全会审议通过《党和国家机构改革方案》，十四届全国人大一次会议第三次全体会议表决通过了关于国务院机构改革方案的决定。以国家治理现代化推进中国式现代化，要以国家机构改革为抓手，推进新一轮全面深化改革，完善治理体系、提升治理能力、提高治理现代化水平，从而增强中国式现代化的组织力、执行力、推进力。

3. 文化体制改革纵深推进，彰显新时代文化自信

文化自信，是更基础、更广泛、更深厚的自信，是更基本、更深沉、更持久的力量。党的十八大以来，以习近平同志为核心的党中央高度重视文化建设，把文化自信与道路自信、理论自信、制度自信并列为“四个自信”。党的十八届三中全会明确指出，坚持以人民为中心的工作导向，坚持把社会效益放在首位、社会效益和经济效益相统一，以激发全民族文化创造活力为中心环节，进一步深化文化体制改革。党的二十大报告提出了“推进文化自立自强，铸就社会主义文化新辉煌”的战略部署。以习近平同志为核心的党中央高度重视文化建设，文化建设方向更为明确、思路更加清晰，全国文化战线踔厉奋发、砥砺前行，文化发展有了新格局、新风尚、新局面，人民群众参与文化建设更自觉、共享文化发展成果的获得感幸福感更强烈。社会主义文化强国建设扎实推进，文化自觉和文化自信正在伟大复兴的征程中越来

越凸显、越来越具有强大的凝聚力和感召力。

党的十八大后，宣传思想文化体制改革层面采取了以下几项措施：一是制定了总体方案，明确了改革路线图、时间表。2014 年 3 月《深化文化体制改革实施方案》正式出台，规定了文化体制改革“一个中心环节”“两个巩固”“三个方面工作”“四个坚持”的基本方案，指出了统筹协调推进“五位一体”全方位改革的总布局，强调了文化体制改革与其他领域改革的战略协同。

二是着力解决意识形态领域党的领导弱化问题，确立和坚持马克思主义在意识形态领域指导地位的根本制度。先后召开全国宣传思想工作会议，分别召开文艺工作、党的新闻舆论工作、网络安全和信息化工作、哲学社会科学工作座谈会和全国高校思想政治工作会议，就一系列根本性问题阐明原则立场，廓清了理论是非，校正了工作导向，积极推进中国特色哲学社会科学学科体系、学术体系、话语体系建设，切实整治网络空间，使马克思主义阵地更加巩固，主旋律更加响亮。

三是坚持以社会主义核心价值观引领文化建设。通过积极推动理想信念教育常态化制度化，坚持完善思想政治工作体系，建立健全党和国家功勋荣誉表彰制度，深化群众性精神文明创建，中国精神、中国价值得到弘扬。

四是积极推进文化体制和国有文化单位的改革，推动新旧媒体融合发展，推进文艺评奖制度改革，增强评奖导向性和权威性。2015 年 9 月实施的《关于推动国有文化企业把社会效益放在首位、实现社会效益和经济效益相统一的指导意见》，对国有文化企业制定了可量化、可稽查的社会效益考核指标，明确社会效益指标占 50%以上。

五是在构建现代公共文化服务体系、现代文化市场体系、优秀传统文化传承体系、对外文化传播和对外话语体系、文化政策法规体系等方面进展顺利，阶段成效显著。文化体制改革和文化产业发展更加注重导向和社会效益，一批龙头企业、数字文化创意精品和“文化+”“互联网+”新业态集中亮相，文化与科技、金融、商业、旅游、体育、时尚等产业深度融合。

4. 社会体制改革进步显著，人民群众的获得感进一步增强

党的十八大以来，以习近平同志为核心的党中央紧紧围绕更好地保障和改善民生、促进社会公平正义深化社会体制改革，改革收入分配制度，促进共同富裕，推进社会领域制度创新，推进基本公共服务均等化，完善共建共治共享的社会治理制度。党的十八届三中全会指出，创新社会治理，必须着眼于维护最广大人民根本利益，最大限度增加和谐因素，增强社会发展活力，提高社会治理水平，全面推进平安中国建设，维护国家安全，确保人民安居乐业、社会安定有序。在具体实施层面，社会领域改革聚焦脱贫攻坚、教育医疗、住房养老等民生热点，集中推出一批重点改革举措，立足促进社会公平正义、增进人民福祉，坚持以人民为中心不动摇、不松劲，聚焦民生领域的热点难点，办成了一批关系人民群众切身利益的实事难事，带给人民群众的获得感、幸福感进一步增强。

一是社会体制改革扎实推进。社会体制改革是中国特色社会主义事业总体布局中社会建设的重要组成部分。党的十八大以来，社会体制改革主要开展了深化就业体制改革和实施就业优先的政策，使我国就业形势和城镇失业率在经济增速下行的大背景下保持了总体稳定，城镇新增就业年均 1270 多万人，14 亿多人口大国保持就业稳定，难能可贵，蕴含着巨大创造力；深入推进收入分配体制改革，完善税收调节力度，使衡量收入差距的基尼系数逐年平缓降低；深化社会治理体制改革，创新改善社会治理方式，在党委领导下充分发挥政府主导作用，鼓励和支持社会各个方面积极参与，完善了党委领导、政府负责、社会协同、公众参与、法治保障的社会治理体制。

二是脱贫攻坚任务胜利完成。党的二十大报告指出，完成脱贫攻坚、全面建成小康社会的历史任务，实现第一个百年奋斗目标，是新时代十年对党和人民事业具有重大现实意义和深远历史意义的三件大事之一。在以习近平同志为核心的党中央坚强领导下，经过八年持续努力，近 1 亿农村贫困人口

实现脱贫，全国 832 个贫困县全部摘帽，960 多万贫困人口实现易地搬迁，历史性地解决了绝对贫困问题。脱贫攻坚战的全面胜利，标志着我们党在团结带领人民创造美好生活、实现共同富裕的道路上迈出了坚实的一大步。在脱贫攻坚的伟大历程中，我们党立足我国国情，把握减贫规律，出台一系列强有力的政策举措，构建了一整套行之有效的政策体系、工作体系、制度体系，走出了一条中国特色减贫道路，形成了中国特色反贫困理论。

三是着力推进教育体制改革。党的十八大以来，以习近平同志为核心的党中央高度重视教育工作，把教育摆在更加突出的优先发展战略地位，召开全国教育大会，印发实施《中国教育现代化 2035》，开启了加快推进教育现代化、建设教育强国、办好人民满意的教育的历史新征程。从中央到地方成立教育工作领导小组，党委统一领导、党政齐抓共管、部门各负其责的教育领导体制更加完善；落实立德树人根本任务，德智体美劳全面培养的教育体系进一步完善；我国教育普及水平快速提升，截至 2021 年，全国共有各级各类学校 52.93 万所，在校生 2.91 亿人，专任教师 1844.37 万人。各级教育普及程度均达到或超过中高收入国家平均水平；深化考试招生制度改革，29 个省份启动高考综合改革，艺术体育类高考招生进一步严格规范，高职院校通过分类考试录取的学生占比超过 60%；教育投入保障水平进一步提高，国家财政性教育经费投入占国内生产总值的比例连续 11 年保持在 4% 以上，学生资助政策体系实现所有学段、所有学校、所有家庭经济困难学生全覆盖，学生营养改善计划每年惠及 3700 万农村学生；我国劳动年龄人口平均受教育年限达到 10.9 年，新增劳动力平均受教育年限达到 13.8 年。

四是持续释放医疗卫生体制改革红利。党的十八大以来，以习近平同志为核心的党中央坚持把人民健康放在优先发展的战略地位，积极实施健康中国战略，不断完善国民健康政策。积极推进医疗卫生体制改革，深入探索公立医院的治理机制，着力解决好群众“看病难、看病贵”问题；积极整合城镇居民基本医疗保险和新型农村合作医疗两项制度改革，实现城乡居民公平享有基本医疗保险权益；推动完善改革新时期药品流通体制，改革完善药品流通生产政策，破除以药养医机制，取消药品加成，理顺医疗服务价格，异地就医住院费用实现直接结算，分级诊疗和医联体建设加快推进。我国人均预期寿命从 2012 年的 74.8 岁增长到 2021 年的 78.2 岁。最新数据显示，我国基本医疗保险参保人数超过 13.6 亿，居民个人卫生支出占卫生总费用比例降至 27.7%，90%的家庭 15 分钟内能够到达最近的医疗点。

五是加强社会保障和服务。建立基本养老保险基金中央调剂制度，连续上调退休人员基本养老金，提高城乡居民基础养老金最低标准，稳步提升城乡低保、优待抚恤、失业和工伤保障等标准。积极应对人口老龄化，推动老龄事业和养老产业发展。发展社区和居家养老服务，加强配套设施和无障碍设施建设，在税费、用房、水电气价格等方面给予政策支持。推进医养结合，稳步推进长期护理保险制度试点。实施三孩生育政策及配套支持措施。完善退役军人管理保障制度，提高保障水平。加强妇女、儿童权益保障。完善未成年人保护制度。健全残疾人保障和关爱服务体系。健全社会救助体系，加强低收入人口动态监测，对遇困人员及时给予帮扶，年均临时救助 1100 万人次，坚决兜住了困难群众基本生活保障网。

5. 生态体制改革稳步有序推进，生态文明建设取得明显成效

生态文明建设是关乎中华民族永续发展的根本大计。党的十八届三中全会通过的《中共中央关于全面深化改革若干重大问题的决定》指出，“建设生态文明，必须建立系统完整的生态文明制度体系，实行最严格的源头保护制度、损害赔偿制度、责任追究制度，完善环境治理和生态修复制度，用制度保护生态环境。从党的十八大以来的改革实践来看，生态文明体制改革取得了积极进展，美丽中国建设迈出了坚实的步伐。

一是深入打好污染防治攻坚战、生态环境质量显著改善。坚持精准治污、科学治污、依法治污，深入推进污染防治攻坚，注重多污染物协同治理和区域联防联控，以最坚定的决心和最有力的举措，推动污染防治攻坚战阶

段性目标任务圆满完成，人民群众生态环境获得感显著增强。2021年全国地级及以上城市细颗粒物（PM2.5）平均浓度比2015年下降34.8%，全国地表水Ⅰ–Ⅲ类断面比例上升至84.9%，全国受污染耕地安全利用率和污染地块安全利用率双双超过90%。全面禁止洋垃圾入境，顺利实现固体废物“零进口”目标，发达国家将我国作为“垃圾场”的历史一去不复返了。实施山水林田湖草沙一体化保护修复，森林覆盖率达到23.04%，建成首批国家公园，长江干流历史性实现全Ⅱ类水体。

二是绿色低碳发展加快推进、效果显著。坚定不移走生态优先、绿色低碳发展道路，将碳达峰、碳中和纳入生态文明建设整体布局和经济社会发展全局，推动划定生态保护红线、环境质量底线、资源利用上线，推动形成节约资源和保护环境的空间格局、产业结构、生产方式、生活方式，绿色日益成为经济社会高质量发展的鲜明底色。2022年，我国可再生能源开发利用规模、新能源汽车产销量稳居世界第一；全球规模最大的碳排放权交易市场正式上线并平稳运行。截至2020年底，我国单位国内生产总值二氧化碳排放较2005年降低48.4%，超额完成下降40%～45%的目标。

三是生态文明制度体系更加健全。我国将深化生态文明体制改革作为全面深化改革、坚持和完善中国特色社会主义制度的重要内容，着力构建系统完整的生态文明制度体系。建立健全生态文明建设目标评价考核和责任追究制度、生态补偿制度、河湖长制、林长制、环境保护“党政同责”和“一岗双责”等制度，制定修订环境保护法等30多部生态环境领域相关法律和行政法规，持续深化省以下生态环境机构监测监察执法垂直管理、生态环境保护综合行政执法等改革，为生态文明建设保驾护航。中央生态环境保护督察自2015年启动试点以来，实现两轮31个省（区、市）以及新疆生产建设兵团的督察全覆盖，并对6家中央企业和2个国务院有关部门开展督察，坚决查处一批破坏生态环境的重大典型案件、解决一批人民群众反映强烈的突出环境问题。

四是积极参与全球环境治理，贡献日益凸显。我国坚定践行多边主义，努力推动构建公平合理、合作共赢的全球环境治理体系。积极推动《巴黎协定》的签署、生效和实施，宣布2030年前实现二氧化碳排放达到峰值、2060年前实现碳中和，不再新建境外煤电项目，充分体现了负责任大国的担当。成功举办《生物多样性公约》第十五次缔约方大会（COP15）第一阶段会议，开启全球生物多样性治理新篇章。推进绿色“一带一路”建设，倡导建立“一带一路”绿色发展国际联盟和绿色“一带一路”生态环保大数据平台，开展南南合作，帮助发展中国家提高环境治理能力、增进民生福祉。2013年，联合国环境规划署理事会通过推广中国生态文明理念的决定草案；2016年，联合国环境规划署发布《绿水青山就是金山银山：中国生态文明战略与行动》报告；2021年，COP15以“生态文明：共建地球生命共同体”为主题，成为联合国首次以生态文明为主题召开的全球性会议。习近平生态文明思想得到国际社会积极响应和广泛认同。

6. 党的建设进一步加强，从严治党迈上新台阶

党的十八大以来，以习近平同志为核心的党中央以坚定决心、顽强意志、空前力度推进全面从严治党，使党和国家事业实现了历史性变革，取得了历史性成就。党的十八大后党中央把全面从严治党纳入“四个全面”战略布局，把全面从严治党作为新时代党的建设的鲜明主题，提出一系列创新理念，实施一系列变革实践，健全一系列制度规范，推动党的建设这项伟大工程不断深化发展，初步构建起全面从严治党体系，党在革命性锻造中更加坚强，为实现中华民族伟大复兴提供了更为坚强的政治保证。

一是必须以党的政治建设为统领，确保全党坚决捍卫“两个确立”、坚决做到“两个维护”。旗帜鲜明讲政治是我们党作为马克思主义政党的根本要求。党的政治建设是党的根本性建设，决定党的建设方向和效果。必须把保证全党服从中央、坚持党中央权威和集中统一领导作为党的政治建设首要任务，引导党员、干部深刻领会“两个确立”的决定性意义，增强“四个意

识”、坚定“四个自信”、做到“两个维护”。坚定执行党的政治路线，严明政治纪律和政治规矩，形成强大政治执行力，确保党中央重大决策部署贯彻落实到位。

二是坚持把思想建设作为党的基础性建设，凝聚起全党团结奋进强大精神力量。理论是行动的先导，理论武装越彻底，思想就越敏锐，行动就越自觉。必须坚持用习近平新时代中国特色社会主义思想武装全党，确保全党统一思想认识、明确前进方向。用党的崇高理想教育全党，引导广大党员、干部勇于担当、奋发进取，团结带领广大群众把坚定理想信念转化为不懈奋斗的实际行动，一步一个脚印把美好愿景变为生动现实。

三是坚决贯彻落实新时代党的组织路线，筑牢党的建设的组织基础。党的力量来自组织，组织建设是党的建设的重要基础。必须坚持党的事业发展到哪里、党的组织体系建设就跟进到哪里，做到“党建跟人走、人要跟党走”。坚持系统思维，统筹推进党的中央组织、地方组织、基层组织建设，使之上下贯通、执行有力，各居其位、各尽其责，确保党的领导“如身使臂，如臂使指”。突出政治功能，强化素质本领，使广大党员、干部都政治坚定、本领高强，党的各级组织都坚强有力，确保党的组织生机勃勃、优势充分发挥。

四是坚持把正风肃纪、反腐倡廉摆在重要位置来抓，始终保持党的先进性和纯洁性。共产党与腐败水火不容，人民群众对腐败深恶痛绝。坚持作风建设永远在路上，紧紧围绕保持党同人民群众的血肉联系，持之以恒把作风建设引向深入，不断厚植党执政的群众基础。坚决消除一切损害党的先进性和纯洁性的因素，清除一切侵蚀党的健康肌体的病毒，一体推进不敢腐、不能腐、不想腐，永葆清正廉洁的政治本色。必须把加强党的纪律建设作为全面从严治党的治本之策，把各项纪律都立起来、严起来、执行到位，永葆党的旺盛生命力和强大战斗力。

五是坚持制度治党、依规治党，不断提高党的建设科学化、制度化、规范化水平。制度带有根本性、全局性、稳定性、长期性，制度治党、依规治党是最可靠、最有效、最持久的管党治党方式。必须适应管党治党实践发展需要，不断深化党的建设制度改革，有序推进各位阶、各领域、各层面、各环节的党内法规制度建设，构建系统完备、科学规范、运行有效的制度体系。坚决维护制度的严肃性和权威性，提高制度执行力，让铁规发力、禁令生威。坚持依法治国与制度治党、依规治党统筹推进、一体建设，把制度优势更好转化为治理效能。

党的十八大以来，经过坚决的斗争，党的自我净化、自我完善、自我革新、自我提高能力显著增强，管党治党宽松软状况得到根本扭转，反腐败斗争取得压倒性胜利并全面巩固，消除了党、国家、军队内部存在的严重隐患，党在革命性锻造中更加坚强。全面从严治党得到人民群众坚定支持和认可，2022 年中央纪委国家监委和国家统计局合作开展的民意调查显示，97.4%的群众对全面从严治党、党风廉政建设和反腐败工作成效表示满意，比 2012 年提高 22.4 个百分点。经过坚决斗争，我们刹住了一些多年未刹住的歪风邪气，解决了许多长期没有解决的顽瘴痼疾，清除了党、国家、军队内部存在的严重隐患，管党治党宽松软状况得到根本扭转。

推动中国式现代化取得新进展新突破

郑必坚

中国国家创新与发展战略研究会会长

党的十八届三中全会通过的《中共中央关于全面深化改革若干重大问题的决定》提出，“建成富强民主文明和谐的社会主义现代化国家、实现中华民族伟大复兴的中国梦，必须在新的历史起点上全面深化改革”深刻阐述了开辟马克思主义中国化时代化新境界、中国式现代化的中国特色和本质要求等重大问题，擘画了全面建成社会主义现代化强国的宏伟蓝图和实践路径。

党的二十大擘画了全面建设社会主义现代化国家、以中国式现代化全面推进中华民族伟大复兴的宏伟蓝图。习近平总书记指出，中国式现代化走得通、行得稳，是强国建设、民族复兴的唯一正确道路。推进中国式现代化是一个系统工程，是一项前无古人的开创性事业，需要前瞻性思考、全局性谋划、整体性推进。其中，非常重要的是要对实现高质量发展、发展全过程人民民主、推动构建人类命运共同体进行深入思考和把握。

一、牢牢把握高质量发展这个首要任务

在全面贯彻党的二十大精神开局之年，习近平总书记首次地方考察选择了广东。2023 年 4 月，习近平总书记在广东考察时强调，广东是改革开放的排头兵、先行地、实验区，在中国式现代化建设的大局中地位重要、作用突出。要锚定强国建设、民族复兴目标，围绕高质量发展这个首要任务和构建新发展格局这个战略任务，在全面深化改革、扩大高水平对外开放、提升科技自立自强能力、建设现代化产业体系、促进城乡区域协调发展等方面继续走在全国前列，在推进中国式现代化建设中走在前列。习近平总书记的殷

切期待和重要要求，不仅为广东在推进中国式现代化建设中走在前列指明了方向，也为全国推动中国式现代化取得新进展新突破提供了根本遵循。党的十八大以来，在以习近平同志为核心的党中央坚强领导下，我们党坚持以人民为中心的发展思想，把发展作为执政兴国的第一要务，坚持发展就是硬道理，不断解放和发展生产力，不断提高发展质量和水平，不断促进人的全面发展和全体人民共同富裕。习近平总书记在党的二十大报告中指出，高质量发展是全面建设社会主义现代化国家的首要任务。推进和拓展中国式现代化、推动高质量发展，有这几个方面的动力需要继续坚持、不断增强：作为当代中国人民阔步前进根本支撑的现代生产力；坚持改革开放、面向世界的现代市场力；不断向生产的广度和深度进军、勇攀现代生产力新高峰的现代科技力；融汇古今、传承五千多年中华优秀传统文化而又敏锐把握当代人类最新文明成果的现代文化力；面对14亿多人口的超大社会而有强大治理效能的现代社会治理力；爱好和平而又能够坚定有力地反对霸权主义、维护国家主权、统一和领土完整的现代国防力；能够从容有力应对包括大疫大灾在内的、可以预见和难以预见的各种灾变的强大应变力；拥有9600多万名党员、历经百年而仍然朝气蓬勃的中国共产党，在坚持和发展中国特色社会主义的历史进程中始终成为坚强领导核心的强大领导力。只要我们在这些方面一以贯之，就一定能够“任凭风浪起，稳坐钓鱼船”，就一定能够实现全面建成社会主义现代化强国的目标。

二、发展全过程人民民主

民主是中国共产党和中国人民始终不渝坚持的重要理念。党的十八大以来，在以习近平同志为核心的党中央坚强领导下，我们深化了对民主政治发展规律的认识，提出全过程人民民主的重大理念。我国全过程人民民主不仅有完整的制度程序，而且有完整的参与实践。习近平总书记在党的二十大报告中指出，全过程人民民主是社会主义民主政治的本质属性，是最广泛、最真实、最管用的民主。全过程人民民主基于中国国情和历史文化，体现人民意愿。一方面，形成了全面、广泛、有机衔接的人民当家作主制度体系，构建了多样、畅通、有序的民主渠道。另一方面，全体人民依法实行民主选举、民主协商、民主决策、民主管理、民主监督，依法通过各种途径和形式管理国家事务，管理经济和文化事业，管理社会事务。正因如此，我国全过程人民民主实现了过程民主和成果民主、程序民主和实质民主、直接民主和间接民主、人民民主和国家意志相统一，是全链条、全方位、全覆盖的民主，是最广泛、最真实、最管用的社会主义民主。推进和拓展中国式现代化、发展全过程人民民主，我们要加强人民当家作主制度保障、全面发展协商民主、积极发展基层民主、巩固和发展最广泛的爱国统一战线，使人民当家作主具体地、现实地体现到党治国理政的政策措施上来，具体地、现实地体现到党和国家机关各个方面各个层级工作上来，具体地、现实地体现到实现人民对美好生活向往的工作上来。

三、推动构建人类命运共同体

世界又一次站在历史的十字路口。习近平总书记在党的二十大报告中指出，构建人类命运共同体是世界各国人民前途所在。万物并育而不相害，道并行而不相悖。只有各国行天下之大道，和睦相处、合作共赢，繁荣才能持久，安全才有保障。习近平总书记 2013 年 3 月提出，人类生活在同一个地球村里，“越来越成为你中有我、我中有你的命运共同体”，此后又相继提出共建“一带一路”倡议、全球发展倡议、全球安全倡议、全球文明倡议，丰富了构建人类命运共同体理念的内涵和实践路径，为应对世界之变、时代之变、历史之变提供了中国方案。推进和拓展中国式现代化、推动构建人类命运共同体，我们要携手各国同行现代化之路，在推动构建人类命运共同体的大道上阔步前进，将各具特色的现代化事业汇聚成推动世界繁荣进步的时代洪流。面对当今这样一个挑战前所未有、希望也前所未有的新时代，我们要坚持从我国实际出发，坚定不移推进和拓展中国式现代化，同时要树立世界眼光，把自身命运同各国人民的命运紧紧联系在一起，努力以中国式现代化新成就为世界发展提供新机遇，为人类对现代化道路的探索提供新助力，为人类社会现代化理论和实践创新作出新贡献，努力在和平发展合作的现代化进程中发展中国、造福世界，同世界各国人民携手共创人类更加美好的未来。

第二章

市场在资源配置中起决定性作用和更好发挥政府作用

全面深化改革，必须立足于我国长期处于社会主义初级阶段这个最大实际，坚持发展仍是解决我国所有问题的关键这个重大战略判断，以经济建设为中心，发挥经济体制改革牵引作用，推动生产关系同生产力、上层建筑同经济基础相适应，推动经济社会持续健康发展。经济体制改革是全面深化改革的重点，核心问题是处理好政府和市场的关系，使市场在资源配置中起决定性作用和更好发挥政府作用。

——《中共中央关于全面深化改革若干重大问题的决定》

发挥市场配置资源的决定性作用的十年实践

张卓元

中国社会科学院经济研究所研究员

2013 年 11 月 12 日，党的十八届三中全会审议通过的《中共中央关于全面深化改革若干重大问题的决定》首次提出“使市场在资源配置中起决定性作用和更好发挥政府作用”，是我国走向更加成熟的市场经济的重要标志。在 10 年来的改革实践中，不管是发挥市场配置资源的“决定性作用”，还是“更好发挥政府作用”，都取得了比较大的进展。

一、“决定性作用”是历史性转变和重大突破

党的十八届三中全会通过的《中共中央关于全面深化改革若干重大问题的决定》(以下简称《决定》)，文件最大贡献即提出使市场在资源配置中起“决定性作用”，代替已经用了整整 21 年的“基础性作用”。从文字上也可以看出，“决定性作用”比起“基础性作用”，在对市场的作用方面往前跨了一大步，更加突出强调市场机制在资源配置中的无可比拟的重要性和支配地位。

其实，从 1992 年党的十四大明确我国改革的目标是建立社会主义市场经济体制以后，党的十五大、十六大、十七大、十八大几次代表大会对市场在资源配置中的作用的表述方面，都是往前强调的。比如，党的十四大报告提出，要使市场在社会主义国家宏观调控下对资源配置起基础性作用。从党的十五大以后，把“国家宏观调控”作为一个前提逐渐淡化了。党的十七大报告提出从制度上更好发挥市场在资源配置中的基础性作用。党的十八大报告则提出更大程度更广范围发挥市场在资源配置中的基础性作用。都是把市

场作用往前提升了，但是这个提升还是在“基础性作用”范围内的提升。而党的十八届三中全会不是在“基础性作用”范围内的提升，而是整个从“基础性作用”转变为“决定性作用”。应该说，无论从理论上、政策上还是实践上，都是一个比较大的转变和突破，使得我国的市场经济跟一般的市场经济国家更好地契合了。正如《决定》所说的，市场在资源配置中起“决定性作用”，是市场经济的一般规律。因此，提出“市场在资源配置中的决定性作用”，是我国走向更加成熟的市场经济的标志。

二、十年市场化改革的诸多进展

党的十八大以后，特别是十八届三中全会确定市场在资源配置中起“决定性作用”以后，我国的市场化改革取得了比较大的进展，表现在很多方面。比如价格改革。正如《决定》所说的，价格能够放开的都尽量放开。不能放开的，政府定价的范围主要限定在重要公用事业、公益性服务和网络型自然垄断环节。到2017年，我国97%以上商品和服务的价格已经放开，实现市场调节。“97%以上”这个比例是很高的。

首先，从党的十八届三中全会颁布《决定》以后，开始实行市场准入负面清单制度。市场准入负面清单在当时还只是个设想，现在已经比较成熟了，而且国家每年都公布负面清单，市场准入的透明度、开放度越来越大。国内的自由贸易试验区，更不用说海南自由贸易港，实施的负面清单越来越短了。当时写《决定》的时候，还只是提出要实行市场准入负面清单制度，现在已经付诸实践且不断完善了。

其次，在开办企业的规定方面也有重大改进。开办一个企业或者设立一个个体工商户，由先证后照，改为先照后证；注册资本，则从实缴登记制逐步改为认缴登记制。在这些方面都采取了国际上市场经济国家通行的办法。因此，党的十八届三中全会以后民营经济发展得很快。2022年民营经济已经达到4000多万户，个体经济已经达到1亿多户了，比2012年都增加了一倍多。这些都体现了让市场在资源配置中起决定性作用的一些具体实施成果。

又如,《决定》对民营经济参与国有企业的混合所有制改革，完善社会主义基本经济制度，做出了一些新规定。混合所有制是社会主义基本经济制度的重要实现形式。混合所有制改革进展也比较明显。经过10年的改革，现在中央企业所属的一些子企业，及地方国有企业，70%都是实现了混合所有制，真正实现了投资主体的多元化。这也是国有企业市场化改革一个重要方面的表现。

最后，党的十八届三中全会《决定》提到，允许具备条件的民间资本依法发起设立中小型银行等金融机构，这在过去是不允许的。党的十八届三中全会以后，开始成立了一批民营的金融机构，这对于发展民营经济，起到了很好的促进作用。

以上这些方面的改革，都是落实“使市场在资源配置中起决定性作用”的具体表现。当然改革并不是仅仅表现在这些方面。

总的来说，党的十八届三中全会《决定》作出以后，中国市场化改革继续阔步前行。当然也有一些改革并不是一帆风顺的，比如民营经济的问题，在发展过程中也受到过一些阻挠。但是中央的政策是明确的，党的十八届三中全会提出的，公有制经济也好，非公有制经济也好，都是我国经济社会发展的重要基础，都是社会主义市场经济的重要组成部分，都要做到权利平等、机会平等、规则平等。比如平等使用生产要素、公开公平公正参与市场竞争、同等受到法律保护，让各种积极因素都调动起来，让整个国民经济能够更好更快发展。

使市场在资源配置中起决定性作用，对于实现高质量发展至关重要。因为只有高质量发展，才能真正体现资源的配置优化。使市场在资源配置中起决定性作用，就是要提高资源配置的效率；提高资源配置效率，就是需要高质量的发展，而不是粗放式的、付出很高代价的发展。应该说，使市场在资源配置中起决定性作用，与实施高质量发展，包括供给侧结构性改革、转变经济发展方式，落实习近平总书记指出的新发展理念、构建新发展格局是一致的。

三、十年来“更好发挥政府作用”

“更好发挥政府作用”，在党的十八届三中全会《决定》里也有重要进展。过去我们一直在讲，政府作用包括宏观调控、市场监管、公共服务、社会管理四个方面，党的十八届三中全会《决定》增加了保护环境、生态文明。把生态环境保护好，不要让经济发展带来环境恶化，这也是高质量发展的重要标志之一。因此，现在制定黄河流域发展规划（《黄河流域生态保护和高质量发展规划纲要》），长江的开发都不是搞大开发，而是大保护，在保护中发展。这些都体现了党的十八届三中全会《决定》关于政府应把保护环境作为重要职责的要求。

“更好发挥政府作用”的另一个实践探索是政府的放管服改革。党的十八届三中全会召开以后，一个比较突出的改革就是政府放管服改革，并且取得了很大的成效。放管服改革之前，过去办企业要花很多时间盖几十个公章，甚至 100 多个公章，改革后则是一条龙服务，大大缩短了审批时间。近年新冠疫情以后，政府减税降费，也是政府改革里做得比较好的方面。

所以，“更好发挥政府作用”，一方面体现在宏观调控上，保持整个国民经济的平稳运行，“六保”也好，“六稳”也罢，现在重点是稳就业、稳物价、稳增长；此外，还包括能源、粮食、外贸、外资那些“稳”。总之“更好发挥政府作用”，就是要保证宏观经济的稳定，保证经济发展有一定的速度，没有一定速度，稳就业也会很难办。另一方面政府的作用还包括要建立一个比较好的市场秩序，做好公共服务、社会管理、保护环境。政府的作用要慢慢地往这几个方面来聚焦，而不是去太多干预企业的微观经济活动，或者是直接配置资源。

尽管如此，某些方面的问题还会存在，比如一些地方政府为了追求政绩，通过各种平台过度管控经济，造成债台高筑。这些问题也有待逐步解决。但总的方向是比较清楚的——按照政府应有的主要职能来更好地发挥政府作用，主要聚焦在以上五个方面。总之，党的十八大后，政府放管服改革取得了比较明显的成效。

四、十年来要素市场化改革

十年来要素市场化改革实践包括五个方面。第一，资本要素市场化改革。这次上市公司注册制改革很突出。对于资本市场，注册制的改革困难很大，因为很多股民害怕一旦注册制改革以后，上市公司多了，股价要掉下来，所以领导层对这个改革有些担心，不敢快速推进。现在注册制改革应该说基本上实现了，这是个重大的变化。过去都是靠审批，现在改为注册制。跟注册制改革相关的就是信息的披露。因为信息披露搞不好，注册制改革也没法推进。此外，利率市场化、汇率市场化改革也在往前推进，人民币国际化程度也在不断地提升。人民币成为国际货币基金组织“一篮子储备货币”的组成部分，这是一个很大的进步。包括存款保险制度的建立，都是走向市场化的重要方面。

第二，土地要素市场化改革。这方面比较重大的改革是从“两权分置”变为“三权分置”，即土地集体所有权、承包权、经营权三权分置。土地经营权独立后，农民可以依法在自己的土地上盖房子出租，特别是在郊区农村。三权分置的改革对农村土地要素优化配置起到了重要作用。否则，一家一户经营的劳动生产率难以提高。经营权和承包权分置改革以后，农户和农村合作组织等可以搞规模经营，提高劳动生产率。

第三，劳动力要素市场化改革。主要是户籍制度改革，放开放宽除个别超大城市外的落户限制，确保劳动力的流动。只有劳动力流动起来，才能形成市场，才能够由市场决定价格、市场决定劳动力的工资。

第四，增加了数据要素市场化改革。这个改革在起草党的十八届三中全会《决定》的时候还未提出。随着我国数字经济发展，数据要素会显得越来越重要，而且数据市场也在逐步形成。2023 年 5 月 26—28 日，以“数据创造价值创新驱动未来”为主题的 2023 中国国际大数据产业博览会在贵州省贵阳市召开，吸引了全球 50 个国家和地区的 338 名外宾参会；线上线下参展的海内外企业 353 家，其中线下参展企业 328 家，展出新产品、新技术、新方案 900 余项；发布国际国内领先科技成果 20 项；签约项目 71 个，投资金额 613 亿元人民币；参会观展超过 18 万人次，其中注册参会嘉宾 2.14 万名，专业观众 9 万余名，线上收看开幕式直播人数达 1293 万人次。

第五，技术要素市场化改革。资本、土地、劳动力、数据技术等要素，都要推进市场化改革。中央强调创新是第一动力，这个创新主要指的是科技创新包括技术创新。党的十八大后，技术市场化、技术成果市场化、技术市场导向、技术合同增加也很快。

所谓市场配置资源，主要是市场配置要素，目前主要是资本、土地、劳动力、数据、技术这五大要素，当然还得再加一个管理。要素市场化改革，实际上就是资源配置市场化改革的具体化。即未来这六大方面都将会有很具体的措施，都有很大的发展前景。十年来，中央一再出台这方面的意见。比如，2020 年中央出台首个要素市场化配置的文件——《关于构建更加完善的要素市场化配置体制机制的意见》。

党的十八大以后我国全面深化改革，特别是大家熟悉的经济领域，加上社会、生态等与经济有关的改革，基本上是按照党的十八届三中全会的《决定》展开的。并且随着改革的深化，有的改革已经走在文件前面。比如，原来生产要素没有包括数据要素，现在包括了；文件里未提自由贸易港，现在海南已经实行了。所以文件指导了改革，但是随着实践的发展，它本身也在继续往前走，即继续深化改革。但是总的来说，还是按照党的十八届三中全会的《决定》，特别是“使市场在资源配置中起决定性作用”，在这一总的方针、总的原则下，原来《决定》里没有数据要素、自由贸易港等，都是按照《决定》总体指导思想推进改革带来的结果。党的十八大以后直到现在，《决定》是指导整个改革全面深化的一个主要依据。并且随着改革的深化，它本身也在继续往前进、继续发展。

总的来说，我国整个社会主义市场经济走向更加成熟、更高水平，就是要靠市场的决定性作用。因为决定性作用是市场经济的一般规律，我们按照这个一般规律往前走，就是不断成熟，不断提高。而且市场的决定性作用，跟扩大开放是密切相关的。因为深化改革要求扩大开放，扩大开放回过头又推进改革。扩大开放后，按照市场经济的一般规律来办事，跟一般市场经济通行规则不符的就得改。所以，改革和开放相互促进，这几年扩大开放对改革的推动作用是很大的，有时候甚至是对整个改革开放起着更重要的作用，常常是开放倒逼改革。

历史性突破：从基础性作用到决定性作用

迟福林
中国（海南）改革发展研究院院长

党的十八届三中全会审议通过的《中共中央关于全面深化改革若干重大问题的决定》首次提出“使市场在资源配置中起决定性作用和更好发挥政府作用”。从市场在资源配置中起“基础性作用”到“决定性作用”，是我国改革理论与实践的又一次历史性突破，是一场深刻的思想解放，牵动影响改革发展全局。

习近平总书记在关于《中共中央关于全面深化改革若干重大问题的决定》（以下简称《决定》）的说明中指出，中央决定用党的十八届三中全会这个有利契机就全面深化改革进行部署，是一个战略抉择。为什么是一个战略抉择？在我看来，《决定》是一份具有历史性意义的重要文献，是一份在历史发展转折关键时期形成的重要行动纲领，对全面深化改革开放将长期发挥重要的指导作用。

一、面向未来的改革大考

中华人民共和国成立前夕，毛主席曾提出了“进京赶考”，这是对党提出的一次警示。1978 年，我们党决定把全党的工作重点转移到社会主义现代化建设，实行改革开放的历史性决策是第二次大考。党的十八届三中全会提出的“使市场在资源配置中起决定性作用和更好发挥政府作用”是第三次大考。

为什么要从历史的视角来看十八届三中全会？我认为，有三个方面很重要，我国正处于历史拐点、历史节点、历史起点。第一，增长、转型、改革处在历史拐点。我国正处于从过去的高增长转成中速增长的拐点；转型正处在一个拐点，无论是经济发展、社会发展，还是体制机制不适应性的矛盾问题都相当突出。第二，我国的经济社会发展和国家治理也处在十分重要的历史节点。改革与危机赛跑。这个节点上，如果我们把事情解决得好一些，可能奠定中国20年、30年的发展基础，这个节点上如果解决得不好，我国将面临矛盾风险加大的可能。第三，历史起点。站在新的历史起点下思考未来改革发展重大问题。总的来说，党的十八届三中全会就积极应对第三次历史大考面临的挑战做出了战略性回答。

1. 把推进国家治理体系和国家治理能力现代化作为全面深化改革的总目标。如果实现国家治理体系和治理能力现代化，不仅能够解决社会突出矛盾，更重要的是奠定了现代国家的制度基础。这是一个十分重要的突破，是党的十八届三中全会重大亮点。

2. 实现公平可持续发展。党的十八届三中全会《决定》提出，推动经济更有效率、更加公平、更可持续发展，并就如何发展提出了一系列重要问题。

3. 明确提出突破利益固化的藩篱。当前，贫富差距还存在扩大的趋势，尽管城乡差距有所缓和，但总体上发展差距还比较大。但是，利益格局尚未固化，这就给改革留下了巨大的空间。面对历史性大考，《决定》提出“突破利益固化的藩篱”，十分重要。

二、“市场决定”的历史突破

我国经济体制改革是一个不断深化的渐进过程，建立与完善社会主义市场经济，是从计划作为资源配置的主要手段逐步到市场在资源配置中起决定性作用、更好发挥政府作用的过程，是社会主义市场经济体制逐步确立并不断完善的过程，是对市场与政府关系的认识不断深化的过程。这一过程，伴随着深刻的思想解放。

1. 从“基础性作用”到“决定性作用”的历史性突破。1992年党的十四大报告首次提出，我们要建立的社会主义市场经济体制，就是要使市场在社会主义国家宏观调控下对资源配置起基础性作用。随后，国家政策在市场对资源配置发挥“基础性作用”的表述方面不断推进、不断深入。1993 年，党的十四届三中全会再次明确提出，建立社会主义市场经济体制，就是要使市场在国家宏观调控下对资源配置起基础性作用；1997 年，党的十五大报告提出进一步发挥市场对资源配置的基础性作用；2003 年，党的十六届三中全会明确提出“更大程度地发挥市场在资源配置中的基础性作用”；2007 年，党的十七大报告提出，从制度上更好发挥市场在资源配置中的基础性作用；2012 年，党的十八大报告再次强调，要加快完善社会主义市场经济体制，更大程度更广范围发挥市场在资源配置中的基础性作用。

党的十八届三中全会《决定》明确提出，经济体制改革是全面深化改革的重点，核心问题是处理好政府和市场的关系，使市场在资源配置中起决定性作用和更好发挥政府作用。习近平总书记在《关于〈中共中央关于全面深化改革若干重大问题的决定〉的说明》中提出，“关于使市场在资源配置中起决定性作用和更好发挥政府作用。这是这次全会决定提出的一个重大理论观点。这是因为，经济体制改革仍然是全面深化改革的重点，经济体制改革的核心问题仍然是处理好政府和市场关系”。从“基础性作用”到“决定性作用”，尽管只有二字之差，但却成为《决定》中最大的亮点和历史突破。

党的十八届三中全会《决定》公布之前，有外媒认为全会决定不会有多大的突破。2013 年 11 月 15 日《决定》公布后，带动了股市上涨。外媒也做出了反应，有的用“没想到”来形容。全球知名中国经济问题专家斯蒂芬·罗奇在《纽约时报》发表专栏文章提出，美国也需要一个类似中共十八届三中全会的时刻。党的十八届三中全会《决定》发布的当晚，央视主持人白岩松邀请我和李扬做客《新闻 1+1》直播。我说，“看到《决定》我很高兴，因为《决定》有一句话“要紧紧围绕市场在资源配置中的决定性作用”，这句话就给出了两个信号：第一个信号，坚定市场化改革的方向，凡是市场能做的事情，交给市场。第二个信号，（提出了）政府职能转变的方向，不该政府管的，不应该政府管，要改变政府主导的增长方式，经济生活领域在市场主导下发挥政府的有效作用。我认为这是20多年来市场化改革的一个重大突破。”

2.“使市场在资源配置中起决定性作用”是改革理论与实践的重大突破，牵动影响改革发展全局。“市场决定”，涉及多方面改革思路的转变，是一场深刻的思想解放，是我国在认识政府与市场关系方面的又一次历史性突破。第一，由市场决定资源配置，意味着资源配置的效率和公平，意味着激活14亿多人口的消费大市场，将对我国走向公平可持续增长的转型和改革具有决定性影响。第二，由市场决定资源配置，意味着政府主导型经济增长方式需要改变。第三，由市场决定资源配置，意味着释放社会资本的活力，对于形成公平竞争的市场环境具有决定性影响。从这个意义上说，党的十八届三中全会提出的“市场决定论”其深刻性、其意义不亚于30多年前提出的市场经济与社会主义的“兼容论”。

2014年3月7日，全国政协十二届二次会议第二次全体会议在人民大会堂举行。我在大会上作了题为《以发挥市场决定性作用为重点深化全面改革》的发言。在发言中我提出，党的十八届三中全会《决定》提出的“使市场在资源配置中起决定性作用”，是一个历史性突破：不仅牵动经济体制改革，也将倒逼全面改革。

——“市场决定”的经济增长。我国未来5～10年的经济增长，将取决于能否使市场在资源配置中发挥决定性作用，能否通过转型改革释放增长潜力。

——“市场决定”的有为政府。“市场决定”不是不要政府，而是需要一个尊重市场规律的有为、有效、有力、有责的政府。

——“市场决定”的法治建设。形成各类市场主体公平公正参与市场竞争的新格局，重在把过多、过滥干预市场的公权力关进法治的笼子里。

——“市场决定”牵动影响改革全局，并将伴随着一场更深刻的思想解放。它意味着政府主导型经济的增长方式非改不可，这对于市场主导下加快政府职能转变、更好地发挥政府作用有重大影响；它意味着权力配置资源导致机会不平等、权利不平等的问题非改不可，这对于形成公平竞争的市场环境有重大影响；它意味着官本位、权力寻租、经济特权的问题非改不可。这将对于抑制消极腐败、突破利益固化的藩篱有重大影响。我们有责任为推动这一具有历史性意义的全面改革竭心尽力。

三、深化改革的重大部署

习近平总书记指出,《决定》合理布局了全面深化改革的战略重点、优先顺序、主攻方向、工作机制、推进方式和时间表、路线图，形成了改革理论和政策的一系列新的重大突破，是全面深化改革的又一次总部署、总动员，必将对推动中国特色社会主义事业发展产生重大而深远的影响。十八届三中全会《决定》对“五位一体”的全面深化改革的战略部署也有一系列重大突破。

1. 在国企改革方面有某些重要突破，提出国有资本在提供公共服务方面作出更大贡献

——提出“积极发展混合所有制经济”，混合所有制将成为企业的基本结构。

——提出“完善国有资产管理体制，以管资本为主加强国有资产监管，改革国有资本授权经营体制，组建若干国有资本运营公司，支持有条件的国有企业改组为国有资本投资公司”。从管企业到管资本，对国有资产管理体制做出重大调整。

——提出加快推进垄断行业改革，真正打开民营经济的“玻璃门”。

——强调国有资本的公益性作用，不但提出“国有资本加大对公益性企业的投入，在提供公共服务方面作出更大贡献”，还明确提出“划转部分国有资本充实社会保障基金。完善国有资本经营预算制度，提高国有资本收益上缴

公共财政比例，2020年提到30%”，部分上市公司的股权要逐步转移到社保基金，补充养老基金的不足。从实践看，国有资本的主导作用主要在于它能够比社会资本更快地反映社会需求变化，从而发挥对全社会投资方向的引领作用。适应社会公共需求全面快速增长的客观趋势，把国有资本重点配置到公益性领域，不仅有利于国有资本本身的投资转型，还有利于为社会资本投资释放出更多、更大的制度空间。这就需要推动国有资本从一般竞争性领域退出，重点投入到教育、医疗、文化、社会保障、基本住房保障等社会公益领域。

2. 建立城乡统一的建设用地市场、赋予农民更多财产权利

这是一个很大的亮点，为下一步推进城乡一体化指明了方向。中改院在20世纪90年代中期提出“赋予农民长期而有保障的土地使用权”，被1998年召开的党的十五届三中全会《关于农业和农村工作若干重大问题的决定》采用。使用权是物权还是债权？如果是物权就应当受《物权法》保护。《决定》提出“保障农民土地用益物权”，而且“在坚持和完善最严格的耕地保护制度前提下，赋予农民对承包地占有、使用、收益、流转及承包经营权抵押、担保权能，允许农民以承包经营权入股发展农业产业化经营”，这就赋予农民对承包地占有、使用、收益、流转及承包经营权抵押、担保权能，使得在农民对土地的使用权是物权而不是债权方面有了实质性突破。“赋予农民更多财产权利”，是提高农民收入的重大举措，意味着让农民带着土地财产权进城，意味着城乡资源的平等交换，意味着城乡二元户籍制度破题，意味着城镇化健康发展体制机制建设的新突破。

3. 推动理顺公办事业单位与主管部门关系和去行政化

《决定》提出，加快事业单位分类改革，加大政府购买公共服务力度，推动公办事业单位与主管部门理顺关系和去行政化，创造条件，逐步取消学校、科研院所、医院等单位的行政级别。公办事业单位是我国最重要的公共产品供给主体，但普遍存在着政事不分、管办不分的状况，不仅效率低下，还难以使公共服务惠及广大农村。随着我国进入公共产品短缺时代，建立事

业单位法人治理结构，推进有条件的事业单位转为企业或社会组织，调动包括政府、市场、社会力量增加公共服务供给，提高公共服务质量，是社会多方面的期盼。落实全会《决定》，需要以强化公益性、专业性、独立性为重点深化公办事业机构改革。

4. 推进农业转移人口市民化

《决定》提出，稳步推进城镇基本公共服务常住人口全覆盖，把进城落户农民完全纳入城镇住房和社会保障体系，在农村参加的养老保险和医疗保险规范接入城镇社保体系。我国最大的潜力在于人口城镇化。如果人口城镇化能够快速推进，将释放巨大的内需潜力。问题在于，现有城乡二元体制下，农业转移人口难以市民化。推进农业转移人口市民化，打破城乡二元户籍制度，是释放城镇化发展潜力的重大举措。

5. 探索建立与行政区划适当分离的司法管辖制度

《决定》提出，改革司法管理体制，推动省以下地方法院、检察院人财物统一管理，探索建立与行政区划适当分离的司法管辖制度，保障国家法律统一正确实施。在GDP增长主义倾向下，地方保护主义向司法领域蔓延趋势比较明显，严重妨碍了司法权的独立公正行使。探索建立与行政区划适当分离的司法管辖制度，对于确保独立公正行使审判权检察权十分关键。

6. 中央成立全面深化改革领导小组

《决定》提出，中央成立全面深化改革领导小组，负责改革总体设计、统筹协调、整体推进、督促落实。成立高层次、有权威、能协调的改革领导机构，是经济学界，尤其是改革研究学界的长期呼吁和盼望。在改革攻坚期和深水区，全面深化改革面临着重重阻力，让市场在资源配置中发挥决定性作用，缩小收入差距、打破垄断、改革户籍制度、赋予农民更多财产权利、改革农地制度、建立城乡统一的建设用地市场，都是改革的“硬骨头”。这就需要巨大的勇气和决心，需要更加具体的改革措施和明确的时间表，更需要顶层设计、顶层推动、强力推进、统筹协调。中央成立全面深化改革领导小组，就是保证全面深化改革总体设计、统筹协调、整体推进、督促落实，全面深化改革就有了坚实可靠的体制保障。

四、推动改革的历史担当

习近平总书记指出，现在，改革到了一个新的重要关头，推进改革的复杂程度、敏感程度、艰巨程度一点都不亚于30多年前。有的牵扯复杂的部门利益，有的在思想认识上难以统一，有的要触动一些人的“奶酪”，有的需要多方面配合、多措施并举。矛盾越大，问题越多，越要攻坚克难，勇往直前。改革正处于历史大考，正处于历史关头、历史新起点上，改革的主动历史担当更为重要。要高高举起改革的旗帜，以更大的决心、魄力推动改革。

1. 要增进全党、全国、全体人民推进改革的信心勇气。尽管改革有很多矛盾问题，但是不改革是没有出路的，只要能够有决心，上下一致，很多问题是可以得到解决的。

2. 坚持解放思想，营造改革的氛围。在改革的历史关头，如果不解放思想，那些不适应改革历史趋势的各种思想观念束缚就会大大阻碍改革的进程。

3. 凝聚改革共识。《决定》公布后引发了社会的积极广泛反响，说明大家从不同的方面对改革有期盼，就是希望能够顺应历史趋势，希望改革有所突破，改善民生，提高社会福祉和公平正义。因此，务实的行动、大胆的行动、快速的行动、及时的行动，对改革至关重要。

加强供给侧结构性改革，促进经济持续健康发展

杨伟民

中央财经领导小组办公室原副主任

2015 年的中央经济工作会议上，习近平总书记深入系统阐述了供给侧结构性改革。推进供给侧结构性改革，是党的十八大以来对经济发展主线和经济工作着力点的重大创新，在新常态下，按照新发展理念，必须在适度扩大总需求的同时，着力加强供给侧结构性改革，通过改革制度供给，大力激发微观经济主体活力，增强我国经济持续发展的新动力。

国际金融危机后，也即进入 21 世纪第二个十年以来，我国经济增长速度连年下降。虽说主要是我国发展进入增长速度换挡期使然，但也不应该每年都要比上年下降。2015 年下半年开始，根据习近平总书记要求，中财办会同国家发展改革委、财政部、人民银行等部门深入研究经济增长的动力问题。同时，中央也正在研究制定“十三五”规划建议。在此期间，习近平总书记提出了结构性改革。因此，根据总书记的这一要求，党的十八届五中全会起草组在《中共中央关于制定国民经济和社会发展第十三个五年规划的建议》(以下简称《建议》)中增加了“加大结构性改革力度”的指导原则。《建议》通过后，2015 年 11 月 10 日，中央财经领导小组召开第 11 次会议研究如何落实“十三五”规划建议“加大结构性改革力度”。习近平总书记提出，在适度扩大总需求的同时，着力加强供给侧结构性改革。这次会议实际上也是为中央经济工作会议做准备。12 月 18 日召开的中央经济工作会议重点部署了供给侧结构性改革。2016 年通过的“十三五”规划纲要进一步明确要“以深化供给侧结构性改革为主线”。2016 年 1 月 26 日，习近平总书记主持

召开中央财经领导小组组长第12次会议，研究供给侧结构性改革的8个工作方案思路。2016年5月16日，习近平总书记主持召开中央财经领导小组组长第13次会议，听取有关部门和地方推进供给侧结构性改革工作方案的汇报。

党的十八大以来，以习近平同志为核心的党中央毫不动摇坚持和发展中国特色社会主义，深化对共产党执政规律、社会主义建设规律、人类社会发展规律的认识，形成一系列治国理政新理念、新思想、新战略。在经济建设中，最主要的理论创新有三个：一是经济发展进入新常态，这是对经济发展阶段和形势判断的重大创新；二是坚持创新、协调、绿色、开放、共享五大新发展理念，这是对经济发展指导思想的重大创新，在新常态下，必须按照新的理念探寻新的发展路径；三是推进供给侧结构性改革，这是对经济发展主线和经济工作着力点的重大创新，在新常态下，按照新发展理念，必须在适度扩大总需求的同时，着力加强供给侧结构性改革。2015年的中央经济工作会议上，习近平总书记深入系统阐述了供给侧结构性改革。以下是我的学习体会。

一、加强供给侧结构性改革的时代背景

1. 我国经济发展进入新常态

提出供给侧结构性改革的时代背景就是我国经济发展进入新常态。经济发展新常态是我国经济发展取得历史性成就的必然，说明我国经济发展正在向形态更高级、分工更复杂、结构更合理的阶段演进。习近平总书记在2014年的中央经济工作会议上，从消费需求、投资需求、出口和国际收支、生产能力和产业组织方式、生产要素相对优势、市场竞争特点、资源环境约束、经济风险积累和化解、资源配置模式和宏观调控方式9个方面，系统阐述了促使新常态形成的9个趋势性变化。阐述了新常态的基本特征，即增长速度正从高速转向中高速，经济发展方式正从规模速度型粗放增长转

向质量效率型集约增长，经济结构正从增量扩能为主转向调整存量、做优增量并存的深度调整，经济发展动力正从传统增长点转向新的增长点。

2. 我国经济运行面临的突出问题

当前，我国经济运行面临“四降一升”。一是经济增速下降。国际金融危机后，我国经济 2009 年第二季度开始反弹，之后增速逐步下滑，2012 年第四季度以后，再未达到过 8%。当前，经济下行压力仍然较大，从中近期看，不会是“V”形反转，可能会经历一个“L”形的增长阶段，“L”形的底部还没有探到。二是工业品价格下降。工业品出厂价格（PPI）连续 48 个月下跌，2015 年全年下跌 5.2%，降幅比上年扩大 3.3 个百分点，2016 年后跌幅有所收窄，但是否具有趋势性还难以判断。三是实体企业盈利下降。2015 年规模以上工业企业利润同比下降 2.3%，为多年来首次下降。一方面是工业品价格持续下跌，另一方面是企业经营成本不断提高，使实体经济企业的盈利下降，制造业亏损面扩大，部分行业全行业亏损，许多企业到了破产倒闭边缘。四是财政收入增幅下降。2015 年全国一般公共预算收入比上年增长 8.4%，同口径增长 5.8%，增幅为多年来最低。同时，财政支出又是刚性的，导致平衡收支的压力加大。五是经济风险发生概率上升。产能过剩、杠杆率高、库存攀升、不良贷款、地方债务、非法集资等风险点增多，这些风险相互传染，最终有可能演化为金融风险，对经济稳定构成威胁。

3. 我国供给体系存在的长期性问题

第一，我国的供给体系是外向型的，现在外需减少了，有些产能过剩了，转向内需是个方向，但要经历一个痛苦的过程，有些甚至可能无法转向内需。

第二，过去主要是面向低收入群体为主的供给体系，没有及时跟上国内中等收入群体迅速扩大而变化了的消费结构。一个事实是，同一件产品，出口品质就高一些，卖给国内的品质就差一点，迫使很多中等收入群体出国买“中国造”。

第三，过去供给体系能适应排浪式消费，但满足多样化、个性化消费的变化能力差。总量上产能没有问题，但结构上存在花色、品种、规格、安全性等满足不了消费需求的问题，无法破除有些消费外流的情况。

第四，有些产业，产能已经达到物理性峰值，即价格再怎么降，产品也很难卖出去了，再怎么扩大投资，也很难消化现有产能。同时，有些产业，达到了资源环境约束的承载能力峰值，也就是说，如果以全球消费量为产能峰值，那我们就不得不忍受更严重的雾霾。

第五，我国的供给体系，总体上是中低端产品过剩，高端产品供给不足。传统产业产能过剩，同时，存在结构性的有效供给不足。如平板玻璃产能过剩，但电子用平板玻璃、电视机用的大平板等有效供应不足。

第六，企业生产经营成本提高过快。有些方面的成本，不仅高于其他中等收入国家，甚至高于高收入国家了。表现出某种“未富先贵”现象，国民收入还是中等收入的，但生产经营成本却达到了高收入国家水平。结果，一方面产能过剩，产品不好卖；另一方面成本快速提高，企业两头受压，削弱了企业特别是实体经济企业的盈利能力。

成本高是多重因素造成的。有体制僵化导致的，如电的垄断、银行的垄断、中介服务的垄断。有超越阶段的过度福利化倾向带来的，免费的午餐越多，意味着宏观税负必然高，必然抬高企业成本。有些属于政策方向是正确的，但实施中的“进度”、“平衡度”、方式方法把握不够精确。如缩小城乡收入差距是必要的，主要应该促进农民工及其家庭成员市民化，促进他们进入劳动生产率更高的部门，通过高生产率的劳动缩小差距。如果更多地依靠增加转移性收入，依靠补贴，虽然有利于缩小城乡收入差距，但加重了财政负担，最终会转嫁到企业成本中。

此外，扩大内需政策实施中，有些过度投资、政绩工程、没有回报的投资，以及结构调整中“僵尸企业”难以及时出清等，也间接地转嫁过来不少成本。有的地方认为，我们这些投资早晚都要投。问题是，一定时期，一个地方的财力总是有限的，建设规模超出财力，就要负债，所有地方都这样做，就是在宏观上倒逼货币发行，又占用了有限的资源。再如，“僵尸企业”的产品已经没有市场、长期亏损，但靠地方财政补贴和银行续贷，僵而不死，也占用了资源。在实体经济盈利能力下降、投资回报率下降的时候，相当一部分货币只好在金融系统自我循环、以钱炒钱，经济的金融化、杠杆化、债务化程度不断加深，积累了不少的风险隐患，也会加重实体企业负担。

4．根本在于供给侧、结构性、体制性矛盾

治病必须找到病根，对症下药。造成“四降一升”的原因比较复杂，有周期性、需求侧、外部性的因素，但根本的是供给侧、结构性、体制性矛盾。这是中央作出供给侧结构性改革的决策基础。

供给侧，就是经济下行不是周期性的、不是总需求不足，主要矛盾或矛盾的主要方面在供给侧。产能过剩、库存高企、杠杆过高、成本过高等主要是供给侧的问题，是供给侧的实体企业盈利能力下降，因此要通过去杠杆减轻企业债务负担，通过去产能促使工业品价格止跌，通过降成本减轻企业各种负担，最终体现为增强企业盈利能力。例如，中国大陆进入世界500强的企业有100家，占20%，说明生产能力较强；进入世界知名品牌500强的只有30个，占6%，说明供给质量不如产能强；进入世界创新企业100强的，2014年只有华为一个，占1%，2015年一个也没有，说明供给的创新能力弱。

结构性，就是供给侧的结构性过剩与不足并存。一方面，部分产业产能严重过剩，存在大量无效供给，这些无效供给占用了有限资源，间接抬高了全社会成本。例如，钢铁业连续3年亏损企业的产能有1亿吨、半停产企业的产能有0.6亿吨，资不抵债企业的产能有0.2亿吨，总共1.8亿吨。另一方面，满足中高收入群体消费需求的供给不足，迫使很多人到国外买房、购物、上学、看病。CPI和PPI一正一负的分离说明工业品过剩，但部分消费供不应求或属于供给方面的成本推动型上涨，如房租、家庭服务、文化产品等价格上升较快等。

体制性，就是供给侧和结构性方面存在的问题，根本原因在于市场在资源配置中没有完全起决定性作用，资源配置存在体制性机制性障碍，市场体系不完善、政府干预过多和监管不到位并存。例如，之所以存在大量“僵尸企业”是因为地方政府和银行的支持，而地方政府和银行之所以作出这种选择，则与财税体制、金融体制、国资国企管理体制等有很大关系。

5. 需求刺激的局限性及后果

供给侧、结构性、体制性的扭曲，不可能通过刺激需求的办法解决，长期施行需求刺激的政策，带来不良后果，击鼓传花、加重矛盾。一是政府替代市场。刺激需求主要是按照凯恩斯主义“三驾马车”的原理刺激需求总量，但外需刺激不了，消费是慢变量，民间投资短期很难刺激，最后主要聚焦到扩大政府基建投资上。扩大政府投资，就产生了用政府决策替代市场选择的问题，强化了政府对资源的配置，容易扭曲市场机制，弱化对企业的激励。二是加剧产能过剩。扩大基建投资，带动效果最大的是钢铁、水泥、玻璃、电解铝等投资品，一旦投资速度下降，产能必然过剩。2015 年我国钢铁产能 11.5 亿吨（加上未统计的可能达到 13 亿吨），2015 年粗钢产量 8.02 亿吨，国内消费 7 亿吨，出口 1 亿多吨，产能利用率 70.8%（实际可能仅为 61.5%），可盈利的产能利用率应该达到 80%，再怎么扩大投资，也难以消化掉多达几亿吨的过剩产能。全球钢铁产能不过 17 亿吨，我国占 66%，扩大出口也难以消化掉，而且带来用我国的二氧化碳排放来提高外国人生活水平的问题。三是杠杆率上升。扩大投资促使企业通过债务融资扩大生产和投资，一旦总投资增长率下降，企业投资回报降低，就会导致企业高负债。扩大政府投资，特别是缺乏现金流回报的投资，超出当期财政实力，形成地方政府高负债。据有关部门报告，2008—2014 年，我国全社会杠杆率（债务 / GDP）上升幅度超过 60%，5 年内的杠杆率上升超过 50%，搞不好可能发生金融危机。四是金融与实体经济失衡。刺激需求，倒逼增发货币，在实体企业盈利能力下降和投资回报率下降时，货币容易在金融系统自我循环、以钱炒钱、吹大泡沫，经济出现金融化、杠杆化、债务化，以及更为危险的产业空心化。例如，目前实际利率为10%以上（加权平均贷款利率5.7%加上-5%的工业品出厂价格），实体企业借贷资金必须投资于高于实际利率的项目才有回报，实体企业不敢投资实业，而是购买理财、投资房地产、再贷款等，加剧了经济的“脱实向虚”。

日本20世纪80年代中后期经济发展进入转型升级阶段，汇率升值、劳动力成本提高、竞争力下降，但仍实行宽松货币政策、降低利率，以刺激经济增长，但资金没有进入实体经济，增发的货币没能提高实体企业的竞争力，同时，实体经济的产品供应充裕，产能过剩，消费品价格保持稳定，资金回报率不高，结果大量资金进入虚拟经济，带来资产价格大幅上涨。1986—1990年，商用地产上涨67%，其中三大都市圈上涨1.2倍，形成严重资产泡沫，破灭后资产价格下跌，造成长期紧缩和增长萎缩。

二、加强供给侧结构性改革的基本内涵

供给和需求是经济这枚硬币的两面。供给决定增长能力，即潜在增长率，需求决定着潜在增长能力能否充分释放，使潜在增长转化为现实增长。刺激需求，短期会促进增长，但前提是有相应的潜在增长能力，并且供给结构同需求结构是适应的。

在推动经济发展中，我国一直都强调结构，但这次为什么提出“供给侧结构性改革”，而不是结构调整、结构优化呢？我认为，主要有三个考虑。

一是长期以来实行需求管理为主的宏观政策，政策取向主要是在财政政策和货币政策是积极的、宽松的、稳健的、从紧的等时期进行选择。这两大政策非常重要，但目前两大政策的宽松或从紧不能从根本上解决经济发展中的结构性问题，要跳出需求的局限，在供给侧方面拓展政策空间。

二是一个时期以来，稳增长、调结构、促改革、惠民生、防风险是一套含义很广的政策组合。但是，调结构，从字面理解，包括了需求结构、供给结构（产业结构）、收入分配结构、城乡区域结构等，这次明确政策的着力点是在供给侧的结构，指向更清楚、更聚焦。同时，调结构作为稳增长的手段，在实际执行中往往被当作加大建设力度、加大投资力度，确定战略性新兴产业，确定本地区的支柱产业等，各地区各部门都是在做加法，没有减法，调整应有的有增有减的味道弱化了，改革的味道弱化了。如果仍沿用过去的说法，如加大调结构力度，把调结构放在更加重要位置等，难以从政策方向上解决认识问题。强调结构性改革，就是为了防止政府主导的调结构、防止单纯做加法的调结构，防止带来新的产能过剩的调结构。

三是十八届三中全会已经对全面深化改革进行了总体部署，为什么还要提结构性改革。全面深化改革的总目标是完善和发展中国特色社会主义制度，推进国家治理体系和治理能力现代化。全面改革着眼于长远的制度建设，结构性改革更强调问题导向，解决经济发展中的突出问题，把发展与改革更紧密结合起来，用改革的办法解决结构性问题，有什么问题就改什么体制。当然，结构性改革也是全面深化改革的组成部分。

供给侧结构性改革不同于需求刺激，政策目标不同、政策对象不同、政策手段不同。

第一，政策目标。即减少无效供给，扩大有效供给，提高供给结构的适应性和灵活性，提高全要素生产率，提高资源配置效率。最终目的是更好满足人民日益增长的物质文化和生态环境需要。因此，供给侧结构性改革，是坚持以人民为中心发展思想的必然要求，是人民中心论思想的体现。

第二，政策对象。结构性改革要解决的核心问题是矫正要素配置扭曲。具体包括三个层面：一是企业内部要素配置。这主要取决于企业家精神，靠企业改革和科学管理实现。改革开放初期的土地承包制，本质上就是改变了农民与土地的组合方式，重新配置了劳动力和土地资源，优化了资源配置，调动了亿万农民的积极性，产出就提高了。二是企业间要素配置。就是使资源更多配置到优质企业、有竞争力的企业、有创新精神的企业。20 世纪 90 年代对国有经济进行战略性调整，抓大放小等，实质上解决的就是企业间的资源配置问题。相反，如果要素被“僵尸企业”长期占用，甚至出现劣币驱逐良币，造成资源在企业间的错配，就是效率损失，要素配置扭曲。三是产业间要素配置。这就是通常说的产业结构调整优化，使资源更多流向有需求的、有前途、效益高的产业和经济形态，从农业流向非农产业、从工业流向服务业、从传统产业流向新兴产业、从传统业态流向新业态、从虚拟经济流回实体经济，等等。改革开放以来数亿农民从土地上解决出来，转移到非农产业，实质上就是供给侧结构性改革的实践。

第三，政策手段。供给侧结构性改革的政策手段与扩大需求的政策有所不同，主要不是扩大投资、扩大财政支出、扩大货币发行。结构性改革的手段，最主要的是提供市场化的制度。包括市场方面的制度，如市场准入、市场交易、企业破产等制度；微观主体方面的，如激励创新、化解过剩产能、降低企业成本、减轻企业税费负担、提高劳动力市场灵活性、鼓励竞争、打破垄断、减少政府不当干预等；政府管理方面的，如简政放权、降低制度性交易成本，包括财税体制、金融体制、养老保险体制，等等。

三、加强供给侧结构性改革的重点任务

供给侧结构性改革是一项长期任务，不可能毕其功于一役，中央确定的方针是，战略上要坚持持久战，稳中求进、把握好节奏和力度。但不能因为是持久战，当前就不干，所以在战术上要抓住关键点，打歼灭战。当前重点是抓好“三去一降一补”五大任务。

1. 积极稳妥化解产能过剩

过剩产能在企业层面表现为“僵尸企业”。“僵尸企业”是那些已经丧失偿付能力、不能清偿到期债务，达到破产法规定的申请破产条件，但却依靠

银行贷款、政府补贴、母公司补贴等僵而不死的企业。“僵尸企业”占用信贷、财政、土地、劳动等资源，抬高杠杆率，加剧产能过剩，扭曲市场价格信号，市场优胜劣汰功能受阻，制约经济升级。长此以往，可能还会把行业中的优质企业拖垮。让“僵尸企业”、净资产为负数、资不抵债的企业继续举债，实际是助长无本经营的投机行为，加剧道德风险，损害债权人利益，损害全体人民的利益。处置“僵尸企业”会带来职工下岗、不良资产增加等一些新问题，但这是绕不过去的坎，只有用今天的“小震”才能化解未来的“大震”。

减少过剩产能，使产能和消费大体均衡，提高产能利用率，稳定工业品价格，止住价格下跌，让优质企业看到希望，改善生产经营状况，增强优质企业盈利能力。同时，去产能的过程也是去杠杆的过程，可以降低整体杠杆率，减轻实体企业利息负担。如钢铁企业若去 1.8 亿吨产能，按照全行业债务率，可以减少行业债务 7500 亿元左右。

要把处置“僵尸企业”作为化解产能过剩的牛鼻子。处置的方针是企业主体、政府推动、市场引导、依法处置，多兼并重组、少破产清算，做好职工安置。要制定全面配套的政策体系，在财税支持、不良资产处置、失业人员再就业和生活保障、专项奖补、资本市场等方面进行支持。同时，要严格控制增量，防止新的产能过剩

2. 帮助企业降低成本

我国还是中等收入国家，但很多方面的成本已经偏高，呈现“未富先高”现象。某化纤企业分别在中国和美国设厂，在不包括主要原材料成本、用地成本、物流成本、各项税费的情况下，每吨化纤国内单位生产成本比美国高 4.48 美元。据美国波士顿咨询公司报告，综合计算人工成本、能源成本、汇率、劳动生产率四个因素，美国制造业综合成本为 100，中国为 96，中国的成本已逼近美国。近年来，年均向海外转移外资 10 亿美元，据对 4000 家企业进行的调查问卷显示，有 1219 家企业表示有投资转移意愿，占

30%。原因是成本上升过快，失去了低成本的比较优势。我们必须从全球视野、中华民族长远发展的高度认识这一问题。我国创新力在增强，但中近期还不足以弥补成本快速上升导致的竞争力减弱，要尽量保持和延长比较优势，就必须下决心降成本。否则，近期，不少企业会被高成本压垮，长期，世界第一制造大国的地位有被取代的风险。

党的十八届五中全会提出“开展降低实体经济企业成本行动”，目的就是减轻企业负担，增强实体经济盈利能力。企业没有盈利，一两年也许能扛下去，三四年后就撑不下去了。所以要一手去产能，一手降成本，微观主体有活力了，经济发展才有持久的动力。

要打帮助企业降低成本的“组合拳”，推动“七降”。一是降低制度性交易成本，主要靠转变政府职能、简政放权，进一步清理规范中介服务。二是降低人工成本，企业对人工成本上升反映强烈，可考虑修改劳动合同法。加快农民工市民化有利于减轻人工成本上涨压力。三是降低企业税费负担，清理各种不合理收费特别是垄断性中介服务收费，研究降低制造业增值税税率。四是降低社会保险费，目前“五险一金”相当于职工工资的40%左右，要精简归并“五险一金”，降低企业住房公积金缴付比例。五是降低企业财务成本，金融部门要为实体经济让利，降低利率、减少收费。六是降低电力价格，出台降低电价的方案。七是降低物流成本，推进流通体制改革，提高运输效率、平衡各种运输方式，降低各种物流费用，降低高速公路收费等。

3. 化解房地产库存

2015年底，全国住宅待售面积7.2亿平方米，住宅施工面积49亿平方米，合计56.2亿平方米。按每套住宅面积100平方米计算，今后两三年的住宅供应总量为5600万套，按每套3人计算，可容纳1.7亿人口。显然，相对于现有户籍人口而言，库存是多了，但相对于在城镇就业和生活的2.5亿非户籍人口而言就不多了。问题是，因户籍制度的限制，这些非户籍人口很难形成在城镇长期定居，从而形成买房或租房的预期，更主要的是在一、二线城市，非户籍人口的绝大多数根本买不起住房。一方面非户籍人口需要住房，另一方面三、四线城市房地产库存高企。

中央经济工作会要求，要按照加快提高户籍人口城镇化率和深化住房制度改革的要求，通过加快农民工市民化，扩大有效需求，打通供需通道，消化库存，稳定房地产市场，也就是通过人口城镇化去库存，而不是用加杠杆的办法去库存。

对此，主要采取两方面重大举措：一是落实户籍制度改革方案，允许农业转移人口等非户籍人口在就业地落户，使他们形成在就业地买房或长期租房的预期和需求。二是明确深化住房制度改革方向，即以满足新市民住房需求为主要出发点，以建立购租并举的住房制度为主要方向。

过去住房制度改革的思路是，对中高收入群体通过购买商品房解决居住问题，对中低收入群体通过政府支持建设保障性住房解决，对困难群体通过政府提供廉租房解决。事实上，大学毕业生、中等职业学校毕业生、农民工等群体刚参加工作时，往往都是中低收入群体，不具备购房能力，而住房又是他们的真正刚需。世界上多数国家是购租并举的住房制度，城市型国家和地区，土地少、地价高，租房比例多一些，买房的比例少一些；年轻人租房多一些，老年人拥有产权房的比例比年轻人多一些等。如日本，40 岁以下人口有房者仅为 28.4%。

住房制度改革的要点是，对全家总动员从而有能力直接买房的，仍支持包括非户籍人口在内的城镇居民购买产权房；对一时买不起的，支持他们先租房；对难以承受市场化房租并符合条件的，政府给予货币化租金补贴，把公租房扩大到非户籍人口。为此，要建立住房租赁市场。住房的租赁市场与销售市场，实际上是给消费者提供月供、月租的两种选择，月租比月供便宜，就能建立起住房租赁市场。一线城市租金高，政府给予补贴，就是公租房。为此，要鼓励自然人、各类机构投资者、以住房租赁为主业的专业化企业、物业企业等购买库存的商品房，成为租赁市场的房源提供者，鼓励房地产开发商转变经营策略，实行卖房、租房并举，使其成为今后住房租赁市场房源的提供者。

要看到，我国储蓄高而投资渠道少，老年人有积蓄，而年轻人收入少，高收入者可以买几套，低收入者一套也买不起。要在储蓄与投资、老年人与年轻人、高收入者与低收入者之间搭建起房屋这一桥梁，满足双方需要。这样，逐步建立起住房租赁市场，形成租售并举的住房制度。从住房空置率看，发展租房市场的潜力也很大。全国住房空置率在10%以上，即使是一线城市也有不少的空置住房，反映了住房租赁市场还很不健全。

房价过高的特大城市还要研究其他符合实际的新措施。对一线城市和少数二线城市而言，这类城市人口流入多、房价高，绝大多数人买不起甚至租不起房子，除了上述措施外，必须有创新性新举措。如某市中心城区范围内已经没有多少可用于居住用地的土地了，同时，有几百平方公里的集体经营性建设用地。可否按照十八届三中全会精神，允许一部分农村集体经营性建设用地在符合规划和用途管制前提下，在空间结构调整基础上，用于住房建设呢？这样，就可以大幅度降低住房价格（一线城市土地价格往往占到房价的70%），而且可以给农民一个稳定的收入。

4. 防范化解金融风险

我国宏观杠杆率过高、增长过快。据有关部门报告，全社会杠杆率从2008年的170%增加到2015年第三季度的234.2%，债务额增加近10万亿元。2015年各主体的杠杆率分别为：企业166%、政府40%、家庭30%。按我国广义货币量一年12万亿元计，利息占了三分之一，有的认为利息负担每年6万亿元，占当年新增贷款的一半，从而出现宏观上货币宽松与微观上的贷款难贷款贵的悖论。例如，某行业全行业的负债率为70%，债务总规模4.37万亿元，按照平均利率6%计算，一年的利息就是2500亿元，但目前全行业亏损，如何还上每年2500亿元的利息呢？所以，尽管短期内杠杆率很难降下来，但长期看，必须坚持去杠杆的政策方向，货币政策不能放水，要坚持处置“僵尸企业”等。

去杠杆，有加有减、有转移等不同的途径。例如，适当增加中央政府杠杆率，降低地方政府债务风险；处置不良贷款和去产能等，降低企业杠杆率。20世纪90年代中后期，处置了1.3万亿元的不良贷款，当时的GDP只有七八万亿元，现在GDP是68万亿元，处置能力增强了七八倍。要守住金融风险底线，为实体经济和微观主体减轻负担，需要继续创造性地处置不良贷款。

对信用违约依法处置。对地方政府债务风险，做好存量债务置换，完善全口径政府债务管理。对金融风险，加强全方位监管，规范各类融资行为，抓紧开展金融风险专项整治，坚决遏制非法集资蔓延势头，加强风险监测预警，妥善处理风险案件。

5. 扩大有效供给

实现全面建成小康社会目标，还面临不少短板。从不同收入群体看，重点是农村贫困人口；从产业看，现代农业、新兴产业、现代服务业是短板；从产品看，绿色产品、生态产品是短板；从质量看，高品质产品是短板；从资本看，相对于物力资本，人力资本是短板等。

扩大有效投资，扩大有效供给，更好满足需求。打好脱贫攻坚战，加强农业现代化基础建设，支持企业技术改造和设备更新，培育发展新产业以及补齐基础设施、公共服务中的短板等。在化解过剩产能和技术变化加快的形势下，要加大投资于人的力度，使劳动者更好适应变化了的市场环境。

四、加强供给侧结构性改革的政策措施

1. 五大政策

推进供给侧结构性改革，要实施相互配合的五大政策支柱，即宏观政策要稳、产业政策要准、微观政策要活、改革政策要实、社会政策要托底。

第一，宏观政策稳，为结构性改革营造稳定的宏观经济环境。稳定经济

运行是结构性改革的基础，经济运行要保持在合理区间。为此，财政政策和货币政策的基本取向不变，但重点和力度要有所调整。积极的财政政策要加大力度，阶段性提高财政赤字率，在适当增加必要的财政支出和政府投资的同时，主要用于弥补减税降费带来的财政减收，这同扩大需求时主要是扩大政府投资是不同的。稳健的货币政策要灵活适度，为结构性改革营造适宜的货币金融环境。通过这样的财政、货币政策，保持总需求适度增长，为结构性改革奠定宏观基础。所以，供给侧结构性改革和扩大需求不是对立的，不是非此即彼，实行供给侧结构性改革，并不是要否定扩大内需。

第二，产业政策准，准确定位结构性改革的大方向。产业政策要准，不是回到计划经济，也不同于过去的产业政策，不是政府替代企业决策和选择产业，主要是指明大的结构性方向，如实体与虚拟经济、制造业与服务业、存量与增量、传统产业和新兴产业、住房制度中购房和租房的关系等。具体的投资机会要由企业家和各类投资者在市场中选择。产业政策要从政府指定发展什么产业，转向功能性，为企业在市场中发现新的增长点创造必要的条件。

第三，微观政策活，激发企业活力和消费者潜力。供给侧结构性改革更多的是作用于微观。对企业即生产者，政府要做好为企业服务工作，在制度上、政策上营造宽松的市场经营和投资环境，鼓励和支持各种所有制企业创新发展，保护各种所有制企业产权和合法利益。这样，才能改善企业市场预期，企业才有信心。对消费者，要营造商品自由流动、平等交换的市场环境，破除市场壁垒和地方保护，使有效供给能顺畅地到达消费者手中。

第四，改革政策实，推动各项改革落地见效。我们已经推出了不少改革，已经取得重大进展，下一步必须在“实”字上下功夫。一方面，改革方案本身要实、符合实际、直接落地，不要层层制定方案，以文件落实文件。另一方面，方案的落地要实，破除顶层设计与实际落实之间的“肠梗阻”，使改革在微观层面见到实效。

第五，社会政策托底，为结构性改革创造好的社会环境。结构性改革特别是化解过剩产能，必然带来一些阵痛，涉及部分群体就业和收入，但这是必然要过的坎，必然要经历的阵痛。要更好发挥社会保障的社会稳定器作用，把重点放在兜底上，保障两个基本，即基本生活和基本公共服务。现在的就业形势、财力规模、保障制度同20世纪90年代相比有了很大进步，虽然这次可能会有阵痛，但不会很大，不会出现大规模的下岗失业问题。

2. 重大改革

重点推进对结构性改革有普惠意义的国企、财税、金融“三大改革”，以及具有兜底作用的养老保险制度改革，同步推出一批对“三去一降一补”具有重大牵引作用的改革举措。

国企改革，落实中央审议通过的国有企业改革“1+N”文件，加快组建国有资本投资公司、运营公司，加快推进垄断行业改革。

财税改革，主要是抓住划分中央和地方事权和支出责任、完善地方税体系、增强地方发展能力、减轻企业负担等关键性问题进行有针对性的改革。

金融改革，重点是尽快形成融资功能完备、基础制度扎实、市场监管有效、投资者合法权益得到充分保护的股票市场，改革金融监管体制；推进银行体系改革，深化国有商业银行改革，加快发展绿色金融等。

养老保险制度改革，要着眼于构建公平、可持续的养老保险制度，完善个人账户，坚持精算平衡，提高统筹层次。

结构性改革必须有全球视野，在对外开放方面，要继续抓好优化对外开放区域布局、推进外贸优进优出、积极利用外资、加强国际产能和装备制造合作、加快自贸区及投资协定谈判、积极参与全球经济治理等中央已经部署的重大举措。要突出抓好改善利用外资环境工作，高度重视保护外资企业合法权益，高度重视保护知识产权，对内外资企业要一视同仁、公平对待。

3. 重大原则

要坚持中国特色社会主义政治经济学的重大原则，这是推进供给侧结构性改革的政治保障。

要做到“三个坚持”。一是坚持解放和发展社会生产力，这是中国特色社会主义政治经济学的核心，对任何束缚和阻碍社会生产力发展的言行，都要坚决反对。二是坚持社会主义市场经济改革方向，使市场在资源配置中起决定性作用，是深化经济体制改革的主线，更好发挥政府作用，不是要更多发挥政府作用。三是坚持调动各方面积极性，充分调动人的积极性，充分调动中央和地方两个积极性，注重调动企业家、创新人才、各级干部这三个“关键少数”的积极性、主动性、创造性。

推进国家治理体系和治理能力现代化

魏礼群

国务院研究室原主任

党的十八届三中全会审议通过的《中共中央关于全面深化改革若干重大问题的决定》明确提出，“全面深化改革的总目标是完善和发展中国特色社会主义制度，推进国家治理体系和治理能力现代化”。10 年来，在推进国家治理体系和治理能力现代化的过程中，党和国家采取了一系列重大改革举措，形成了一系列重大理论创新。

党的十八届三中全会《决定》的一个重大决策，就是把完善和发展中国特色社会主义制度，推进国家治理体系和治理能力现代化确立为全面深化改革的总目标。

一、“推进国家治理体系和治理能力现代化”的时代意义和实践价值

国家治理体系和国家治理能力是一个国家的制度和制度执行力的集中体现，两者是“国家治理现代化”的双翼，相辅相成、相互契合、高度统一，共同作用和服务于“国家治理现代化”这一总体目标。一方面，完善国家治理体系是提高国家治理能力的基础，有了好的国家治理体系才能提高治理能力；另一方面，提高国家治理能力才能充分发挥国家治理体系的效能。推进国家治理体系和治理能力现代化具有重要的时代意义和实践价值。

首先，推进国家治理体系和治理能力现代化，是推进和拓展中国式现代化的重大任务。推进国家治理体系和治理能力现代化，科学回答了我国发展起来以后如何实现党领导人民有效治理国家的重大历史课题，即如何以制度

体系的成熟化、定型化，有效破解发展中的社会问题，进而推动国家治理步入常态化轨道，更好发挥党的领导这一最大优势，充分发挥社会主义制度优越性，有效应对百年未有之大变局加速演进和在新一轮科技革命和产业变革中更好发展自己，顺利实现到 2035 年基本现代化、到 21 世纪中叶全面建成社会主义现代化强国的奋斗目标，如期实现中华民族伟大复兴的中国梦。

其次，推进国家治理体系和治理能力现代化，必将谱写马克思主义新篇章。我们的国家治理体系和治理能力现代化是在马克思主义的指导下推进的。在推进国家治理体系和治理能力现代化的过程中，我们党将不断总结中国特色社会主义现代化的实践经验，不断推动马克思主义在中国的新发展，有力开拓科学社会主义发展新境界。这必将谱写出 21 世纪马克思主义的新篇章，使世界上越来越多的人相信马克思主义普遍真理。

最后，推进国家治理体系和治理能力现代化，是对人类文明的重大贡献。推进国家治理体系和治理能力现代化，能够为既希望加快发展又希望保持自身独立性的国家和民族在推进自身现代化过程中实现国家治理现代化提供示范和借鉴。同时也能够增强我国在世界的话语权，提高我国的软实力，促进在更大的范围参与全球治理，从而为维护世界和平和人类共同发展作出更大贡献。

二、党的十八届三中全会以来的重要改革举措和理论创新

为推进国家治理体系和治理能力现代化，十八届三中全会以来我们党采取了一系列重大改革举措。一是加强党的全面领导和党中央集中统一领导。进一步明确中国共产党的领导是中国特色社会主义最本质的特征，是中国特色社会主义制度的最大优势，并写入党章总纲；进一步明确党的领导制度是我国的根本领导制度，坚持党中央集中统一领导是最高政治原则，系统完善党的领导制度体系，深入推进全面从严治党，确保党发挥总揽全局、协调各方的领导核心作用。我们党确立习近平同志党中央的核心、全党的核心地

位，确立习近平新时代中国特色社会主义思想的指导地位。全面推进党的各方面建设的体制机制，为推进国家治理现代化提供了科学的理论指导和组织领导。二是深化党和国家机构改革。统筹设置党政机构以及推进党的纪律检查体制和国家监察体制改革，组建国家、省、市、县监察委员会，同党的纪律检查机关合署办公，实现对所有行使公权力的公职人员监察全覆盖，健全了权力监督体系。通过改革，党和国家机构职能实现了系统性、整体性重构，加强党的全面领导得到有效落实，维护党的集中统一领导的机构职能体系更加健全，党和国家机构履职更加顺畅高效，中国特色社会主义制度更加成熟更加定型。三是加强中国特色社会主义制度建设。党的十九届四中全会重点部署坚持和完善中国特色社会主义制度的根本制度、基本制度、重要制度，分别从坚持和完善党的领导制度体系、人民当家作主制度体系等13个方面作出许多新的制度安排，搭建起中国特色社会主义制度的“四梁八柱”。四是全面加强依法治国。习近平法治思想为全面依法治国、建设法治中国提供了根本遵循和行动指南。坚持依法治国、依法执政、依法行政共同推进，法治国家、法治政府、法治社会一体建设，深入推进科学立法、严格执法、公正司法、全民守法。

在推进国家治理体系和治理能力现代化的过程中，形成了一系列重大理论创新。一是发展了马克思主义的社会主义国家本质理论和国家职能理论。在马克思主义发展史上第一次提出“国家治理”概念，并赋予其与马克思主义经典作家的“国家统治”不同的政治文明意蕴。科学回答了“建设一个什么样的国家治理体系”“要达到什么水平的国家治理能力”问题。二是深化了对共产党执政规律的认识。强调无产阶级政党在社会主义国家治理体系中总揽全局、协调各方的核心领导地位，丰富发展了马克思主义的无产阶级政党学说。三是深化了党对社会主义建设规律的认识。明确了政府与市场、社会的关系，丰富发展了马克思主义关于社会主义国家职能及国家治理结构的理论。明确提出“依法治国是党领导人民治理国家的基本方式”，系统阐述了社会主义法治国家建设的基本方略。深刻阐述了选举民主与协商民主相统一的中国特色社会主义民主政治形式，充分彰显了人民群众在国家治理中的主体地位，丰富和发展了马克思主义关于社会主义国家民主和法治建设思想理论。

三、党的十八届三中全会以来转变政府职能的改革实践

1. 党的十八届三中全会以来转变政府职能的重点

转变政府职能，被喻为完善社会主义市场经济必啃的“硬骨头”。十八届三中全会以来，政府职能转变的重点是围绕使市场在资源配置中起决定性作用和更好发挥政府作用，努力构建科学的政府职能体系，处理好政府与市场的关系，推进政府治理现代化。2013 年党的十八届三中全会对政府与市场关系的认识实现了新的突破，首次提出使市场在资源配置中起决定性作用和更好发挥政府作用。以营造良好的发展环境为重点，以处理好政府与市场关系为核心，强调既要使市场在资源配置中起决定性作用，又要更好发挥政府作用。为处理好政府与市场的关系，必须构建科学的政府职能体系。十八届三中全会明确政府的职责和作用主要是保持宏观经济稳定，加强和优化公共服务，保障公平竞争，加强市场监管，维护市场秩序，推动可持续发展，促进共同富裕，弥补市场失灵。2019 年，党的十九届四中全会强调，要完善政府经济调节、市场监管、社会管理、公共服务、生态环境保护等职能，厘清政府和市场、政府和社会关系，深入推进简政放权、放管结合、优化服务，健全宏观调控制度体系等。2020 年，党的十九届五中全会进一步提出，充分发挥市场在资源配置中的决定性作用，更好发挥政府作用，推动有效市场和有为政府更好结合。

2. 党的十八届三中全会以来转变政府职能的重要改革实践

为构建科学的政府职能体系，切实推动政府职能转变，我国采取了以下重要改革举措：

一是持续大力推进“放管服”改革。在简政放权方面，取消和下放行政

审批等事项，全面实行政府权责清单制度，深化商事制度改革，降低企业登记注册门槛，简化办理流程和手续，持续推进减税降费。在放管结合方面，改革完善市场监管体制，实行审慎、严格、公正监管，创新监管方式，推行“双随机一公开”抽查，推进信用监管、大数据监管、综合行政执法。对新兴产业实行包容审慎监管。在优化服务方面，加强政务服务中心建设，推进政务服务从“一站式”向“一窗式”再向“一网式”转变，建设国家政务服务平台和覆盖地方各级政府的政务服务网络，推行政务服务标准化、便利化、规范化。2022 年 2 月，国务院颁布的《国务院关于加快推进政务服务标准化规范化便利化的指导意见》，对推进政务服务标准化、规范化、便利化作出总体部署和制度安排。这些改革，推动了政府职能快速转变，市场在资源配置中的决定性作用越来越充分，政府作用发挥得越来越好，推动了有效市场和有为政府的紧密结合。

二是加强和改善宏观调控。科学的宏观调控，有效的政府治理，是发挥社会主义市场经济体制优势的内在要求。党的十八大以来，我国经济发展进入新常态。党的十八届三中全会把“健全宏观调控体系”作为加快转变政府职能的重要方面。党中央完善宏观经济治理，创新宏观调控思路和方式，增强宏观政策自主性，为实现经济快速发展和社会长期稳定两大奇迹作出了重要贡献。党的二十大报告强调，要健全宏观经济治理体系，发挥国家发展规划的战略导向作用，加强财政政策和货币政策协调配合，为新发展阶段的宏观调控指明了方向。

三是加强和创新社会管理。十八届三中全会以来，各级政府强化社会管理职能，积极构建党委领导、政府负责、社会协同、公众参与、法治保障的社会治理格局，完善社会管理体系，推进户籍管理、社会组织管理、社会治安综合治理、应急管理等方面制度改革，运用互联网、大数据等信息技术创新社会管理方式，为维护社会稳定，保障公共安全，促进社会发展发挥了积极作用。目前，我国新的社会治理格局已初步形成，政府社会管理体系已建立起来并在不断完善。

四是加强和优化公共服务。党的十八大以来，按照党中央的决策部署，各级政府以保障和改善民生为重点，进一步强化政府公共服务职能，优化公共服务质量。加快建立比较健全和完善的政府主导、覆盖城乡、可持续的公共服务体系，编织一张覆盖全民的保障基本民生的安全网。全面深化教育、医疗、社会保障、住房、就业等公共服务领域改革，完善公共服务体制机制，创新公共服务方式，如推广政府购买服务，凡属事务性管理服务，原则上都要引入竞争机制，通过合同、委托等方式向社会购买。加大对公共服务的财政投入推进基本公共服务均等化和服务设施标准化，提高公共服务的公平性。

五是加强法治政府建设。习近平总书记特别强调法治对转变政府职能的引导和规范作用，要求政府职能转变到哪一步，法治建设就要跟进到哪一步。党的十八大以来，大力推进法治政府建设。2014 年，党的十八届四中全会首次以中央全会的名义专题研究全面依法治国，颁布《中共中央关于全面推进依法治国若干重大问题的决定》，法治政府建设作为全面依法治国的重点任务和主体工程，进入了协同推进和纵深拓展的新阶段。2017 年党的十九大提出，建设法治政府，推进依法行政，严格规范公正文明执法。党的十九届四中、五中全会都对全面推进依法治国，坚持依法治国、依法执政、依法行政共同推进，坚持法治国家、法治政府、法治社会一体建设提出了要求。2021 年 8 月，中共中央、国务院印发《法治政府建设实施纲要（2021—2025 年）》。各级政府依法规范行政决策和行政执法行为，中央开展法治政府示范创建活动，有效推动了法治政府建设和政府职能转变。党的二十大进一步提出，要转变政府职能，优化政府职责体系和组织结构，推进机构、职能、权限、程序、责任法定化。

六是不断深化党和国家机构改革。机构改革对转变政府职能具有重要意义。2012 年，党的十八届二中全会和十二届全国人大一次会议审议通过的《国务院机构改革和职能转变方案》，第一次在党和国家重要文件的题目中将职能转变与机构改革相并列，更加突出了机构改革对职能转变的重要意义。2013 年，党的十八届三中全会提出，统筹党政群机构改革，理顺部门职责关系，积极稳妥实施大部门制，优化行政区划设置，严格控制机构编制。2018 年，党的十九届三中全会对党和国家机构职能体系进行了系统性、整体性重构。经过改革，一些政府职责归口由党的机构承担；将分散在不同政府部门的相近职责加以整合，划转由一个部门或组建新的部门来承担；与一些政府职责需要强化相适应，组建新的政府机构。政府机构职责更加清晰、关系更加协调。

四、党的十八届三中全会以来的“放管服”改革

2013 年新一届政府成立时，把“精简机构、精简审批事项”作为改革的“先手棋”和“当头炮”。自党的十八大召开后至 2022 年 10 月，国务院共召开 10 次“放管服”改革电视电话会议，专题部署转变政府职能，推进“放管服”改革。国务院成立推进政府职能转变和“放管服”改革协调小组，在国务院办公厅设立政府职能转变办公室，加强对“放管服”改革的组织领导。“放管服”改革的主要历程大体上可以划分为三个阶段。

从党的十八大至党的十八届五中全会是以深化行政审批制度改革、放宽市场准入为重点的起步阶段。2013 年 5 月，李克强总理在国务院机构职能转变电视电话会议上指出，国务院机构改革和职能转变的特点是把机构改革和职能转变有机结合起来，把职能转变作为核心，把行政审批制度改革作为突破口和抓手。2013 年，国务院各部门分四批次取消或下放了 416 项行政审批事项和评比达标表彰评估等事项；修订了《政府核准的投资项目目录（2013 年本）》，将中央核准项目数量减少了 60%。2014 年，党的十八届四中全会提出推行政府权力清单制度。2015 年，中央和地方各级政府都积极推进制定权力清单和责任清单。2015 年 10 月，国务院出台《国务院关于实

行市场准入负面清单制度的意见》，初步建立了政府权力清单、责任清单和市场准入负面清单制度。2014 年，国务院各部门共计取消和下放行政审批事项 246 项。到 2015 年，国务院部门共取消或下放 586 项行政审批事项，提前两年完成了减少三分之一行政审批事项的改革目标。围绕改善营商环境，加快企业工商登记等商事制度改革，将“先证后照”改为“先照后证”，将注册资本实缴制改为认缴制。行政审批大量减少后，政府管理由过度重视事前审批更多地转变为加强事中事后监管。2015 年，国务院发布《关于“先照后证”改革后加强事中事后监管的意见》，力求做到“放”“管”结合、“宽进严管”。创新出台“双随机”抽查、综合执法和运用大数据进行监管的监管方式。2015 年 9 月，在总结先行地区探索经验的基础上，国家标准化管理委员会成立了全国行政审批标准化技术工作组和全国政务大厅服务标准化技术工作组，推进行政审批和政务服务标准化工作。

从党的十八届五中全会至党的十九届四中全会是以推进供给侧结构性改革、降低企业运营成本为重点的发展阶段。2015 年，党的十八届五中全会研究了关于制定国民经济和社会发展第十三个五年规划的建议。“十三五”期间，我国整体处于增长速度由高速转向中高速的换挡期，经济结构由增量扩能向调整存量、优化增量的深度调整阵痛期，前期刺激政策消化期“三期叠加”阶段。这要求加快转变经济发展方式，打造发展新引擎，推进供给侧结构性改革，构建激发创业创新活力、实现发展动力转换的发展新体制。为此，持续深化行政审批制度改革，加大放权力度，大力削减行政审批事项，最大限度减少对资源直接配置。围绕改善营商环境，深化商事制度改革。2018 年 10 月，在前期试点基础上，国务院印发《关于在全国推开“证照分离”改革的通知》，重点是“照后减证”，着力破解“准入不准营”难题。在监管方面，在总结先行地区探索经验基础上，国务院推动各地各部门运用现代信息技术，实行“互联网+监管”、大数据监管、智能监管，促进了跨部门协同监管，提高监管精准性和监管效能。全面推行“双随机、一公开”监管，2019 年，国务院印发《关于在市场监管领域全面推行部门联合“双随机、一公开”监管的意见》，强调要加强部门协作，推进抽查的统一化、制度化、规范化。完善事中事后监管制度，加强公正监管。在优化服务方面，大力推行“互联网+政务服务”，2018 年 6 月，国务院办公厅印发《进一步深化“互联网+政务服务”推进政务服务“一网、一门、一次”改革实施方案》，加快国务院各部门和地方政府信息系统互联互通。2018 年 7 月，国务院印发《关于加快推进全国一体化在线政务服务平台建设的指导意见》，全面部署建设全国一体化在线政务服务平台。2019 年 11 月，国家政务服务平台整体上线试运行。全面推进政务公开，提供公共透明、优质高效、规范便捷、公平可及的公共服务与政务服务。

从党的十九届四中全会至今，“放管服”改革进入以营造国际一流营商环境为重点的全面深化阶段。2019 年 10 月，党的十九届四中全会指出，坚持和完善中国特色社会主义行政体制，构建职责明确、依法行政的政府治理体系。为此，要深入推进“放管服”改革，把更多行政资源从事前审批转到加强事中事后监管和提供公共服务上来，营造国际一流营商环境。2019 年 10 月，国务院颁布《优化营商环境条例》，并于 2020 年 1 月 1 日起施行。李克强总理在每年的全国深化“放管服”改革电视电话会议上都强调，要打造市场化、法治化、国际化营商环境。为此，放宽市场准入，推进全链条优化审批，进一步减少行政审批事项，创新审批方式，优化审批流程，压缩审批时限。2022 年 1 月，国务院办公厅发布《关于全面实行行政许可事项清单管理的通知》，提出要全面实行行政许可事项清单管理，向全社会公布了国务院层面保留的 996 项行政许可事项，要求各省、市、县在 2022 年底前编制完成本级行政许可事项清单。深化“证照分离”改革，在生产许可、项目投资审批、证明事项等领域广泛推行告知承诺制。在监管方面，全面落实监管责任，实行全覆盖严格监管。大力推行“互联网+监管”，推进信用风险分类监管。以公正监管维护公平竞争，推动全过程公正监管，保障民营企业平等获取生产要素和政策支持。坚持包容审慎监管，发展平台经济、共享经济，完善社会信用体系。在优化服务方面，推动更多服务事项一网通办，做到企业开办全程网上办理。广泛推行“不见面”审批和服务，使更多政务服务能够网上办、掌上办、一次办。全面推进各类政务服务事项省内通办、跨省通办。2020 年 9 月，国务院办公厅印发《关于加快推进政务服务“跨省通办”的指导意见》；2022 年 10 月，又印发了《关于扩大政务服务“跨省通办”范围进一步提升服务效能的意见》。2022 年 3 月，国务院印发《国务院关于加快推进政务服务标准化规范化便利化的指导意见》，大力推进政务服务标准化规范化便利化。

我们可以从一系列数字观察认识 10 年来“放管服”改革的总体成效。从 2013 年大力推进行政审批制度改革以来，累计取消和下放 1098 项行政许可事项，非行政许可审批彻底退出历史舞台。中央政府层面核准投资项目压减 90%以上，工业产品生产许可证从 60 类减少到 10 类。企业开办时间从一个月以上压缩到平均 4 个工作日以内。90%以上的政务服务实现网上可办，户籍证明、社保转接等 200 多项群众经常办理事项实现跨省通办。改革给经商办企业更多便利，2022 年底企业数量超过 5000 万户、个体工商户超过 1.1 亿户，市场主体总量超过 1.6 亿户、是 10 年前的 3 倍，发展动力明显增强。世界银行发布的《全球营商环境报告 2020》中，我国营商环境排名升至全球第 31 位，连续两年被世界银行评为全球营商环境改善幅度最大的 10 个经济体之一。

“放管服”改革在实践过程中面临的难点问题，主要存在以下几个方面：一是简政放权标准化、规范化还不够，实际工作中各部门、各地方简政放权不平衡。多年来，简政放权是国务院提原则或提数量和比例要求。在实际工作中，一些部门管理的事项多，就容易完成任务。许多部门为满足简政放权数量和比例要求，对保留的行政许可事项进行“打包”，有的一项行政许可中包含若干子项，每一个子项实际上都是单独的一项行政许可。从实践情况看，不仅标准化规范化还不够，部门、地区之间不协调、不衔接、不配套问题也比较突出。有些审批事项涉及多个部门、多个环节，有的取消下放了，有的没有取消，或者大部分环节取消下放了，某个关键环节没有取消下放，实际上仍然难以落实，甚至还会增加企业和人民群众办事负担和难度。

二是监管相对薄弱，事中事后监管体系不健全。重审批、轻监管的问题在一些部门和地方仍然突出。2019 年国务院出台的《关于加强和规范事中事后监管的指导意见》落实不完全到位，整体事中事后监管制度体系仍然不完善。依法监管落实不到位。“双随机、一公开”监管落实不到位。监管程序制度不完善，监管执法自由裁量管理制度不健全，监管执法协作配合机制不完善不规范。信用监管、运用信用信息进行监管的制度机制不完善，守信激励和失信惩戒机制不够健全。

三是政务服务制度还不健全，标准化规范化便利化建设尚有差距。仍然存在服务标准不统一、线上线下服务不协同、数据共享不充分等问题。各级政府政务服务事项基本目录和审核制度、政务服务事项、服务流程、服务行为、服务场所、网上服务规范等方面的标准化建设差距还比较大。政务服务公平可及性存在差距，区域和城乡政务服务发展不平衡，基层、边远和欠发达地区政务服务能力尚待进一步提升。跨层级、跨地域、跨系统、跨部门、跨业务协同管理和服务的机制不健全。政务服务监督、评价、惩戒标准不统一、制度机制不完善。

四是审批、监管、执法、服务相互脱节。近几年，很多地方进行了审批、监管、执法体制改革。特别是一些通过设立行政审批局实行行政许可权相对集中行使、推行综合行政执法改革而由一支队伍管执法的地方，审批与监管、执法，监管与执法等环节之间相互独立、缺乏联系，导致单个权力运行环节效率高但整体行政效率低，造成市场主体不便。

五是法制建设滞后。“放管服”改革涉及业务范围广，与之相关业务工作的法律法规很多，其中不少法律法规条款已与经济社会发展形势不相适应，与改革的进程要求不相适应。近年来，国务院及有关部门进行了清理，按照法定程序修订废止了一大批法律法规。但是，仍有一些法律法规的内容滞后于改革的要求，制约了改革的深化和改革措施的落实，影响有关工作的开展。

截至 2022 年 6 月底，各级各部门已出台“放管服”改革相关政策文件 906 项，内容涵盖了改革的多领域和各环节。有人评价是“逐步形成了‘放管服’改革的系统工程”，“放管服”改革具有重要意义。

一是深化了对人民至上政府理念的认识。“放管服”改革中，人民群众和企业能最先感受到政府服务的质量和水平，对于改什么、怎么改他们最具有发言权。坚持人民至上是“放管服”改革的初心和核心，在“放管服”改革中，始终从人民群众和企业的实际办事体验出发，这是“放管服”改革取得进展和持续推进的根本动力。

二是深化了对政府改革系统性的认识。“放管服”改革是一个系统的有机整体，涉及行政审批制度改革、商事制度改革等简政放权领域的改革，涉及加强监管、公正监管的体制改革，涉及政务服务制度与公共服务体系的改革，等等。推进“放管服”改革必须打好“组合拳”，加强各方面改革的协同配套和系统集成。政府改革具有系统性、整体性、协同性，要坚持用系统思维谋划全局，准确把握改革的规律、方向、主线和重点，处理好整体推进和重点突破的关系。

三是深化了对政府、市场和社会关系的认识。“放管服”改革的核心问题，是正确处理好政府与市场、政府与社会关系的问题。“放管服”改革不断深化，政府越来越需要发挥市场作用和社会组织协同参与，将市场和社会力量进行优化整合共同治理社会公共事务。政府、市场、社会三者各自在社会治理中发挥自身优势，互相信任、共享协作，保证了市场和社会参与治理的自主性，有效推动了“放管服”改革的进程。

四是深化了对制度建设重要性的认识。“放管服”改革主要是通过改革投资审批制度、改革商事登记制度、实施减税降费、推行清单管理制度等有效制度供给向市场和社会放权，以激活市场活力和社会创造力。这说明，政府治理的制度变迁直接影响行政系统各个领域的运行、发展以及相应的组织和规则建设。要推进政府治理现代化，就必须首先加强政府的制度建设。

五、党的十八届三中全会以来三次党和国家机构改革

改革开放以来，政府机构改革每 5 年进行一次。每一次改革都是根据经济社会发展变化的需要，服务于转变政府职能的目的。

从改革开放初期到 1998 年的四次机构改革，都是把服务于市场经济发展和市场经济体制的建立作为机构改革的主要目标任务。1982 年，国家对经济体制改革的提法是“计划经济为主，市场调节为辅”，引进了市场机制作用。与此相适应，1982 年的机构改革较大幅度撤并了经济管理部门，以转移工作重心和干部人事制度改革为核心，重组了国家经济委员会并扩大其职权和业务范围，设立了国家经济体制改革委员会。由于当时强调“计划经济为主，市场调节为辅”，机构改革尚未涉及政府职能转变的层次。1988 年，经济体制改革的提法是建立“公有制基础上有计划的商品经济”。与此相适应，1988 年的改革强调政府强化宏观管理职能，淡化微观管理职能。这次机构改革，首次提出了政府职能转变的任务，明确提出按政企分开的原则，使政府对企业由直接管理改为逐步转到间接管理为主。1992 年党的十四大提出了建立社会主义市场经济体制的目标。与此相适应，1993 年的机构改革重点是以适应社会主义市场经济发展要求为导向，转变政府管理职能，着力加强政府宏观调控职能，弱化政府微观管理职能，全面履行经济调节、市场监管、社会管理和公共服务职能，建设服务型政府。适应我国社会主义市场经济体制逐步建立和完善的要求，1998 年的改革承续着 1993 年“逐步建立社会主义市场经济体制”的要求，以“转变政府职能”为中心任务，逐步取消专业经济部门，向地方、企业、中介组织下放职权 200 多项。

进入 21 世纪以后，随着经济的发展，一些社会矛盾问题凸显，政府加强社会管理、公共服务职能的需要凸显。2002 年党的十六大提出，深化行政管理体制改革的任务是要完善政府的经济调节、市场监管、社会管理和公共服务的职能。以十六大精神为指导，2003 年国务院机构改革的指导思想是：坚持政企分开，精简、统一、效能和依法行政的原则，进一步转变政府职能，调整和完善政府机构设置，理顺政府部门职能分工，提高政府管理水平。2007 年党的十七大提出，建设服务型政府，减少政府对微观经济运行的干预。以党的十七大精神为指导，2008 年 2 月，党的十七届二中全会通过的《关于深化行政管理体制改革的意见》明确提出，到 2020 年政府职能转变的总体方向是：实现政府职能向创造良好发展环境、提供优质公共服务、维护社会公平正义的根本转变。

党的十八届三中全会以来，先后在 2013 年、2018 年、2023 年开展三次党和国家机构改革。

2013 年党和国家机构改革的重点是，紧紧围绕转变职能和理顺职责关系，稳步推进大部门制改革。取消铁道部，实行铁路政企分开，组建国家铁路局和中国铁路总公司。组建国家卫生和计划生育委员会、国家食品药品监督管理总局、国家新闻出版广播电影电视总局。重新组建国家海洋局、国家能源局。经过改革，国务院正部级机构减少 4 个，除国务院办公厅外，国务院组成部门由 27 个减少为 25 个。此次机构改革的突出特点是强调转变政府职能，强调简政放权和自我革命，强调政府的公共服务，努力打造服务型政府。

2018 年党和国家机构改革的目标是构建系统完备、科学规范、运行高效的党和国家机构职能体系，形成总揽全局、协调各方的党的领导体系，职责明确、依法行政的政府治理体系。在深化党中央机构改革方面，设置各类型的中央工作领导小组或委员会，加强党中央对专业领域工作的集中统一领导，组建了国家监察委员会、中央全面依法治国委员会、中央审计委员会、中央教育工作领导小组。将中央全面深化改革领导小组、中央网络安全和信息化领导小组、中央财经领导小组、中央外事工作领导小组分别改为中央全面深化改革委员会、中央网络安全和信息化委员会、中央财经委员会、中央外事工作委员会。推进中央部门和国家机构职责相近部门的合并设立或者合署办公。为推进党政部门职责的协调配合，党中央设置的各类工作委员会或领导小组将办公室或秘书组分别设置在对应的政府部门。

在深化政府机构改革方面，优化经济管理部门设置和职权划分，将银行业监管和保险业监管进行合并，组建中国银行保险监督管理委员会。为了强化政府对市场监管职能，将工商总局、质检总局和食药监总局合并组建国家市场监管总局。优化政府综合执法、公共服务机构设置，突出了政府的综合执法和公共服务职能。组建了国家医疗保障局，统一了医疗保障工作。探索实行跨领域跨部门综合执法，建立健全综合执法主管部门，整合组建了市场监管、生态环境保护、文化市场、交通运输、农业综合执法队伍。赋予地方政府机构改革自主权，允许地方根据本地区经济社会发展实际，在规定限额内因地制宜设置机构和配置职能。统筹设置党政群机构，在省市县对职能相近的党政机关探索合并设立或合署办公。

综上，2018 年机构改革标志着我国机构改革事业进入了一个新的阶段。在机构改革对象上，从党政机构扩展到党政军群等国家机构；在机构改革目标上，实现了从配合“经济体制改革”“转变政府职能”为主到推动国家治理体系和治理能力现代化的高度的提升；在机构改革路径上，实现了从相关领域局部突破、地方试点先行到中央顶层设计、统筹规划的转变。这次改革，解决了一些党政部门机构重叠、职责交叉的问题，强化了党对各方面工作的领导，国务院机构设置更加科学合理。

为使党政机构职责关系更加协调，政府职责更加清晰，运行更加顺畅，2023 年 2 月，党的二十届二中全会审议通过了《党和国家机构改革方案》。在深化党中央机构改革方面，组建中央金融委员会和中央金融工作委员会，组建中央科技委员会、中央社会工作部和中央港澳工作办公室。在深化全国人大机构改革方面，组建全国人大常委会代表工作委员会。在深化国务院机构改革方面，重新组建科学技术部；在中国银行保险监督管理委员会基础上组建国家金融监督管理总局；深化地方金融监管体制改革，建立以中央金融管理部门地方派出机构为主的地方金融监管体制；中国证券监督管理委员会调整为国务院直属机构；统筹推进中国人民银行分支机构改革；完善国有金融资本管理体制；加强金融管理部门工作人员统一规范管理；组建国家数据局，由国家发展和改革委员会管理；优化农业农村部职责，将乡村振兴部门职责划入农业农村部；完善老龄工作体制，将国家卫健委的老龄工作相关职责划入民政部；完善知识产权管理体制，将国家知识产权局由国家市场监督管理总局管理的国家局调整为国务院直属机构。在深化全国政协机构改革方面，优化全国政协界别设置，增设“环境资源界”，整合“中国共产主义青年团”和“中华全国青年联合会”界别，设立“中国共产主义青年团和中华全国青年联合会”界别。在优化机构编制资源配置方面，按照5%的比例精减中央和国家机关人员编制。

和以往的几次机构改革相比，党的十八大以来的机构改革主要有三个显著特征：一是更加强调加强党对机构改革和各方面工作的全面领导。新时代的党政机构改革统筹设置党政机构，党的有关机构可以同职能相近、联系紧密的其他部门统筹设置，实行合并设立或合署办公。强化了党的组织在同级组织中的领导地位，更好地发挥党统揽全局、协调各方的作用。二是更加注重改革的系统性和统筹协调。十八大以前的多次机构改革不系统、不配套，各领域改革存在着重视程度不一、进展参差不齐的情况。如政企分开改革力度大、见效快，但政社分开改革则重视不够，进展迟缓；经济领域的机构调整比较充分，而社会领域、公共服务领域的机构调整较为滞后。党的十八大以后，重视对党和国家机构职能体系进行系统性、整体性重构。党的十八届三中全会提出“统筹党政群机构改革，理顺部门职责关系”。党的十九大进一步提出“统筹考虑各类机构设置”。十九届三中全会对党和国家机构设置和职能配置统筹谋划，对各类机构进行了系统性、整体性、重构性的改革，推进了党和国家机构职能优化、协同、高效。三是更加注重坚持依法依规推进党和国家机构改革。党的十八大以来，更加强调依法治国、依法执政、依法行政共同推进，法治国家、法治政府、法治社会一体建设。加快推进机构、职能、权限、程序、责任法定化，完善党和国家机构法规制度，坚持在法治下推进党和国家机构改革，做到重大改革于法有据。

在全面深化改革的大盘中，机构改革具有重要意义。机构改革实质上是上层建筑改革，对推动全面改革具有重大意义。经济基础决定上层建筑，上层建筑一定要适应经济基础的状况并且反作用于经济基础，这是社会发展的基本规律。我们已经通过党和国家机构改革实现了从计划经济条件下的机构职能体系向社会主义市场经济条件下的机构职能体系的历史性转变。但是，影响我国经济高质量发展的体制性障碍还没有完全消除，政府职能转变还不到位，市场和社会发挥作用还不充分。只有进一步深化党和国家机构改革，才能进一步推动经济领域和其他领域全面深化改革，才能不断推进国家治理体系和治理能力现代化。党的十九届三中全会明确提出，深化党和国家机构改革是推进国家治理体系和治理能力现代化的一场深刻变革。之所以这样讲，是因为机构是职能的载体，是党和国家治理体系的主体内容。通过历次机构改革，逐步建立了权限清晰、分工合理、权责一致、运转高效、法治保障的国务院机构职能体系，构成了独具中国特色的权力结构及运行机制，从行政层面推进了政府治理体系的完善和治理能力的提高，进而必将推动国家治理体系和治理能力现代化。更重要的是，推进机构改革才能更好地坚持和加强党的全面领导。深化党和国家机构改革，建立健全党对重大工作的领导体制机制，优化党和国家组织机构，统筹设置党和国家机构，有利于把党统揽全局、协调各方落到实处，有利于从制度上保证党长期执政和国家长治久安。

关于国家治理体系和治理能力现代化的研究

薛 澜

清华大学苏世民书院院长

2012年前后，我国改革与发展面临经济发展模式亟待转型、资源环境约束日益显现、社会多元、贫富差距加大、社会信任缺失、治理水平与经济高速发展不相适应等突出挑战。2013年11月12日，党的十八届三中全会审议通过的《中共中央关于全面深化改革若干重大问题的决定》明确提出，“全面深化改革的总目标是完善和发展中国特色社会主义制度，推进国家治理体系和治理能力现代化”。党的十八届三中全会回应了中国社会的讨论和期盼，在关键的历史时机提出了坚持中国特色社会主义、推进国家治理体系和治理能力现代化的重要历史命题，并明确将其作为全面深化改革的总目标，具有非常深远的历史意义。

一、引言

2013年11月，党的十八届三中全会通过了《中共中央关于全面深化改革若干重大问题的决定》(以下简称《决定》)。《决定》指出，中国全面深化改革的总目标是完善和发展中国特色社会主义制度，推进国家治理体系和治理能力现代化。《决定》首次把国家治理现代化的命题提上了中国改革开放的正式议程，在国内外产生了极大反响。为什么在当时那个历史阶段要提出国家治理现代化的要求？如何推动国家治理现代化？推动国家治理现代化面临什么样的挑战？随着时间的推移，对这些问题的认识也在深入。我希望在国家治理现代化提出十年之际，对这些问题进行再思考再分析，能够提升对国家治理现代化战略意义的认识，坚定推进国家治理现代化的决心，让国家治理现代化成为新发展阶段制度改革的强大动力。

二、推进国家治理现代化命题的时代背景

从1978年的改革开放之后，坚持发展始终是解决我国所有问题的关键，经济体制改革也是全面深化改革的重点。为什么在2013年党的十八大之后，马上提出了中国全面深化改革的总目标是完善和发展中国特色社会主义制度，推进国家治理体系和治理能力现代化?

这要从中国改革开放的历史说起。1978年中国开始改革开放，中国社会经历了若干重大转型。首先是经济体制转型。从计划经济向市场经济转变，经济开始高速增长，虽然经济增长率有一些波动，但总体上前30年经济增长率平均在10%左右。其次是产业结构转型。先是制造业比重不断提高，近年来服务业比重不断增加。尽管近年来制造业占比在50%以下，但中国仍然是制造业大国，制造业在中国经济中有着不可替代的作用。从就业结构看，改革开放之初70%的劳动力就业在农业，现在已经只有30%左右，制造业和服务业领域的就业在稳步上升。再次是社会形态转型。中国正从相对比较封闭的乡村社会向一个更加开放的城镇化社会转变，城镇化率2022年已经超过65%。最后是治理体系转型。改革开放之初是权力高度集中，现在是更加注重行政效率和政策参与，政府部门所做的工作包括在基层民主和社会治理等方面也都有了重大推进。

中国改革开放成功的因素，可以归纳为以下几点：首先是解放思想，摆脱了意识形态的束缚，根据中国的实际制定政策、推进政策；其次是保持政治稳定，体制改革与经济改革保持协调。清华大学公共管理学院从2007年招收国际学生到清华读国际发展的硕士，非洲的同学们经常谈到，非洲发展的关键问题不在于经济政策，而在于其政治是否稳定。相比较而言，中国始终保持了政治稳定，使得我们的改革能够稳妥进行。同时，中国坚持实事求是，反对教条主义。我们没有说必须按照哪个国家、什么样的模式、如何去

做什么。中国始终按照国情，吸取很多国家在治国理政方面的经验教训，来推动自己不断改善。如1998年国家行政体制改革，裁了一半国务院工作人员，撤销很多政府部门，就是在那样一个改革的环境下为了推进市场经济改革做出的重大举措。此外，中国还积极提高政府效率，确保有效治理。这与中国改革的基本方式是分不开的，即勇于实践，坚持渐进式改革开放，是试错改进的过程。

虽然中国改革取得了巨大成功，但在2012年前后中国的改革与发展面临的挑战也比较突出，如经济发展模式亟待转型、资源环境约束日益显现、社会多元、贫富差距加大、社会信任缺失等。此外，从政府的效能、法律监管、腐败控制治理水平等方面来看，治理进步与经济的高速发展是不相适应的。

面对这些挑战，在党的十八大前后社会上有各种各样的争论。有人认为我们经济改革没有完全到位，行政权力广泛寻租，解决办法是建立法治的市场经济。也有人认为，强势政府和有强大控制力的国有经济是中国经济成功的原因，未来发展应继续坚持半统制、半市场的模式。2012年10月22日，在天津召开的第七届中国管理学年会的开幕式上，我作了题为“公共管理现代化：中国的挑战与机遇”的大会报告，认为中国从1979年以来实现了以经济体制改革为中心的改革开放，取得了中国经济社会发展的巨大成功；未来下一步改革应该启动以公共管理现代化为基础的国家制度建设的重大转型，真正为中国长治久安与和谐发展奠定基础。

正是在这样的背景下，党的十八届三中全会回应了中国社会的讨论和期盼，在关键的历史时机提出了坚持中国特色社会主义，推进国家治理现代化这样一个重要的历史命题，并明确这是我们深化改革的总目标，意义是非常深远的。

三、推进国家治理现代化面临的挑战

1. 治理问题根源的诊断

中国面临的治理挑战与世界其他各国有相同的地方，也有不同的地方。相同的地方就是传统公共管理理论中讨论的市场失灵和政府失灵在中国都存在。但仅仅这两个类型的问题无法包容中国治理挑战的全部。例如，在涉及市场方面的问题，中国除了市场失灵之外，还有一类问题就是市场不成熟。在中国从计划经济向市场经济转型的过程中，还有不少问题需要解决。例如，还存在产权不够明晰的问题、行政垄断的问题、知识产权保护不够的问题，等等。这些都是我们市场不成熟的表现，需要我们深化改革来予以解决。但是当市场失灵和市场不健全的问题交织在一起时，我们往往对问题的根源诊断错误，把市场不健全的问题归罪于市场失灵。这样，本来应该更好地发挥市场作用，就变成要加强市场监管了。所以，如果我们对问题的根源诊断错误，开的药方就会错上加错。所以如何把问题的根源和解决方案准确地匹配，需要运用公共管理的理论进行指导。

2. 把握平衡不同政府职能

现代化的治理需要政府平衡在推动经济社会发展和完善市场规制方面的不同角色。例如，在从计划经济向市场经济转型过程中，政府一方面需要放松经济性规制，另一方面也需要加强社会性规制。虽然两类职能发力方向相反，但这恰恰是现代化政府职能的重要组合。政府在简政放权、激发市场活力方面做了很多工作，但在社会性规制方面仍然面临重重挑战。如在安全生产、食品药品监督等方面还需要进一步加强。

3. 政府行政资源的合理配置

政府职能与运行资源的有效配置是实现国家治理现代化的前提保证。但中国政府体制机制的实际状况与现代化治理的要求仍有较大差距。首先从人力资源上看，现在全社会整体的印象是公务员人数太多了，需要大大精减政府人员。但从公务员人数占全国总人数的比例看，中国在全世界主要国家中算是比较低的。尤其是中共中央层级公共部门的人数占全国公共部门总人数的比例是非常低的。近年来，政府公共职能增加很快，在这种情况下一味削减政府工作人员违反了最基本的行政原理，公共职能的完成需要合理的人力资源配置。现在实际状况是，由于人手不足，绝大部分中央政府机关都不得不向下级部门借人。与此相关的是公务员薪酬整体偏低。一个调查表明，公务员薪酬与同等专业技术水平的其他行业人员和科研人员相比，有近 2/3 的人认为是低于企业员工的，70%的人认为是低于科研机构或者是高校的。

4．化解风险，应对各类突发事件

当今社会的一个特点就是不确定性增加，各种突发事件频频发生。国家治理现代化的一个重要组成部分就是应急管理，包括应对不同自然灾害，处理各种生产安全事故，应对包括重大传染病的各类公共卫生事件、各类群体性突发事件，等等。在各类群体性突发事件中，重要的一类就是特殊行业选址带来的“邻避问题”，包括核电站、化工企业或垃圾焚烧厂。从公共治理的角度看，这些行业选址的决策模式亟待改变。很多选址决策开始都是由政府和企业主导的封闭式决策，完全没有与相关社区或公众进行沟通。只是到后期进行一些可行性环评或社会稳定风险评估作为一种补偿，但这个时候往往已经太迟了。

当然还有很多其他各类问题，包括深化“放管服”改革，完善国家市场监管体系，探索行政体系和层级改革，智慧政府/智慧城市建设，事业单位管理模式改革，加强社会治理的专业化和法制化，都是未来需要深入探讨的问题。

这些问题的解决不是一朝一夕的，很多问题相互关联相互影响。说明国家治理现代化将是一个泥泞前行的过程，需要把顶层设计与渐进调试有机结合。

四、深化改革的顶层设计——国家治理的总体框架分析

从宏观上看，国家治理现代化有四个核心内容：基本的政治制度、治理的价值、治理体系和治理能力。这些要素密切联系，但又各自相对独立。

基本的政治制度是关于国家权力的性质、组织、分配、运作等方面的基本规范法度，与各个国家的传统、历史和人民的意愿密切相关，不同的国家有不同的选择。国家治理的价值体系是在基本政治制度下的执政理念，是国家治理领域中社会意识的集中反映，为一个国家的政治行为规范方向。国家治理体系涉及国家治理各类组织的功能定位、基本结构、运行规则、操作机制与策略。国家治理能力是指国家为了实现其治理目标所需要的资源动员能力、资源配置能力和资源有效使用的能力。

2019 年 10 月，中国共产党第十九届中央委员会第四次全体会议在北京召开，审议通过了《中共中央关于坚持和完善中国特色社会主义制度、推进国家治理体系和治理能力现代化若干重大问题的决定》(以下简称《决定》)。《决定》是中国在国家治理现代化长期实践探索中总结提炼的结晶，对推进国家治理现代化的各个方面，包括政治制度、价值体系、治理体系和治理能力等都提出了明确的要求，也是未来在中国推进国家治理现代化的总体纲要和顶层设计。

《决定》指出，中国特色社会主义制度和国家治理体系是以马克思主义为指导、植根中国大地、具有深厚中华文化根基、深得人民拥护的制度和治理体系。《决定》强调，坚持和完善中国特色社会主义制度、推进国家治理体系和治理能力现代化的总体目标是，到我们党成立一百年时，在各方面制度更加成熟更加定型上取得明显成效；到 2035 年，各方面制度更加完善，基本实现国家治理体系和治理能力现代化；到新中国成立一百年时，全面实现国家治理体系和治理能力现代化，使中国特色社会主义制度更加巩固、优越性充分展现。

《决定》明确了要坚持和完善中国共产党的领导制度体系，维护党中央权威，健全总揽全局、协调各方的党的领导制度体系，提高党科学执政、民主执政、依法执政水平，把党的领导落实到国家治理各领域各方面各环节。《决定》提出，要坚持和完善人民代表大会制度这一根本政治制度，发展社会主义民主政治，坚持人民主体地位，坚定不移走中国特色社会主义政治发展道路，确保人民依法通过各种途径和形式管理国家事务，管理经济文化事业，管理社会事务。

《决定》同时从行政体制的角度对国家治理体系和治理能力建设做出了明确的要求，“坚持和完善中国特色社会主义行政体制，构建职责明确、依法行政的政府治理体系。国家行政管理承担着按照党和国家决策部署推动经济社会发展、管理社会事务、服务人民群众的重大职责。必须坚持一切行政机关为人民服务、对人民负责、受人民监督，创新行政方式，提高行政效能，建设人民满意的服务型政府”。“完善国家行政体制”、“优化政府职责体系”、“优化政府组织结构”、“健全充分发挥中央和地方两个积极性体制机制”。

五、深化改革——以加强数字治理能力建设为例

尽管国家治理现代化的目标和顶层设计非常清楚，但国家治理现代化的推进仍然是一个充满挑战的过程。由于篇幅所限，以下仅以加强数字治理能力建设为例展开讨论。

当前，全球化与数字化交织成为时代的特征。从新兴技术治理的视角看，目前数字技术治理正在经历从核心技术驱动、市场应用扩散向社会认知匹配新阶段演化。以互联网和人工智能为代表的数字技术正在深刻改变着个体生活、社会运转和国家治理。从个人的角度看，数字技术的发展在带来巨大便利的同时，也带来了个人隐私泄露的潜在风险；从市场的角度看，数字经济也存在着平台企业垄断集中倾向。作为公共利益的维护者，政府如何在

促进发展的同时合理监管，如何把握好技术创新动能和社会整体福利保障之间的关系，仍是一个有待解决的问题。

1. 数字科技的发展带来潜在风险

从“成本—收益”分析的角度，如果使用数字技术的收益小于风险和危害，社会应当选择不使用数字技术。当下我们之所以会考虑数字技术治理问题，是因为这些技术给公众的生活带来了巨大收益。在此基础上，我们再来探讨其潜在的风险和成本。首先，这些风险和成本可以分成两类。第一类是数字技术在应用过程中形成的市场格局给公众利益带来的不利影响。平台公司凭借数字技术掌握供需两端的大量信息，形成对市场的强大控制力。由于平台能够通过扩大用户规模降低边际成本、获得规模效益，所以平台间有较强的排他性和自然垄断倾向，所以市场往往只需要极少量的平台公司即可。为了保证市场有效运行与社会收益优化，防止自然垄断企业过度行使垄断权力，就需要政府对市场提供有效规制。第二类是数字技术在应用过程中给社会带来的潜在风险。例如，普通公众为享受数字技术带来的便利，必须让渡相关个人信息。不论是网购，还是核酸检测，公众都需要向平台公司让渡个人信息。平台公司获取公众的信息是否必需？平台公司能否保护好所接受的个人信息？如果个人信息被窃，或公司不经授权挪用个人信息侵犯隐私，就可能产生严重不良影响，损害公众利益。此外，对技术应用风险的治理不仅需要关注数字技术对消费行为的影响，还需要关注数字技术对公众思维和认知的影响。信息茧房效应通过控制读者接触的信息而改变其对社会问题的看法也可能给社会带来重大负面影响。例如，在西方选举中的政治态度和选票问题就已经引起各方高度关注。综合以上讨论，我们应当清楚地认识到数字技术带来巨大社会收益背后所潜在的社会风险和成本。

2. 用敏捷治理的思路解决技术进步和治理创新的速度差

应当看到，数字治理现代化是国家治理现代化的重要组成部分。由于数字技术高速发展的特点，如何在促进发展和规制风险之间合理平衡是数字治理面临的挑战。“敏捷治理”的概念就是在这样的背景下提出来的。

当代科技发展日新月异，数字技术更新迭代加速。如人工智能技术在短时间内兴起后得到大范围的全面推广。与此相比，任何治理工具或手段，从提出、讨论、权衡利弊，到最后决策出台，都必须经过一个较为漫长的过程。例如，针对特定技术立法监管可能需要 4—5 年才能完成，而在这个时间过程中，原有的技术可能已完全改变，原先针对的具体问题可能已经不复存在。这个治理过程在当下难以压缩，而且随着社会发展与公众认知程度深化，只会更加漫长。这就是数字治理领域公认的速度差难题（pacing problem）。

正因为如此，在保持市场竞争、快速发展的格局下，让数字治理变得更加敏捷尤为重要。首先是作为治理主体的政府与作为创新主体的企业应当坦诚相待，加强交流，共同努力，探讨政府规制与创新风险合理的平衡区域。如果二者停留在传统的猫鼠对立关系上，互相提防、互相猜忌，那么作为监管者政府就很难掌握技术变革的前沿信息，作为创新主体的企业也无法了解政府在保护公众利益方面的思考，最后导致政府和企业陷入相互找毛病和钻空子的怪圈，形成共同无知的困境。

其次，敏捷治理的运作机制也需要不断创新。例如，广泛征求意见是权衡利弊的必经之路。但如何保证意见的代表性和充分性也是运行上的难题。近年来，各部门在鼓励公众参与数字技术治理方面也形成了很多简便有效的做法，如采用线上线下结合的听证会、聚焦的政策咨询会、政策文件征求意见稿网上发布征求意见等。这些方式的综合应用也可以提高相关利益方参与治理的效率，避免治理流程空转内耗。

另外，对治理工具的选择，也需要因地因时制宜。如前所述，由于技术发展非常快，立法流程通常较长且需要多方审慎权衡，因此，对于不少技术规制方面的问题，运用普通政策工具，更加快捷也更便于调整。但对于稳定性比较强且属于基础性的问题，则需要通过多种方式沟通协商，在形成高度共识的基础上正式立法。

同时，治理策略和力度上也应当刚柔并济。比如传统的监管方式往往采用运动式治理，波动性大，容易在放任不管或严格监管的两极摆动，这两种情况都不利于市场发展。对于损害公众利益的企业行为，应当坚决打击。但对于公众利益有潜在风险或影响的相关企业，应加强政策宣传、适度点拨、释放信号，引导企业管控风险并向正确方向发展。这样一方面让有问题的企业不至于走得太远，另一方面也让守规矩的企业不会受到政府监管波动的过多影响。

3. 立足中国实际，推进全球数字治理合作

数字治理的互联互通和风险治理具有全球性，现阶段全球数字治理格局主要呈现出以下三大特点。第一，治理议题多重性。全球正加速进入以数字技术为重要驱动力、以数据为关键生产要素、以数字平台为重要载体的数字经济时代，相应地，数字技术治理、数据治理、数字平台治理成为全球数字治理的重要议题。同时，数字化转型对经济社会产生深远影响，带来了数字鸿沟、数字信任、网络安全、算法公平等治理挑战。第二，治理主体多元性。全球治理主体包括国家、政府间国际组织、非政府组织、企业等，互联网发展也促进了更多主体之间的交流。而且数字技术迭代迅速、数字治理问题层出不穷，使传统监管形式不适用于数字时代的挑战，更需要多方参与及合作。第三，治理机制复杂性。全球数字治理机制既包括以国家为单位的传统国际治理机制，也包括公司合作治理、多部门协同治理、私人部门治理等。

全球数字化转型在迅速发展的同时，也带来了诸多挑战。第一，全球数字治理基础不均衡。高度数字化国家与联通不均衡的国家之间差距愈大，数字鸿沟问题日益显著，包括数字基础设施使用不均衡、数字能力基础差异较大等。第二，全球数字治理体系不健全。全球数字治理现有规则与客观需求之间仍然不匹配。在数字技术治理和人工智能治理方面，目前全球讨论缺乏

代表性和包容性，有关倡议和规则的数量不断增多但缺乏总体协调。第三，全球数字治理规则碎片化。数字治理方面的全球性议题显著增加。数字治理问题既涉及国际利益又涉及国内利益，有时难以达成共识，现有的治理架构呈现复杂性，国际协作协调治理存在明显差异；各国对数据的开放、监管路径存在分歧，如何将各国的不同标准纳入统一框架是治理的重点挑战。

为更好地开展全球数字治理合作，需要从以下三个方面着手。第一，加强数字治理合作交流，建立以共识为基础的治理体系。数字化发展与数字治理具有全球性，公平、安全、开放、包容是共同倡议的原则和准则，并且应进一步加强不同主体之间的交流，在达成价值共识的基础上尽快建立健全数字治理体系，提供基本的制度保障。第二，加快数字技术扩散应用，弥合数字经济社会鸿沟。数字化转型发展中应重点关注被落下的地区和人群，在政策、资金、服务等方面予以支持，加快扩大互联网覆盖率，提高智能终端使用率，保障技术普及和普遍接入，遏制数字发展不平衡问题，进一步激发数字技术在助力可持续发展方面的潜力。第三，促进治理主体分工协作，提升治理能力敏捷性。全球数字治理需要多方主体参与，政府主体处于核心地位，但政府间组织、企业等其他主体具有不同权威和利益，可以发挥不同效应，全球治理过程中各主体应相互协作、相互监督。

第三章

坚持两个毫不动摇和以开放促改革

必须毫不动摇巩固和发展公有制经济，坚持公有制主体地位，发挥国有经济主导作用，不断增强国有经济活力、控制力、影响力。必须毫不动摇鼓励、支持、引导非公有制经济发展，激发非公有制经济活力和创造力。

适应经济全球化新形势，必须推动对内对外开放相互促进、引进来和走出去更好结合，促进国际国内要素有序自由流动、资源高效配置、市场深度融合，加快培育参与和引领国际经济合作竞争新优势，以开放促改革。

——《中共中央关于全面深化改革若干重大问题的决定》

新时代全面深化国有企业改革的切入点

黄群慧

中国社会科学院经济研究所所长

党的十八届三中全会审议通过的《中共中央关于全面深化改革若干重大问题的决定》正式提出“准确界定不同国有企业功能”“国有资本加大对公益性企业的投入”。随后，国有企业分类改革成为理论和政策研究关注的重点。2015年8月，中共中央、国务院印发的《关于深化国有企业改革的指导意见》中明确了分类改革的思路，提出了分类推进国有企业改革的具体要求。新时代全面深化国有企业改革，需要以分类改革为切入点，优化国有资本布局，推进国有经济战略性调整，深化混合所有制改革，构建以“管资本”为主的国有资产监管体制，规范公司治理结构，建立和完善中国特色现代国有企业制度。

对中国经济学研究者而言，如果绕开对中国国有企业改革发展问题的理论认知和实践了解，就很难说对中国经济问题与中国经济学发展有了全面认识。1978年以来，国有企业改革一直是中国经济体制改革的中心环节，而对于从计划经济体制转向市场经济体制的中国经济而言，国有企业改革发展问题成为中国经济和中国经济学关注的重大问题。

中国国有企业改革发展是一个独特的经济现象。一方面，在从计划体制向市场体制转型过程中，中国国有企业改革的确借鉴了诸如产权理论、委托代理理论、企业交易费用理论等市场经济条件下的现代企业理论。另一方面，中国建设的是社会主义市场经济体制，坚持以马克思主义政治经济学为指导，必须保证公有制经济主体地位，国有企业改革深化更多是问题导向的“摸着石头过河”的不断探索的结果。将社会主义与市场经济体制结合是中国共产党的伟大创举，而其中如何确定国有企业在社会主义市场经济体制中的地位和作用，是至关重要的。

从统一的计划经济体制转向社会主义市场经济体制，国有企业改革经历了从放权让利到转换企业经营机制、建立现代企业制度与国有经济战略性调整、改革国有资产管理体制和新时代全面深化国有企业改革四个阶段。虽然对国有企业进行分类改革、分类监管的思路，在改革开放之初就有理论和实际工作者提及，但到了新时代全面深化国有企业改革阶段，国有企业分类改革才真正实施。

国有企业分类改革的提出和实施，具有重要的理论创新意义，以分类为前提，可以破解国有企业与市场经济体制融合现实逻辑矛盾，促进形成中国特色现代企业制度，从微观基础上真正实现了社会主义公有制与市场经济体制的有机融合。分类是新时代全面深化国有企业改革的前提，无论是优化国有资本布局和推进国有经济战略性调整，还是推进混合所有制改革，以及建设以管资本为主的国有资本管理体制和中国特色现代企业制度，都需要在国有企业分类改革基础上深入推进和实施，新时代全面深化改革更加强调改革的系统性、整体性和协同性，而这对国有企业改革而言，需要以分类改革为切入点进行系统的、协同的全面推进各项企业改革，正因为如此，甚至有学者将新时代全面深化国有企业改革这个阶段称为分类改革时期。

一、国有企业分类改革：提出、演进及争议

在计划经济体制下中国已经形成了庞大的国有企业群体，伴随着十分复杂的渐进式国有企业改革过程，国有企业逐步演化为在规模、行业、产权形式、经营状态等各方面差异巨大的各类企业。面对庞大的、复杂的国有企业，随着改革的深入，国有企业分类改革逐步提上了议事议程。早在20世纪90年代，就有学者提出了分类改革的思路和建议。有学者从国有企业和国有企业的差别提出可以将国有企业分为相对独立的商品生产者和经营者，

以及真正独立的商品生产者和经营者两类，以此来分类推进改革。一些实际工作者也认识到分类推进国有企业产权改革的必要性，认为分类推进的改革工作方法可以突破企业深层次改革的种种困扰，取得由量变到质变的效果。

1995年以后，更多研究者开始关注国有企业分类改革问题，学术理论界关于企业分类的研究主要有三类：第一类是基于企业的规模大小、经营状态进行的分类改革设计思路；第二类是基于企业功能着眼分类改革国有企业；第三类是基于企业所处领域的竞争性进行分类。第一类分类思路更多是从企业改革发展中遇到的现实困难出发，尤其是配合“抓大放小”国有经济战略性改组需要提出的。在1995年中央提出国有企业改革要基于“整体搞活”思路实施“抓大放小”战略，推进国有经济战略性改组，着眼于搞好整个国有经济、对国有企业实施战略性重组，搞好大的、放活小的。“抓大放小”战略提出，可以理解为最早的分类改革战略，但是“抓大放小”更多是强调从战略上调整国有经济布局和改组国有企业，推进国有资产的合理流动和重组。当时还没有明确提出分类进行不同的企业制度设计，实际上并不是严格意义的分类“改革”。第二类可以认为是最早提出的比较完整的分类改革思路，从社会主义市场经济条件下国有企业功能角度入手，将国有企业分为竞争性与非竞争性两类推进分类改革的思路，非竞争性又划分为自然垄断性和公益性两类。从功能出发进行分类这个思路的出发点，相对接近20年后2015年中共中央、国务院出台的《关于深化国有企业改革的指导意见》（以下简称《意见》）提出的界定功能、划分类别、分类推进国有企业改革的思路。但是，其具体类型划分还有差异。第三类分类改革思路的代表性观点是，提供公共产品宜选择国有国营模式、垄断性企业宜选择国有国控模式、竞争性国有企业宜改造为以盈利为目标的现代公司制度。这种分类改革思路虽然具有一定的经济理论基础，但实践操作起来并不容易实现。

在2013年党的十八届三中全会之前，“抓大放小”重组战略代表着国有企业分类改革的主体思路，真正意义的国有企业分类改革并未成为国有企业改革领域的主流。但是，从分类角度解决国有企业改革中面临的现实问题，这类研究一直存在。例如，有研究提出，基于公共产品企业、垄断性企业、竞争性企业的分类构建有效的国有企业有进有退的战略性调整机制，进一步按照“共同治理”进行治理结构创新；又如，有研究认为，要建立与国有企业分类改革相适应的国有资产管理模式，国有企业是特殊企业，对少数负有特殊社会功能的企业作为特殊企业，国家制定专门规范国有企业行为的法律，而对于大多数并不负有特殊社会功能的企业纳入《民法》和《公司法》所规范的一般企业运行规则之中；比如，有研究基于国有企业目标定位，将国有企业分为承担国家政策目标为主和市场目标为主的两类企业，分别从报酬机制、控制权机制、声誉机制和竞争机制四个方面构建不同的国有企业经营管理者的激励约束机制组合；再如，有研究认为，按照分类深化国有企业改革的原则推进国有产权制度改革，使国有产权集中于关系国民经济命脉和国家安全的“公共”领域，对非公共领域的国有企业要努力降低国有产权比重，建立多元产权相互制衡的产权结构。这些研究已经将国有企业分类改革覆盖国有企业改革的各个领域，包括产权改革、公司治理、激励约束、国有经济战略重组、国有资产管理体制等，这实质上已经为 2013 年以后以国有企业分类思路为切入点全面深化国有企业改革奠定了基础。

国有企业的类型如何划分，无疑是分类改革的关键。一般意义的企业分类可以按照法律注册形式、产权属性和结构、企业规模、行政级别、行业属性、业绩绩效等各种标准进行分类。虽然这可以区分开企业并在改革中注意分类施策，但这并不是分类改革的本意。从改革的角度看，国有企业分类存在着按照企业改革进展和企业功能定位两个维度的分类，所谓企业改革进展分类是指随着国有企业改革深化而形成了不同类型的国有企业，这是对国有企业改革发展状况的分类描述。例如，随着市场化改革的深化，中国传统计划经济体制下的国有企业逐步向市场经济体制下的国有企业转型，于是出现了与传统国有企业不同的市场主体——“新型国有企业”。在渐进式改革背景下，中国国有企业改革进展千差万别，如果按照企业产权制度现代化水平（混合所有制改革进展）和企业管理制度市场化水平（公司治理和三项制度改革进展）进行分类，有改革滞后型国企、全新型国企、半新型国企。但是这种基于市场化改革进展导向的分类，只是针对市场化改革程度不同的企业分类，仅适用于解决如何深化市场化改革程度的单维度问题，同样也不是国有企业分类改革本意。国有企业分类改革是指根据企业功能定位不同对国有企业的分类，即是说在社会主义市场经济条件下并不是所有国有企业都要有一样的市场化改革目标，并不是所有国有企业都要追求盈利目标，国有企业因其功能定位不同，产业布局、股权构成、治理机制、监管制度、管理制度等各方面都会不同，如果不分类改革和分类治理，国有企业运行会面临既要有盈利又要承担公共目标的逻辑矛盾，这就要求分类推进改革。

在国有企业经过了放权让利、建立现代企业制度、战略性重组、国有资产管理体制改革等重大改革之后，国有企业因没有进行功能定位区分而引起的盈利目标和公共目标的冲突日益明显，分类改革成为必然的选择。2011年发布的第十二个五年规划已经从完善国有资产管理体制角度明确提出探索实行公益性和竞争性国有企业分类管理。2013年11月，党的十八届三中全会正式提出“准确界定不同国有企业功能”，国有企业分类改革更成为理论和政策研究关注的重点。首当其冲的是国有企业分类的标准或者维度问题。具体而言，关于国有企业分类的维度，总体上经济学界和现实层面还是存在分歧的。经济学界大多更愿意从市场结构维度如竞争性和垄断性的行业属性来划分国有企业，或再叠加产品属性维度——提供公共产品、准公共产品和具有竞争性和排他性私人品角度去划分国有企业，虽然这在理论层面有一定的学术基础，而且一些发达国家的确也是将国有企业一般界定为提供公共产品或者准公共产品、从事具有自然垄断特性业务的企业。但是，相对于中国已经存在的庞大的国有企业，实际上从市场结构角度区分并不现实，垄断性、竞争性的度量，以及如何区分哪些是公共物品、准公共物品及私人品，在复杂的现实中操作性很差，而且将市场结构与所有制性质相关联，这本身并不被现实企业和国有资本管理部门所接受，而且这种分类无法涵盖我国作为发展中国家有些国有企业要承担国家重大发展战略和社会责任的角色定位。现实国有资产管理部门更倾向于从企业业务属性和资本功能目标角度进行分类，也就是说以业务是否属于商业性业务、资本功能上是否追求盈利回报为基本维度。

一个能够统筹理论和现实、更早提出的分类维度是基于“企业使命”分类，划分为具有公共性使命和盈利性使命的国有企业。“企业使命”不是经济学的概念，而是管理学的概念。管理学给出的企业组织的基本逻辑是：使命是企业存在的理由，企业运行的基本逻辑是——使命决定战略定位、战略定位决定战略内容、战略内容决定组织结构、组织结构决定企业运行效率、企业运行效率决定企业使命的实现。使命就是企业存在的理由，是企业的价值取向和事业定位，使命不明确或者使命冲突会导致企业行为逻辑混乱。明确国有企业使命，也就是国家出资设立国有企业的理由。“企业使命”在很大程度上对应了资本功能目标，而使命决定战略，战略又对应了资本功能目标。基于“企业使命”的分类既有管理学的理论基础，又符合现实企业和国资管理部门实操性要求。基于这种分类维度，党的十八大以来的国有企业改革新时期，要以解决国有经济面临的“盈利性使命”和“公共性使命”冲突为国有企业改革的重要任务，突破那种将国有经济看作“铁板一块”的认知观念，引入分类改革与治理的思路，将国有经济部门分为公共政策性、特定功能性和一般商业性三类，为它们分别构造不同的治理机制。所谓“公共政策性”国有企业，是国家保证实现社会公众利益的一种手段和工具，其“国家使命”是弥补市场缺陷、以是否完成国家赋予的具体政策目标为核心考核指标的“公共政策”导向，这类企业改革的方向是“一企一法”、“一企一制”，一般是国有独资企业，实施严格预算管理。所谓“一般商业性”国有企业是其“国家使命”是以国有资产保值增值为核心考核指标的“市场盈利”导向，其改革方向是市场化，使其商业活动全面和彻底地融入市场，其股权结构为国有相对控股混合所有制，完全按照《公司法》来运行。“特定功能性”国有企业是具有混合特征的国有企业，既非纯粹的一般商业性企业，也非典型的公共政策性企业。其“国家使命”是巩固社会主义基本经济制度和发挥在国民经济中的战略主导作用，包括“走出去”、促进经济发展方式转变、保证国家经济安全和主导经济命脉等具体功能，这类企业一般为国有绝对控股的混合所有制企业，需要有行业法规和相应的财政预算管理约束。从远期看，这类国有企业承担的具体“国家使命”功能是动态的，是随着国家的经济发展和战略需求而变化的。对于2013年的115家中央企业，公共政策性企业有5家，其数量占全部中央企业数量的比重约为4%，特定功能性企业有32家，占比约为28%，其余78家为一般商业性企业，其数量占比约为68%。有的国有企业改革史研究者认为，这个国有企业分类改革的研究是最早表述了接近十八届三中全会《决定》中关于分类改革思想的研究。2015年8月，中央和国务院又印发《关于深化国有企业改革的指导意见》，具体提出了对国有企业分类改革的思路和方针，上述基于使命对国有企业的三个分类与这个指导意见提出的分类改革思路基本吻合。

十八届三中全会《决定》公布以后，理论界存在“两分法”和“三分法”两个主流分类思路之争。所谓“两分法”，即以保障普遍服务、实现公共政策目标、提供公共产品为使命的公益保障类企业（也有公益类、公共政策类、特殊目标类等各种表述）和以追求商业利润、实现国有资产保值增值为使命的商业竞争类企业（也有盈利类、竞争类、商业类等各种表述）；所谓“三分法”，即在公益保障类和商业竞争类之间增加一个以服务国家经济发展某方面具体特殊功能、提供准公共产品为使命的特定功能类企业（也有自然垄断类、合理垄断类、国家战略类等各类表述）。“两分法”思路的思想基础，来自西方发达市场经济国家的理论与实践，是对西方发达市场经济国家国有企业实践的简单效仿，从理论上具有简单直接、明确区分、可以彻底避免国有企业“盈利性使命”和“公益性使命”冲突的特点，但其前提是国有企业数量非常有限。“三分法”思路基础是考虑中国现阶段是一个发展中、渐进式的经济转轨国家，拥有世界上最庞大和最复杂的国有经济部门。中国国有企业在相当长的历史时期既要有一般的市场体制国家在市场经济运行中国企应承担的“弥补市场失灵”使命，又要有发展中国家在经济赶超中国企应承担的“实现经济赶超”使命，还要有转轨经济国家在渐进式转轨过程中国企应承担的“培育市场主体”使命，这三类使命要求必然存在三类国有企业，即公益保障类、特定功能类和商业竞争类。尤其是作为后发大国，我国的确需要在事关国计民生的基础产业、支柱产业、战略产业上与国外企业竞争抗衡，承担支持科技进步、保障国家经济安全的特定功能类企业。

在 2015 年 8 月中共中央和国务院《关于深化国有企业改革的指导意见》颁布以后，国有企业分类改革问题需要进一步聚焦分类改革过程中面临的操作性的具体问题，以及在分类前提下如何具体推进国有企业混合所有制改革、国有经济战略性重组、国有资产管理体制完善、中国特色现代企业制度建设等问题。尤其是在中国国有企业普遍具有业务经营多元化、企业功能多重性、交叉持股多层级、主营业务和功能定位动态变化等现象，致使国有企业在具体进行商业类或公益类的划分时存在着操作性困境。有研究从国有工业企业经济功能和社会功能变动的衡量视角提出运用熵权评价法提出动态变化的“公益—商业比”的测算思路。国有企业分类作为新时代国有企业改革的切入口，对于构建更加成熟稳定的社会主义市场经济体制、统揽各项国有企业改革、使得国有企业改革各项工作推进更加系统协同具有重要意义，需要以国有企业分类为前提全面深化国有企业改革各项重大任务，包括与时俱进地根据“国家使命”调整国有经济功能定位和布局、协同推进混合所有制改革确立国有经济的主要实现形式、构建管资本为主的分层分类新国有经济管理体制、建立差异化的分类治理机制推动国有企业完善现代企业制度等。

尤其值得提及的是，分类改革框架下，国有经济改革的推进还需要进一步分层构建管资本为主的国有资产管理体制，尤其是中间层国有资本投资公司和国有资本运营公司的定位和功能，对于国有企业分类改革又具有推进意义。

二、国有企业分类改革实践进展

2013 年 11 月，十八届三中全会通过的《决定》指出，要准确界定不同国有企业功能，国有资本要加大对公益性企业的投入。2015 年 8 月，中共中央、国务院在《关于深化国有企业改革的指导意见》中明确了分类改革的思路，提出分类推进国有企业改革的具体要求。

一是要划分国有企业不同类别。根据国有资本的战略定位和发展目标，结合不同国有企业在经济社会发展中的作用、现状和发展需要，将国有企业分为商业类和公益类。通过界定功能、划分类别，实行分类改革、分类发展、分类监管、分类定责、分类考核，提高改革的针对性、监管的有效性、考核评价的科学性，推动国有企业同市场经济深入融合，促进国有企业经济效益和社会效益有机统一。按照谁出资谁分类的原则，由履行出资人职责的机构负责制定所出资企业的功能界定和分类方案，报本级政府批准。各地区可结合实际，划分并动态调整本地区国有企业功能类别。

二是推进商业类国有企业改革。商业类国有企业按照市场化要求实行商业化运作，以增强国有经济活力、放大国有资本功能、实现国有资产保值增值为主要目标，依法独立自主开展生产经营活动，实现优胜劣汰、有序进退。商业类国有企业又分类为商业一类和商业二类，商业一类主业处于充分竞争行业和领域的商业类国有企业，原则上都要实行公司制股份制改革，积极引入其他国有资本或各类非国有资本实现股权多元化，国有资本可以绝对控股、相对控股，也可以参股，并着力推进整体上市。对这些国有企业，重点考核经营业绩指标、国有资产保值增值和市场竞争能力。商业二类主业处于关系国家安全、国民经济命脉的重要行业和关键领域，主要承担重大专项任务的商业类国有企业，要保持国有资本控股地位，支持非国有资本参股。对自然垄断行业，实行以政企分开、政资分开、特许经营、政府监管为主要内容的改革，根据不同行业特点实行网运分开、放开竞争性业务，促进公共资源配置市场化；对需要实行国有全资的企业，也要积极引入其他国有资本实行股权多元化；对特殊业务和竞争性业务实行业务板块有效分离，独立运作、独立核算。对这些国有企业，在考核经营业绩指标和国有资产保值增值情况的同时，加强对服务国家战略、保障国家安全和国民经济运行、发展前瞻性战略性产业以及完成特殊任务的考核。

三是推进公益类国有企业改革。公益类国有企业以保障民生、服务社会、提供公共产品和服务为主要目标，引入市场机制，提高公共服务效率和能力。这类企业可以采取国有独资形式，具备条件的也可以推行投资主体多元化，还可以通过购买服务、特许经营、委托代理等方式，鼓励非国有企业参与经营。对公益类国有企业，重点考核成本控制、产品服务质量、营运效率和保障能力，根据企业不同特点有区别地考核经营业绩指标和国有资产保值增值情况，考核中要引入社会评价。

2015 年 12 月 7 日国资委等部门颁布了《关于国有企业功能界定与分类的指导意见》，与之相配套的有《关于完善中央企业功能分类考核的实施方案》。国有企业分类改革进入了实施操作阶段，在把国有企业划分商业一类、商业二类和公益类的基础上，更加强调系统、协同地推进这些方面的改革。在具体操作层面，采取了谁出资谁分类的原则，由履行出资人职责的机构负责制定所出资企业的功能界定和分类方案。从 2014 年开始，各地方政府普遍开展了对国有企业的功能界定工作，并积极研究制订和出台国有企业分类监管办法。有些地方采用了“两分法”，没有公益类企业，或者没有商业二类企业。从中央和地方整体国有企业数量上看，对国企分类的结果大致是：商业一类占比最大，大约为 60%～70%，商业二类其次，大约为 10%～30%，最少属于公益类大约低于 10%。

2020 年 6 月，中央全面深化改革委员会通过了《国有企业改革三年行动方案（2020—2022 年）》。在该方案中，分类改革思路和措施得到进一步强化，尤其是以分类改革为基本原则指导混合所有制改革、推进分类治理、建立中国特色现代企业制度，都有了切实可行的改革目标、路线图和具体措施，例如，在混合所有制改革方面，支持商业一类企业加大引入非国有资本持股比例，推动混合所有制企业深度转换经营机制，支持混合所有制企业全面建立灵活高效的市场化经营机制，国资监管机构对持有股权的混合所有制企业、股权多元化的国有全资公司探索实施有别于国有独资公司的治理和监管机制；在国有企业子企业全面推行经理层成员任期制和契约化管理，在电网、电信、铁路、石油、天然气等重点行业和领域，放开竞争性业务，进一步引入市场竞争机制，不同类别业务分类核算，建立健全符合国际惯例的补贴体系，形成科学合理、稳定可靠、公开透明的补偿机制。这些重大措施对协同推进市场化改革进而坚持和完善社会主义基本经济制度具有重要意义。

从“抓大放小”到“分类改革”，基于功能定位对国有企业进行分类改革和分类治理，这是在新时代全面深化国企改革的一个重大进展，是探索国有企业与市场经济有机结合的不断创新。但是，无论是理论层面还是实践层面，“分类改革”都有待进一步深化。从理论上看，如何将三类企业对应到相应的功能定位和国家使命，如能否将公益类企业、商业一类、商业二类企业分别对应到市场经济国家弥补市场缺陷、转轨经济国家培育市场主体和社会主义公有制经济的主体地位等功能，还有待进一步论证。从实践上看，分类改革的透明度、分类改革后进行分类治理等有待进一步推进。而且分类改革是一个前提框架，未来需要在深化分类改革框架下，系统协调推进分类改革、国有经济战略性调整、混合所有制改革深化、以管资本为主的资产监管体制构建、公司治理结构规范和中国特色现代国有企业制度建设。

三、国有企业分类改革的理论意义

把社会主义制度与市场经济体制紧密结合起来，是中国开创的一项前无古人的伟大事业。这项伟大创造不仅仅给中国带来了经济发展奇迹，还是马克思主义政治经济学理论的重大发展。而国有企业分类改革有效促进了公有制经济与市场经济的有机融合，使得社会主义和市场经济体制真正能够在企业层面、在微观机制上得以实现，无疑具有重要的理论创新意义。

在中国确立社会主义市场经济体制改革的目标后，作为公有制代表的国有企业如何与市场经济体制融合，一直是国有企业改革需要破解的根本性问题。这个问题能否较好地解决，在很大程度上决定了能否实现公有制为主体、多种所有制经济共同发展，社会主义市场经济体制是否完善和成熟，进而还决定了社会主义基本经济制度是否完善和成熟。如何通过改革，解决国有企业与市场经济体制存在的管理体制、运行机制、定位布局、实现形式等方面矛盾，使得国有经济能够适应市场机制，在市场竞争中不断提高效率、发展壮大，从而发挥在国民经济中的主导作用，构成了中国国有企业和国有资产管理体制改革的主线。这也正是一直以来将国有企业改革作为中国经济体制改革的中心环节的重要原因。

虽然经过放权让利、建立现代企业制度、国有经济战略性重组、国有资产管理体制改革等一系列重大改革过程，以国有企业为代表的公有制与市场经济体有机融合取得了重要进展，国有企业越来越适应市场机制。但是，在没有实施分类改革的前提下，对于一家具体国有企业而言，其始终无法摆脱企业使命冲突和经营逻辑矛盾——是追求盈利的市场经济目标还是追求公益的政府公共目标，也就很难成为市场经济所要求的自主经营、自负盈亏、自我约束、自我发展的市场主体。只有在分类改革的前提下，公益性国有企业专门承担服务公共目标、弥补市场失灵的功能，商业一类真正作为市场主体在市场公平竞争中实现盈利目标、企业发展、资产增值的功能，商业二类定位服务支撑社会主义国家重大经济发展战略、保障国家经济安全等特定战略功能。这样每一类企业都有着清楚的功能和使命定位，这进一步决定了每类企业股权结构、发展战略、管理体制、治理机制等的不同。这意味着在社会主义市场经济条件下，宏观上公有制资本既能够服务于社会主义国家的公共服务、发展战略、经济安全等政治目标，又能服务于一般市场经济下的资本利润回报和资产保值增值的经济目标，体现出增强国有经济竞争力、创新力、控制力、影响力、抗风险能力的公有制主体要求，而具体到每一家国有企业，又避免了其企业使命冲突和经营逻辑矛盾，保证微观机制上有效运行，这就从宏观领域和微观机制两方面实现了公有制经济与市场经济的有机融合。

从以上国有企业分类改革的理论演进和实践进展看，一方面，分类改革立足中国的实践，坚持问题导向和实事求是，体现了中国特色社会主义制度基本要求。另一方面，也很好地借鉴了市场经济体制国家的理论和经验。如果说，我们要构建和发展中国经济学，国有企业分类改革可以构成中国经济学，尤其是中国微观经济学的一项重要内容。实际上，国有企业分类改革的提出和演进，可以认为是中国经济学知识产生和形成的十分典型、具有普遍意义的一种路径。

市场和政府的关系问题，一直是经济学理论的核心，也是经济学上的世界性难题。西方经济学理论更多的是将二者看作平行而对立的双方，资本主义经济也始终没有处理好二者关系，成为经济危机的一个重要原因。而中国共产党开创的社会主义市场经济理论，将二者有机结合起来，开拓了当代中国特色马克思主义政治经济学新境界。而国有企业作为市场和政府关系的一个核心连接点，通过分类改革，既要有大量的作为市场经济主体的国有企业，支撑“有效市场”，同时又有相对数量国有企业定位为政府的政策工具或者承担特定战略功能，支撑“有为政府”，从而促进破解市场与政府关系这个世界性难题。

四、结语

虽然国际金融危机以来，经济全球化遭遇强势逆流，但是经济全球化仍是世界发展大势。中国在新发展阶段下正在加快构建新发展格局，中国国有企业积极“走出去”、参与国内国际双循环，也是一个必然趋势。这要求中国国有企业必须积极对接国际经贸新规则。从未来看，中国国有企业面临的最大挑战是国际经贸规则中的“竞争中性”。“竞争中性”所针对的国企补贴问题、扭曲竞争问题，仍将是美、日、欧等发达经济体与我国谈判甚至围剿我国的重要筹码。但还必须认识到，实行“竞争中性”符合市场经济的一般要求，也是中国建立高标准市场体系的努力方向。OECD提出关于竞争中性实践的八项基本准则：精简国企运作形式、核算特定职责的成本、获得商业回报率、履行并厘清公共服务义务、税收中性、监管中性、债务中性和直接补贴、公共采购中性。从中可以看出，竞争中性与国企分类改革之间存在紧密的内在关联。大部分实施竞争中性的国家也明确通过界定商业与非商业活动来合理适用竞争中性原则，只有商业活动才适合竞争中性原则。这意味着我国要积极应对“竞争中性”，必须推进国企分类改革，分类改革实际上是推进竞争中性原则的重要基础。

从进一步的改革看，分类改革深化的方向是要明确国有企业的概念。未来中国国有企业“走出去”需要明确自己是否适用贸易规则中的国有企业条款。以CPTPP为例，国有企业被定义为主要从事商业活动的企业，且在该企业中，政府直接拥有超过50%的股本，或通过所有权益（间接）控制超过50%的投票权的行使，或有权任命董事会或其他类似管理机构的大多数成员。我国国有企业的类型中哪类才是真正适用国有企业条款，什么企业需响应“竞争中性”要求，这都需要深入研究。国有企业是一个非常复杂的概念，中国国有企业概念是随着市场化改革深入从“国营企业”演化而来。国有企业不仅仅是一个经济概念，也是一个政治概念，同时还有统计层面的概念，以及监管层面的概念，其内涵和外延都有不同，未来分类改革进一步深化，有助于我们更加深入理解国有企业的概念，而更加深入理解国有企业，对于推进混合所有制改革、建立以“管资本”为主的国有资产监管体制、完善中国特色现代企业制度等一系列重大深化改革措施都具有重大意义。

十八届三中全会以来
民营经济政策与发展简要回顾

陈永杰

国务院研究室工交贸易司原副司长

党的十八届三中全会审议通过的《中共中央关于全面深化改革若干重大问题的决定》，是我国改革开放历史上影响深远的重大决定，从16个方面提出了60条共300多项重要改革措施，其中有几十项是直接关系推动民营经济发展的改革措施。这些措施及其后来相应的改善与推进政策措施，成为十年来民营经济快速发展的主要政策动力来源。回顾十年来党和国家推进民营经济发展方针政策措施的实施以及民营经济稳定发展对中国经济增长的主要推动作用，具有重要而特殊的意义。

2013年11月党的十八届三中全会召开，做出了《关于全面深化改革若干重大问题的决定》（以下简称《决定》）。

一、《决定》在推动民营经济发展上的重大政策性突破

改革开放以来，特别是党的十一届三中全会以来，党对个体私营经济、非公有制经济、民营经济的大政方针与基本政策定位，从经济社会发展的有益补充，到重要组成部分，到列入基本经济制度，再到坚持“两个毫不动摇”，即“毫不动摇巩固和发展公有制经济，毫不动摇鼓励、支持、引导非公有制经济发展”。这些重大方针政策，推动了国家政府一系列法律政策的制定和行政管理方式方法的改变，推动了改革开放前30多年民营经济的快速发展，推动民营经济成为中国经济增长的主要动力来源，占据中国经济半壁江山。

党的十八大之后，中国发展进入了一个新的历史时期。十八届三中全会，为落实中共十八大关于改革开放的新方针新要求，做出了《决定》。《决定》推出了改革开放的一系列重大的具有突破性的政策措施，其中关于民营经济的政策，更具突破性、前瞻性、现实性和操作性。

一是将民营经济列入基本经济制度的重要支柱与根基之中。公有制为主体、多种所有制经济共同发展的基本经济制度，是中国特色社会主义制度的重要支柱，也是社会主义市场经济体制的根基。公有制经济和非公有制经济都是社会主义市场经济的重要组成部分，都是我国经济社会发展的重要基础。

二是丰富了“两个毫不动摇”内容。必须毫不动摇巩固和发展公有制经济，坚持公有制主体地位，发挥国有经济主导作用，不断增强国有经济活力、控制力、影响力。必须毫不动摇鼓励、支持、引导非公有制经济发展，激发非公有制经济活力和创造力。

三是明确了民营经济财产权不可侵犯。公有制经济财产权不可侵犯，非公有制经济财产权同样不可侵犯。国家保护各种所有制经济产权和合法利益，保证各种所有制经济依法平等使用生产要素、公开公平公正参与市场竞争、同等受到法律保护，依法监管各种所有制经济。

四是提出了民营经济发展“三平等”原则。支持非公有制经济健康发展；坚持权利平等、机会平等、规则平等，废除对非公有制经济各种形式的不合理规定，消除各种隐性壁垒，制定非公有制企业进入特许经营领域具体办法。

五是提出了发展民营资本为主的混合企业。积极发展混合所有制经济，国有资本、集体资本、非公有资本等交叉持股、相互融合的混合所有制经济是基本经济制度的重要实现形式；鼓励非公有制企业参与国有企业改革，鼓励发展非公有资本控股的混合所有制企业，鼓励有条件的私营企业建立现代企业制度。

以上都是直接针对民营经济的重大改革措施，还有其他更多的相关措施，可以说，《决定》涉及的300多项改革措施，只要是关于对外开放、对内市场准入、市场平等竞争、小微企业发展、扩大劳动就业、鼓励个人创业等方面，绝大多数的改革政策措施，都与民营经济紧密相关。

二、《决定》实施十年来国家民营经济政策的继续发展

党的十八届三中全会《决定》颁布十年来，党和国家关于民营经济方针政策与法律法规不断完善，推进了中国营商环境条件的优化。

一是中央方针政策进一步完善。党的十九大报告明确提出，清理废除妨碍统一市场和公平竞争的各种规定和做法，支持民营企业发展，激发各类市场主体活力。并进一步要求深化商事制度改革，打破行政性垄断，防止市场垄断。党的十九届六中全会进一步强调，要使市场在资源配置中起决定性作用，要坚持“两个毫不动摇”，要构建政商亲清关系，促进非公有制经济健康发展和非公有制经济人士健康成长。为民营经济发展创造更良好的政策环境与营商环境。党的二十大报告重申基本经济制度和“两个毫不动摇”的方针，强调要优化民营企业发展环境，依法保护民营企业产权和企业家权益，促进民营经济发展壮大。完善产权保护、市场准入、公平竞争、社会信用等市场经济基础制度，优化营商环境。

为落实中央的大政方针，使民营经济政策更加具体化，2019年12月，中共中央、国务院出台了《关于营造更好发展环境支持民营企业改革发展的意见》，提出了28条政策措施。2023年7月，中共中央、国务院又出台了《关于促进民营经济发展壮大的意见》，提出了31条政策措施。这次《意见》的出台，将中国民营经济发展的政策，推向了一个新的高度。

二是国家法律法规更加健全。十年来，全国人大先后制定和修订修正了若干重要法律，其中大部分法律都直接或间接涉及民营经济发展和民营企业权利与义务。

首先是宪法修改。2018 年全国人大将作为爱国统一战线的重要组成部分——“社会主义事业的建设者”正式列入宪法。而这个“建设者”包括：民营科技企业的创业人员和技术人员、受聘于外资企业的管理技术人员、个体户、私营企业主、中介组织的从业人员、自由职业人员等社会阶层。这些人员基本都属于民营经济领域人员。

其次是法律修改。2020 年 5 月 28 日通过了《中华人民共和国民法典》，这是中国第一部《民法典》，是一部综合性的基本法典，是中国法律与法制建设的重要里程碑。民法典由若干个重要领域、每个领域又包括若干重要方面法律构成。民法典综合、修改和替代了过去的婚姻法、继承法、民法通则、收养法、担保法、合同法、物权法、侵权责任法、民法总则等多部重要法律，将其统一化、系统化、规范化，形成一部系统完整的重大法典。民法典和其他经济法类与社会法类的法律制定与修改，方方面面都涉及民营经济及民营企业家和员工个人。

三是政府法规政策更加系统。十年来，国务院落实宪法法律和中央方针政策的相关精神，先后制定和修订了大量关于民营经济的政策法规，为民营经济的健康发展进一步提供了系统具体的法规政策支撑。其突出和强调的几个主要政策方面包括：发展市场主体、支持创业就业，发展资本市场、扩大民企融资，推动企业产权改革、发展混合所有制企业，促进平等竞争、反对市场垄断，优化营商环境、善待市场主体，弘扬企业家精神、发挥企业家作用，规范政府行政行为、构建政商清亲关系，等等。

四是营商环境日益优化与改善。党和国家方针政策法律法规推进，加快了中国优化营商环境的进程。营商环境，是指企业等市场主体在市场经济活动中所涉及的体制机制性因素和条件。中国的市场主体，就数量而言，民营经济市场主体占 95%以上。因此，可以说，营商环境的优化与改善，对民营经济发展的影响最大。世界银行从 21 世纪初开始，就用营商环境的优化条件标准及其评价来推动国家新兴市场经济逐步走向现代市场经济。自

2003 年起，世界银行每年出一份《营商环境报告》，用多项指标对全球 133 个经济体进行了营商环境便利度排名，到后来指标扩大到十多个，评价的经济体达 190 多个。近十年来，国务院和各级地方政府，在建立健全营商环境制度、提升营商环境水平方面做了大量工作，取得了令世界瞩目的成就，中国在世界的排名迅速靠前。2012—2019 年，中国营商环境在世界的排名，从第 99 位提升到 31 位，提升了 68 位，实现了营商环境优化的跨越式发展，得到了世界银行的高度肯定与赞扬。2020 年 7 月，世界银行发布了《中国优化营商环境的成功经验——改革驱动力与未来改革机遇》的专题报告，认为中国政府近年来在“放、管、服”改革、优化营商环境领域取得了巨大成就。2020 年以来，由于世界银行要修改评价制度与标准，至今尚未公布新的营商环境排名。

三、民营经济成为中国经济十年快速增长最大动力来源

习近平总书记曾用“具有‘五六七八九’的特征”来高度评价民营经济在当今中国的地位与作用。有大量数据能够证明这一判断的正确性：民营企业以占用不到 30%的国家矿产资源和政府科技资源、不到 40%的国家金融资源，创造了全国 50%以上的投资、税收和出口，创造了 60%以上的 GDP、70%以上的科技创新和新产品、80%以上的城镇就业、90%以上的市场主体，创造了全国 100%以上的城镇新增就业和贸易顺差。

以下 10 组简明数据，能够比较充分地说明民营经济这 10 年的发展成就及其作用地位。

（1）民营企业占全国企业法人总量的 98%。市场主体是经济发展的微观基础。主要数据：2012 年、2015 年、2020 年，全国企业法人中，国有企业法人占 3.36%、2.31%和 1.17%，民营企业法人占 96%、96.1%和 98%，外资企业法人占 2.54%、0.79%和 0.41%。2021 年，全国市场主体共 1.5 亿户，其中，企业法人单位 2600 多万家，个体工商户 1 亿多个。

（2）民营企业占全国企业资产的 50%左右。企业资产是经济增长的物质基础。主要数据：经济普查年鉴显示，2018 年，全国非金融类企业资产总额 537.8 万亿元，其中，国有控股企业占 40%多，民营企业占近 50%，外商企业占近 10%。工业企业资产：2012 年，全国规模以上工业企业资产，国有控股企业占 40.6%，民营企业占 37%，外资企业占 22.4%。2020 年，三者分别占 38.4%、42.6%和 19%，2022 年三者分别占 36.2%、45%和 18.7%。规模以下工业企业中 90%以上为民营企业，如果加上规模以下民营资产，民营企业资产可能也占整个工业企业资产的 50%左右。

（3）民间投资占全国投资的近 55%。投资是推动经济增长的主要动力源泉。主要数据：2012 年、2015 年、2020 年和 2022 年，民间投资占全国固定资产投资总额的 54.6%、57.3%、54.9%和 54.2%。

（4）民营经济就业占城镇就业的 80%以上。就业是民生的根本保障。主要数据：2012 年，全国城镇私人企业和个体户就业人数为 7557 万人和 5643 万人，国有单位就业人员为 6839 万人；2019 年，城镇私人企业和个体户就业人数为 14567 万人和 11692 万人，国有单位就业人员为 5473 万人。2020 年后未公布城镇私人企业就业人数。10 年来，全国城镇新增就业总量达 1 亿多人，其中，国有单位减少了 1000 多万人，外资企业增加了 200 多万人，民营经济增加了 1.2 亿多人，超过了全国城镇新增就业总量。

（5）民营企业占工业营收的近 60%。营业收入是GDP增长的主要源泉。主要数据：2012 年、2015 年、2020 年和 2022 年，全国规模以上工业企业营业收入中，国有企业占 26.4%、21.8%、25.8%和 26.5%；民营企业占 49.7%、56.1%、51%和 52.8%；外资企业占 23.9%、22%、22.8%和 20.7%。如果加上绝大多数规模以下民营企业营业收入，全部民营企业可能占全国工业企业营业收入近 60%。

（6）民营企业占工业企业利润的 55%左右。利润是企业再发展的主要动力。主要数据：2012 年、2015 年、2020 年和 2022 年，全国规模以上工业企业利润中，国有企业占24.5%、17.2%、23%和28.3%；民营企业占52.9%、58.8%、48.7%和47.9%；外资企业占22.6%、24%、28.3%和23.8%。如果加上规模以下民营企业利润，民营企业利润可能占全国工业利润的55%左右。

（7）民营企业占全国出口总额的60%。对外贸易是经济增长的重要"马车"。主要数据：2012年、2015年、2020年和2022年，全国进出口总额中，国有企业占19.4%、16.4%、14.3%和16.1%；私营企业占31.6%、35%、45.2%和49.6%；外资企业占49%、46.4%、38.7%和32.9%。2022年，私营企业占全国出口的59.3%，占全国顺差超过130%。

（8）民营经济税收占全国税收的57%。税收是国家机器运行的经济保障。主要数据：2012年、2015年、2020年和2022年，国有企业占30.7%、31.7%、24.3%和27.5%；民营企业占48%、50%、59.7%和56.9%；外资企业占19.6%、18.2%、16.0%和15.6%。

（9）民营企业占全国企业研发投入的60%左右。技术创新是追、赶、超国际先进的主要途径。主要数据：2020年，企业研发投入，国有企业占20%左右，民营企业占60%左右，外资企业占20%左右；新产品销售收入，国有企业占15%左右，民营企业占65%左右，外资企业占20%左右；发明专利申请数量，国有企业占20%以上，民营企业占50%以上，外资企业占20%以上。

（10）民营企业效率效益总体好于全国企业。效率效益是反映市场竞争主体比较优势的综合指标。主要数据：10年来，各类工业企业的劳动生产率（销售收入/人年）均在不断提高，国有企业明显高于私营企业和外资企业。2022年三者分别为292万元/人年、146.1万元/人年、182.4万元/人年。资产营收率（营收/资产）和资产利润率（利润/资产）均在逐步下降，国有企业明显低于民营企业和外资企业，2022年三者的资产营收率分别为66.8%、124.4%和99%；资产利润率分别为4.2%、5.9%和6.8%。营收利润率（利润/营收）相对稳定，三类企业相差不大，2022 年分别为 6.5%、5% 和 7%。亏损面都在扩大，2021 年国有企业亏损面（22.8%）明显高于私营企业（14.6%），外资企业为 21.6%。

四、民营经济方针政策的全面执行尚需各方面更大努力

中国改革发展政策执行难，中国民营经济改革发展政策执行更难。这是社会的普遍共识。尽管党中央关于支持与发展民营经济的方针政策不断推进，尽管国家关于支持和保护民营经济的法律法规和行政政策不断完善，但实际执行仍然存在不少争议与阻力。人们一直期望，执行政策，莫打折扣。

2004—2023 年，中央先后出台了四部专门针对民营经济发展的综合性重要文件。2005 年国务院出台了《关于鼓励支持和引导个体私营等非公有制经济发展的若干意见》，即民间所称的“非公经济 36 条”；2010 年国务院出台了《关于鼓励和引导民间投资健康发展的若干意见》，即民间所称的“民间投资 36 条”；2019 年中共中央、国务院出台了《关于营造更好发展环境支持民营企业改革发展的意见》，即民间所称的“民营企业改革发展 28 条”；2023 年 7 月，中共中央、国务院又出台了《关于促进民营经济发展壮大的意见》，即民间所称的“民营经济发展壮大 31 条”。这四部综合性文件，都是针对民营经济发展中外部环境问题和自身发展问题而制定的政策措施，都具有重要的现实意义和历史意义。

过去的政策文件，都在相当大程度上促进了民营经济的发展，但同时，其实际执行大都不尽如人意，往往被打了许多折扣，以至于党中央、国务院需要每隔若干年再次重申和加强某些政策。认真学习四部文件内容，可以看到，四部文件的后三部，除部分条文是针对新情况新问题外，多数条文基本都是以新的表述来重申和强调过去的政策。这虽然反映了中央政策的连续性和一贯性，但也反映了政策执行难的问题，一些重要政策需要国家反复提

醒、反复强调、反复提出，才能有所推进。

对于中共中央、国务院《关于促进民营经济发展壮大的意见》31条政策文件，民营企业家和社会各界，普遍既高度赞扬、满抱希望，但又称有些让人心存忧虑。基于过去经验，人们忧虑党中央、国务院的政策再次被执行者们打折扣。从过去看，打折扣的原因，主要是传统理念、习惯做法、既得利益、自错难纠等逆向影响，同时也有观念相冲、政策相冲、执行相冲的问题。这是当今需要认真解决的大问题、实问题、难问题。人们期盼着在解决这些问题上向前跨一大步，各个方面都做出更大努力，推动《关于促进民营经济发展壮大的意见》31条政策的切实执行，为民营经济发展创造更好的政策环境、市场环境、社会环境与舆论环境，这是于国于民、真真切切的重大利益！因为，民营经济的地位作用已经不只是“五六七八九”，而是更多更大更高。

五、民营经济是实现中国式现代化和共同富裕的主力军

党的二十大报告指出，中国式现代化，“既有各国现代化的共同特征，更有基于自己国情的中国特色”。中国式现代化有五大特征：一是“中国式现代化是人口规模巨大的现代化”，二是“中国式现代化是全体人民共同富裕的现代化”，三是“中国式现代化是物质文明和精神文明相协调的现代化”，四是“中国式现代化是人与自然和谐共生的现代化”，五是“中国式现代化是走和平发展道路的现代化”。

建设中国式现代化、实现共同富裕的行动主体是广大劳动人民，推动中国式现代化实现的市场主体是国有企业、民营企业和外资企业三驾大马车。从中国式现代化的五个特征看，三驾马车各自扮演着重要角色。但从各自角色的作用分量看，民营经济起着主力军作用。

在“中国式现代化是人口规模巨大的现代化”中民营经济的主力军作用。中国人口规模巨大，劳动力人口规模巨大，城镇劳动力人口规模巨大，

城镇劳动力中民营经济劳动力人口规模巨大。中国人口 14 亿，其中，劳动人口 7.5 亿；劳动人口中，城镇人口近 4.7 亿人；城镇劳动就业中，民营经济就业人口占 80%；城镇新增劳动力人口中，几乎百分之百由民营经济提供；农村转移城镇就业的人口，绝大多数也由民营经济承接。由此可见，人口规模巨大的现代化，主体体现者或担当者，就是民营经济，这完全是不可替代的。如果没有民营经济承担这么巨大规模的就业、新增就业和农村转移就业，中国人口和劳动力规模巨大的现代化目标的实现，是完全不可想象的。

在“中国式现代化是全体人民共同富裕的现代化”中民营经济的主力军作用。全体人民共同富裕，在中国现阶段，最根本的是要扩大中等收入人群、减少低收入人群比例，缩小人群之间的收入差距。实现这个目标，重点和难点都在民营经济。中国目前高收入人群大约 1 亿人，中等收入人群大约 4 亿人，低收入人群 8 亿 ~ 9 亿人。除农村外，城镇中等收入人群的一半、低收入人群的 90%以上，归属于民营经济领域，主要是民营中小微型企业和个体户。总体来看，民营经济是中国共同富裕的主要担纲者。如果民营经济中的几亿低收入人群的多半人口不能进入中等收入人群，中国的共同富裕就实现不了。只有不断地提高企业发展质量，特别是提高民营企业的发展质量，才有条件真正扩大中等收入人群，减小低收入人群比例，实现共同富裕基本目标。

在“中国式现代化是物质文明和精神文明相协调的现代化”中民营经济的主力军作用。两个文明相协调，是对政府的要求，是对全社会的要求，也是对三大市场主体——国企、民企和外企的要求。由于民企数量庞大、就业队伍庞大、企业体小而分散、经营环境条件相对低下、人员文化技能相对不高、产品服务质量问题较多、劳资矛盾纠纷相对较多等因素，两个文明相协调的任务，落在民营企业身上的更重、更大、更多、更广和更难。如果能够将中国广大的中小微民营企业的两个文明协调提高到一个新的历史水平，中国的现代化文明就奠定了广泛而坚实的主要微观基础。

在“中国式现代化是人与自然和谐共生的现代化”中民营经济的主力军作用。人与自然和谐共生，这是经过四十多年发展正反两方面经验教训得到的共识结论。回首过去发展，国企、民企和外企，都在不同程度上遇到了如何与自然和谐共生的严重问题。几十年来，中国大地上大量地、长期地、广泛地存在的，诸如滥采乱挖、资源破坏、环境污染等严重问题，相对而言，发生在民营企业身上的数量更多、问题更大、矛盾更深、影响更广、解决更难。实现人与自然和谐共生的现代化，人人有责，家家有责，企企有责。其中，民企、民企老板、民企员工面临的责任更多、更重、更广。因此，可以说，民营企业也是人与自然和谐共生的主要担当者。

在“中国式现代化是走和平发展道路的现代化”中民营经济的主力军作用。和平发展，既是国家大事，也是企业大事。一个和平稳定的国际环境，是企业正常发展的重要国际条件。与此同时，企业自身也是和平发展的微观担当者、体现者和践行者。民营企业是中国外贸的最大主体，是中国企业走出去的最大群体，是中国企业海外投资的最大群体，也是中国在境外参与当地市场平等竞争的最大群体。中国民营企业要成为中国和平发展的重要使者，在参与国际市场竞争的过程中，充分体现和平发展、平等发展、合规发展、和谐发展。

我参与的中国（上海）自由贸易试验区总体方案设计过程

王新奎

上海市政府参事室原主任

为适应经济全球化发展的趋势和我国经济转型发展的需要，党中央对“新常态”下特殊经济区域改革开放的功能定位、建设目标和运行机制进行了大胆探索创新和顶层设计，作出了设立中国（上海）自由贸易试验区的重大战略决策。2013 年 8 月 17 日，国务院正式批准设立中国（上海）自由贸易试验区；9 月 29 日，中国（上海）自由贸易试验区在外高桥正式挂牌成立。

上海自贸试验区的建立，是中央作出的重大战略部署，其意义不亚于 20 世纪 90 年代初上海浦东开放。它的建立有一个非常重要的国际背景，即 2008 年国际金融危机后，自 20 世纪 90 年代初以来长达 20 年的全球价值链革命已经告一段落，经济全球化的发展趋势出现了转折性的变化。

一、我为什么会参与上海自贸试验区总体方案设计工作

2012 年夏天，商务部在北京召开了暑期党组扩大会议，在会上，我作了题为“全球价值链与当前经济全球化发展新趋势”的发言。在发言中，我提出的经济全球化出现新趋势，全球贸易和投资规则将发生重构的观点，引起了与会者的热烈反响。

回上海后，我马上给当时的市委书记俞正声同志写了一份报告，建议上海作为我国对外开放的前沿和窗口城市，要关注这个重大变化。俞书记很快把我的报告批给了市发改委，要求做研究。那年，韩正市长正好到我们中心调研，他指出，上海要成为国际贸易中心，不单是看集装箱的吞吐量，也不

单是看开了多少家贸易公司，更重要的是要能够对国家融入全球经济和参与全球贸易投资规则制定做出智力贡献。韩正市长指示，上海市政府要全力支持把上海WTO事务咨询中心建成能为国家和重大战略决策服务的研究咨询机构。

根据韩正市长指示的要求，上海成立了一个由商务部与上海市政府合作建设的决策咨询研究基地，即“全球贸易投资政策研究咨询中心”，与上海WTO事务咨询中心实行一套班子、两块牌子运作。该研究基地成立以后，即启动了题为“当前经济全球化发展新趋势与我国对外开放新战略”的研究课题项目。该研究课题项目由陈德铭部长和韩正市长担任领导小组组长，我和当时的商务部部长助理张向晨同志担任课题负责人。参加课题研究的有复旦大学、上海交通大学、华东政法大学、上海对外经贸大学、上海社会科学院、上海市政府经济研究中心、上海图书馆情报研究所等科研团队。与此同时，在项目课题组的基础上，建立了“全球价值链上海研究平台”这一常设性的研究网络，开始对经济全球化的发展趋势进行长期的跟踪研究。

除此之外，2011 年，上海外高桥保税区连续两年被评为“全球最佳保税区”；同年 11 月 10—11 日，第 11 届世界自由贸易园区大会在上海浦东外高桥保税区举行。会议结束后，一位与会的全国政协领导给国务院写了一份报告，建议创造一个上海综合保税区的升级版，名字拟叫“上海自由贸易园区”。报告呈交后，温家宝总理委任国家发改委和商务部做论证。经过一段时间研究和补充材料后，这两个部委和上海市联合拟定了一个方案并呈交国务院。但此时正值政府换届，国务院领导处于交接期，这件事情就暂时搁置了。直至 2013 年 3 月，李克强同志就任总理，当月，他来到上海外高桥保税区准备就此事召开座谈会。开会前一天，市委通知我参加，并让我准备一份 8 分钟的发言，向总理汇报近期关于经济全球化发展趋势的研究成果。

会议上我简要地向总理汇报了当前经济全球化发展的三大新趋势。第一，全球主要经济体之持续扩大的巨额货物贸易逆差给全球经济造成了巨大的“再平衡”压力。第二，以数字经济为代表的创新全球化迅猛发展，但数字贸易市场却出现“碎片化”的现象。第三，全球价值链背景下跨境生产布局要求各国间就影响贸易，特别是影响服务贸易的境内措施进行谈判，以WTO为代表的多边贸易规则体系的重构势在必行。由此，中国在以往 20 年间享受的全球价值链革命的技术红利和WTO多边贸易体制的制度红利将逐步递减。因此，经济全球化发展趋势的这一重大变化要求我们必须树立对外开放的新思维。为此我建议，是否能够在上海建立自由贸易区，抓住全球贸易与投资体制重构的窗口期，通过在特殊监管区域内先行先试，加快推进我国的对外开放与对内改革。

李克强总理当场就对我的发言作了回应，第一，要以开放倒逼改革，我国正处在改革的深水区，需要改革新动力，按照以往经验，每次重大改革都是开放倒逼的，这次我们也要按照这个思路做。第二，以美国为主导的全球贸易和投资规则重构我们是绕不过去的，我们必须积极应对，否则就会面临“第二次入世”。第三，他同意在上海设立自贸区，不过要加“试验”两个字。并指出，上海自贸试验区建设是一项国家战略，不是上海的地方战略。自此，我开始正式参与到上海自贸试验区总体方案的设计工作中来。

二、中央设立上海自贸试验区的核心目标是什么

2012 年还发生了一件大事，即中美启动投资协定（BIT）谈判。我们中心参加了中美BIT谈判的技术支撑工作。在文本谈判结束后，进入了投资市场准入的谈判阶段。这一阶段谈判的核心有两个问题：第一个问题是投资准入前国民待遇；第二个问题是“负面清单”方式的投资市场准入承诺。

所谓“准入前国民待遇”是我国特有的问题。因为我国对外资企业实行准入前的行政审批制管理。为此，美方要求在外商投资准入前管理上，对外资和中资实行同样的待遇，即国民待遇。所谓“负面清单”问题，是指政府对外资准入审批的管理方式。当时，我国对外资准入管理的主要依据是每年

公布的“外商投资产业指导目录”，该指导目录分为禁止类、限制类、鼓励类和允许类四大类，采取正面清单的管理方式。为此，美方要求外商投资准入采取负面清单的方式，并大幅减少不符措施和提高透明度。

对外商投资准入实行准入前国民待遇和负面清单管理是对我国企业市场准入管理制度的重大改革。为此，中央领导要求把外商投资准入实行准入前国民待遇和负面清单管理作为上海自贸试验区改革的重点突破口。

在自贸试验区总体方案设计过程中，我参与的主要工作就是研究和设计总体方案的第一部分——负面清单和准入前国民待遇问题。

在负面清单的研究和设计过程中，我们发现这一改革将对我国的企业投资准入管理改革有重要的意义。比如，在企业投资市场准入的管理上，能够有效调整诸多歧视性待遇，目前诸多的歧视性待遇主要表现在：一是在准入的资格上，内资企业和外资企业的待遇不一样、央企和地方国企待遇不一样、国企和民企的待遇不一样等；二是在不同的行业、地区甚至不同的企业有无数的特殊政策，比如，重庆的离岸金融结算，可以有15%的所得税税收优惠，而上海没有，诸如此类；三是透明度严重不足，“玻璃门”、“弹簧门”等现象比比皆是。上海自贸试验区最终采用了“正面清单+负面清单”的方式，基本上金融、教育、通信等服务业投资准入仍采取正面清单管理模式，制造业投资准入则采取负面清单管理模式。

在外资准入的国民待遇方面，中央要求上海自贸试验区实行外商投资准入各阶段的国民待遇实验，并大幅提高企业投资准入管理的透明度。中央领导当时（2014年）对上海自贸试验区的总体方案提了两个基本要求。

一是要求对外商投资准入的管理措施“不公布不执行，凡公布必执行”。面对这一要求我们也遇到了棘手问题，比如，我们在设计与外商投资市场准入有关的列入负面清单相关措施的法律依据时，发现许多管理措施的形成过程：从出台法律条例、实施细则到各部门制定管理办法，其中问题的发现存在滞后性，往往管理办法制定后才发现问题，只能再发布通知、意见说明等来补救，但问题却得不到很好的解决。而且，各部门在实施同一部法律的时候，又相互重复，有时候基本概念的描述不一致。比如，我们当时讨论外商投资准入负面清单的时候，发现有的文件叫外商投资，有的叫外资，还有的叫境外投资。确定一家企业是不是外商企业，标准是什么？是按企业投资人的国籍算，还是按投资资金的来源地算？是按股权结构算，还是以实际控制权算？这些问题都有待进一步的研究和解决。

二是要求对外商投资准入的管理手段要从事前审批为主逐步转向以事中事后监管为主。在这一方面同样面临很多挑战，比如涉及与“准入前国民待遇”有关的改革就会发现，在实际操作中根本分不清楚什么是准入前的审批，什么是准入后的监管。因为很多准入后的监管也是采取审批手段的。

由此可见，上海自贸试验区的改革目标已经不像前20年那样，投资或贸易方面的扩大对外开放，而是加快我国社会主义市场经济体制改革的重要战略举措。上面谈到的外商投资准入管理方面涉及准入前国民待遇和“负面清单”的种种问题，实际上是我国经济管理体制方面长期存在的、急需改革的普遍问题。现在回想起来，当年上海自贸试验区提出的准入前国民待遇、负面清单概念很快就越出外商投资准入管理的范围，扩散到几乎所有的政府管理体制改革的领域，这不是一种偶然现象。尽管2014年公布的上海自贸试验区负面清单还不够完善，但是这已经是很不容易的一步了。2014年，有50多个子部门的限制类措施没有具体规定，就是有些政府部门还需要在审批时保留一定的自由裁量权。但有33个部门把具体限制措施写清楚了，比如是怎么样的限制、程序是什么、规定是什么。自贸试验区在全国范围内扩容以后，每年设计和公布统一的外商投资准入负面清单一直是一场国内外关注的我国改革开放的“重头戏”。如果我们对比一下最新公布的2018年版负面清单与2014年上海自贸试验区的第一版负面清单就会发现，我国无论在实施外商投资准入前国民待遇还是提高负面清单的透明度方面都取得了令人瞩目的进步。

三、自贸试验区建设“任重道远”

2014 年 12 月 28 日，全国人大常务委员会授权国务院扩展上海自贸试验区区域，范围由原来的 4 个区域，扩大到陆家嘴金融片区、金桥开发片区、张江高科技片区。很多人都惊讶，有土地空间的临港新城没有被纳入，而像陆家嘴这样已经非常成熟的区域却扩进去了。

2013 年底我到北京开会，研究上海自贸试验区成立后面临的问题。我特别说了 18 个字，自贸区要避免“跑马圈地上基础设施，特殊政策搞招商引资”，一定不能再这么做了。当时，我的观点得到了与会大部分专家的认同。试验区就是政策试验，因此必须放在经济活动最密集的地区。我一直主张把上海自贸试验区扩展到整个浦东，特别是陆家嘴、张江、金桥和外高桥。有人质疑陆家嘴这种中心区域连企业站脚的地方都没有了，还搞什么自贸试验区？但我认为既然是试验区就应勇于创新、大胆试验，只有试出可行的政策，才有在全国复制推广的价值。千万不能再去圈一片空地，然后招商引资，这就没有意义了。

中央决定在上海设立自贸试验区最重要的意义不是政策效应，而是改革效应。对自贸试验区，社会上曾有过不少误解。起初，大家认为自贸试验区是特殊政策、优惠政策的政策洼地。但实际则不然。中央给的不是政策红利，而是改革红利。上海自贸试验区的绩效如何，最后要看上海探索投资管理体制改革的进展情况。

从长远来看，要以自贸试验区的改革推动我国经济管理体制的全面改革。例如，一般情况下，自贸试验区的改革开放政策试验方案按以下流程形成：第一步，在中央确定自贸试验区的总体方案再由自贸试验区所在地政府各委、办、局根据自己的责权范围，在初步征求与之对口的中央各部委意见以后，提出本部门所涉及的领域的拟向中央上报改革开放政策试验措施建议清单。各委、办、局提出的建议清单汇总以后，经反复评估和论证，形成拟向中央正式上报的清单（草案）。第二步，根据清单（草案），地方政府各委、办、局分头赴京，与对口的中央各部委协商，难点问题需要地方政府主要领导赴京协商，以取得各部委的最后认可。第三步，根据地方政府与中央各部委协商的结果，对清单（草案）调整汇总，形成正式上报中央的清单（定稿）。第四步，在经中央各部委会签后，国务院根据各部委的会签意见，以下达国务院指导意见的方式批准地方和中央主管部门联合上报的改革政策清单，再由各相关部委根据国务院下达的指导意见，以支持性政策文件的方式，把最后确认的政策试验方案下达到地方政府执行。

我把这种既定体制下的改革实施方式称为"碎片化"改革或"红包式"改革。比如，假定2023年上海自贸试验区拿到的"改革红包"有100项，涉及方方面面，看上去很多，但有多大作用呢？在一个具体的行业实施一项重大的体制性改革可能需要涉及众多部委的100项措施，但现在仅改了其中的一两项，其他没改，这个具体行业的企业就没有任何获得感。如果100项改革集中到一个行业，这个行业的企业就活了，所以中央领导要进行集约化、系统化改革。但要在现行体制下实施一项针对某一行业的集约化、系统化改革，几乎是不可能的。2018年，中央启动了大规模的政府机构改革，我认为主要目的之一就是要解决改革的集约化和系统化问题。

总之，上海自贸试验区的建设可以概括为四个字："任重道远"。党中央希望通过上海自贸试验区的探索推动新一轮改革开放，因此，上海自贸试验区承担着"以开放促改革"的战略期望，这一点是"任重"。为什么是"道远"？因为上海自贸试验区的核心和重点是解决外资管理的"准入前国民待遇"和"负面清单"问题，这对我们有很大的挑战性。以往认为是在主权范围内与投资相关的法律法规和措施，现在要逐步与国际接轨。如何把握既按国际通行的规则促进改革开放，同时又能维护我国有中国特色的社会主义经济制度和国家的根本利益？这是一道难题。上海自贸试验区的改革方向是终结审批制度、逐步建立“以准入后监督为主，准入前负面清单方式许可管理为辅”的投资准入管理体制，所以是“道远”。

上海自贸试验区迈出了中国自贸试验区建设的第一步具有重大意义。

2013 年 8 月，国务院正式批准设立中国（上海）自由贸易试验区，这是我国大陆境内的第一个自贸区。2014 年 12 月，国务院常务会议召开，部署推广上海自贸试验区试点经验，加快制定完善负面清单，推动更高水平对外开放。会议决定，依托现有新区、园区，在广东、天津、福建特定区域再设三个自由贸易园区，以上海自贸试验区试点内容为主体，结合地方特点，充实新的试点内容。此时，我国自贸区已扩围至 4 个。同时，上海自贸试验区由原先的 28.78 平方公里扩至 120.72 平方公里。2017 年 3 月 31 日，我国自贸试验区再迎新一轮扩围，国务院正式批复辽宁、浙江、河南、湖北、重庆、四川、陕西设立 7 个新的自贸试验区，并分别印发总体方案。至此，我国形成了 11 个自贸试验区的新格局。2018 年 4 月 13 日，习近平总书记在海南建省办经济特区 30 周年纪念大会上宣布：党中央决定支持海南全岛建设自由贸易试验区，支持海南逐步探索、稳步推进中国特色自由贸易港建设，分步骤、分阶段建立自由贸易港政策和制度体系。

自上海自贸试验区建设启动至今，我国改革开放的国际环境也发生了前所未有的重大变化，国内经济发展也进入了供给侧结构性改革的攻坚阶段。现在，能否认识和理解当前经济全球化发展趋势的重大变化、如何在全球经济“再平衡”、创新全球化和全球贸易投资规则重构的大背景下推进我国的供给侧结构性改革，形成开放倒逼改革的新动力、探索在经济全球化发展新趋势下我国以建立“特殊功能区”推进改革开放的新模式等，将是我国自贸试验区建设面临的新挑战。相信我们一定能化压力为动力，以自贸试验区为载体和手段，把我国的对外开放推上新的台阶。

“一带一路”倡议：十年征程再出发

王义桅

中国人民大学国际关系学院教授

2013年9月和10月，中国相继提出“丝绸之路经济带”和“21世纪海上丝绸之路”倡议，“一带一路”倡议正式亮相于全球。十年来，“一带一路”倡议始终坚持共商、共建、共享原则，以高标准、可持续、惠民生为目标，聚焦重点领域、重点地区、重点项目，持续推进民生工程、民心工程，为推动构建人类命运共同体、畅通国内国际双循环提供了有力支撑和强劲动力。在新的历史起点上，高质量共建“一带一路”，将继续秉持共商、共建、共享原则，坚持开放、绿色、廉洁理念，努力实现高标准、惠民生、可持续目标。

一、从中国梦到“一带一路”倡议

1. 中华民族伟大复兴的中国梦提出后受到各方关注

习近平总书记在2012年底提出了实现中华民族伟大复兴的中国梦。中国人觉得是再正常不过的一件事情，因为近代以来我们就是为了实现中华民族伟大复兴这个目标而奋斗。但是提出来以后有很多外交官来找我。

第一个找我的是韩国驻华公使，他说中华民族伟大复兴了，我们韩国是不是要回到朝贡体系了？他就担心这一问题。但是中国人不会这么想的，21世纪怎么可能回到历史？他担心的是过去的、是往回看的，我说要往前看才对。蒙古国的外交官来找我，他说你要伟大复兴，我要不要伟大复兴呢？我还说你好像不能伟大复兴，你要伟大复兴，我就回到元朝了，那也不行。当然我好像又跟韩国人犯了一样的错误，也是从历史上看了。后来埃及的外交官也找我，说你是文明古国，我也是文明古国，我要不要伟大复兴？我就不好意思说你这文明就断了，干啥伟大复兴去？我们中华民族文明 5000 年连续不断的，但是你这么说就伤人。土耳其、伊朗等国外交官都来找我了。后来美国外交官对我说，中华民族伟大复兴是什么意思？是不是我们美国伟大衰落了呢？他老是用零和博弈的方式来看问题。我说要讲清楚什么叫中华民族伟大复兴。所以实际上“一带一路”就是回答这个问题的。

2. 中国梦也应是世界梦

当时我受了这些外交官的一些启发，因为他们外交官也要报回国内，到底中华民族伟大复兴是啥意思？我后来就跟他们解释，我说中华民族伟大复兴有三个意义。第一，不是把历史上的版图恢复到最大。如果每个国家都这么想的话，地球岂不是乱套了，都要重新把世界瓜分好多遍了，蒙古国岂不是还要恢复到成吉思汗的帝国了？第二，不是通过战争扩张的，是通过和平合作的方式，这是历史上很少见的。历史上大国起来以后都是要推翻原来的秩序，甚至通过战争的方式。第三，什么叫伟大？不是说我的成就达到历史上最高的成就或者甚至超过历史上最高成就才叫伟大，中国人想的伟大是让别人也要伟大、让别人也要复兴，这才叫伟大。我觉得这些解释让他们很感动。

我在做他们工作的过程中、在解释的过程中，我就公开在《环球时报》写了两篇文章讲这个问题。第一篇文章是《中国梦也应是世界梦》。中国梦刚提出来讲的就是这个观点，后来习近平主席一个月以后去非洲访问，也谈到中国梦、非洲梦是相通的，都是世界梦。我觉得很自豪，不管是不是受到文章的启发，不管怎么说，我是在习近平主席出访前在报纸上发表了这样一篇文章。第二篇文章是我在《环球时报》发表的《世俗伦理与社会主义精神》，我谈到一个观点，不是中国复兴，西方就衰落了。后来德国驻华使馆的政务参赞来找我，他说他们大使看到这篇文章很欣赏，为什么？他说中国的学者好像很少说西方也要复兴的，大部分学者就认为反正就轮到我了，三十年河东三十年河西，是这样的思维方式。所以我就想能不能探索出“大家都好”的一种发展模式、一条发展道路，而不是说要建立在牺牲别人的基础上的发展。

那么在这种情况下，中华民族伟大复兴的中国梦提出来以后，跟别的国家的梦想是什么关系呢？

3.“一带一路”倡议的提出

“一带一路”倡议是在中国梦提出了一年以后提出来的，很有意思。当时没有叫“一带一路”，当时是想打造一个概念“丝绸之路”。因为中华民族伟大复兴在历史上以什么为标志？就是“丝绸之路”。“丝绸之路”兴于汉唐——中国最强大的朝代，所以它是有象征意义的。当然尽管中国的历史比“丝绸之路”还要长，但是它的顶峰可以说也是以“丝绸之路”作为一个标志。所以提出了“丝绸之路”。但光是“丝绸之路”也不行，因为“丝绸之路”在古代主要是做贸易和文化交流的，但今天的中国不只是做文化交流和贸易，可能还参与全球化，甚至引领全球化。只是讲“丝绸之路”可能还不够，或者提“中国新丝绸之路计划设想”，但是别的很多国家都提出了“丝绸之路复兴计划”。所以当时就提出叫“丝绸之路经济带”。这个“带”就是 40 年改革开放的一个浓缩。

为什么要提出这么一个概念？为什么 2013 年 9 月习近平总书记在哈萨克斯坦纳扎尔巴耶夫大学演讲的时候提出“丝绸之路经济带”？主要有三个原因。

第一，哈萨克斯坦是世界上最大的内陆国家。海洋性的全球化是以海洋作为主要的贸易途径，90%的贸易通过海上进行，80%实际上的产出都来自沿海一百公里的地带，也就是说内陆地区、内陆国家是普遍落后的。所以为了改变内陆从属于海洋这样一个经济发展不平衡的状况，需要陆海联通。在世界上最大的内陆国家哈萨克斯坦提出这个概念，就更加具有象征意义。

第二，哈萨克斯坦在上合组织一直要搞经济合作。哈萨克斯坦地大物博，但它的经济发展互联互通不行。上合组织是中国与相关国家共同创立的。因为从俄罗斯战略性力量、军事力量看，中亚是它的传统势力范围，要搞经济合作，俄罗斯一直不太积极，所以哈萨克斯坦这个倡议就没有呼应。我们要呼应它搞经济，“丝绸之路”在历史上是存在的，而且经过俄罗斯到了欧洲，所以俄罗斯也同意了支持“丝绸之路经济带”跟欧亚经济联盟对接。

第三，纳扎尔巴耶夫本人提出了“哈萨克斯坦梦想”“光明丝绸之路计划”186个项目，已经有一定的基础，所以在以他名字命名的大学纳扎尔巴耶夫大学去讲“丝绸之路经济带”更有意义。他也是想通过改革开放来实现他们的梦想。

这是最开始谈到的“丝绸之路经济带”。只讲陆上肯定不够。所以一个月以后，习近平主席在印度尼西亚提出了共建“21世纪海上丝绸之路”的倡议。为什么强调21世纪？因为古代的“海上丝绸之路”是以郑和下西洋为标志，它主要是显示国威，主要做贸易、朝贡体系推广等。今天讲21世纪是告诉世界，不是要回到古代、回到朝贡体系，这不是复古，它是往前看的。21世纪有很多含义，如21世纪属于太平洋时代、21世纪的印度洋等；也有人说21世纪还是中国世纪；21世纪越来越多的人类要集中在海洋，海洋实际上占71%，陆上的资源已经用得差不多了，所以人类大量走向海洋。在《海殇》这本书里提到了“深海时代”“2.0版的海洋时代”；在“1.0版的海洋时代”里面，欧洲把世界给殖民掉了，中国落伍了，那么“深海时代”我们要加入。当然新的海洋时代不是搞殖民扩张，不是搞掠夺式开发，首先要保护海洋生态环境、绿色可持续的发展，资源要可持续地开发和利用，等等。所以“21世纪海上丝绸之路”的内涵是非常丰富的，包括医药，海洋医药原材料等。还有很多新材料需要探索，包括将来的仿真技术，很多人类到“深海时代”去寻找生命、寻找原材料、寻找新的智慧等。所以叫21世纪就证明“一带一路”是引领未来的。那么为什么要在印度尼西亚提出呢？因为印尼是世界上最大的岛屿国家，有17500多个岛屿、2.76亿人口，是世界上最大的穆斯林国家，占整个东盟人口的一半，也是郑和下西洋、到南洋必经之路。所以在那里提出具有象征意义。半年以后把这个统称为“一带一路”，就是这么一个来历。

实际上这个思想早在2010年底就已经酝酿了。国开行资助一些经济学家研究改革开放模式的调整，提出了双环流价值链的理论，是跟UNDP合作的。双环流价值链简单来说，我们改革开放，甚至是鸦片战争以来主要是并到发达国家环流的，它是产业链的上端；中国现在已经往上拱了，将来跟发达国家要有竞争关系了，我们要开发一个新的环流来对冲跟发达国家的竞争关系。“一带一路”沿线国家的产业链总体上比中国要低，所以中国产业可以转移到那些国家去。通过产业链的转移，实现中国产业结构的调整，形成中国价值链往上走。形象地说，像广东说的“腾笼换鸟”，就是我们中国要成为创新大国，要成为资本技术引导而不是劳动密集型的国家。反过来讲，中国一般意义上的制造业要转移，“一带一路”沿线国家的劳动力比我们还要便宜，土地价格比我们还要便宜，他们在挤压我们；上端就是工业4.0，西方又在挤压我们；中端也受到一些挤压，现在印度也起来了，还包括韩国的一些挤压。所以要重新调整我国的发展模式，实现全球价值链的重塑，所以叫双环流价值链。

所以，这么一套想法叫“一带一路”，最开始叫“丝绸之路”，是这样一个过程。总之，它是中国改革开放的一个调整，也是中国与世界关系一个非常重要深入的调整。

二、回忆首届“一带一路”国际合作高峰论坛

1. 超预期的首届“一带一路”国际合作高峰论坛

原来我们想，“一带一路”提出5年以后，这个概念慢慢地让大家知道怎么回事就不错了，然后再开个会，没想到3年多的时间就开这么一个大规模的盛会，这是超过我们想象的。习近平总书记在一次“一带一路”座谈会

上讲到，“一带一路”3年多的进展和成果超出预期。“一带一路”国际合作高峰论坛的成功主办可以说是一个重要的象征。

本次论坛其中有一半代表是自发要来的，只有一个邀请没来的国家，就是印度。可见各国还是愿意搭上中国发展的快车、便车，我们不是强迫他们来的，他们也很聪明，他们为什么要来？就是对他们有好处，最起码想了解“一带一路”。有很多国家都想来，后来我们控制规模。很多国家还不太理解，比如乌兹别克斯坦，临开会的时候他一定要来参加，最后才能变成29个国家元首。本来我们想让中亚国家有一个代表，后来没办法又增加了一个，所以中亚有了两个代表。

2. 首届“一带一路”国际合作高峰论坛的重要作用

首届“一带一路”国际合作高峰论坛到底起到了什么作用？它是一个奠基性的，就是把世界各国的人请过来一起商量。共商、共建、共享，你们有什么关切？你们希望“一带一路”怎么做？当然，最重要的是习近平主席在开幕式上发表了一个主旨演讲，就把“一带一路”3年多的进展、未来的规划，还有我们到底是怎么做的，做了一个说明，行动基础上做了一个很完善的阐述。很大程度上从高峰论坛开始，对原来“一带一路”的想法有了很大的一个升级，就是我们一起把“一带一路”当作是解决人类问题的一个合作倡议。习近平主席在高峰论坛的讲话跟原来不一样，提出要解决人类面临的和平赤字、发展赤字和治理赤字三大问题，将“一带一路”建设成和平之路、繁荣之路、开放之路、创新之路和文明之路。就是用这个“五路”为解决人类的三大赤字指明了方向。所以整个演讲的基调都是为人类担当的。

后来我把它总结为“一带一路”成为中国的两个抓手。第一个，实现“两个一百年”奋斗目标、实现中华民族伟大复兴的中国梦的抓手。第二个，成为中国引领全球化，不仅是参与全球化的一个抓手，打造出一种更具包容性的全球化。在《愿景与行动》中最开始有这个说法，是要打造一种叫开放、包容、均衡、普惠的区域经济合作交流。大家注意到它讲的是区域，不是全球，高峰论坛已经把它变成全球了。空间上、实际上、内涵上它都已经超越了原来《愿景与行动》所设想的，所以这次高峰论坛就是个升级！

3. 明确了下一步合作方向和路线图

当然，对下一步合作提出了很多的规划，谈到了很多合作的畅想，大家都有了方向，有了一个明确的路线图，各个国家想去参与有了一个抓手。原来《愿景与行动》发布的时候比较抽象，他们大概知道怎么回事、想干什么，但是那些国家都反复问我怎么参与。这么好的东西，有什么机构、有没有秘书处、有什么联系电话咨询，他们都不太知道。这次高峰论坛召开后，各国的热情给吸引过来了，同时对参与的路径、下一步中国要提供什么公共产品也有了一定明确的认识。所以已经超越了刚才讲的中国梦的层面，变成了一个全球化合作、中国参与全球治理的抓手。中国对全球治理作用很重要，通过实践、通过发展、通过互联互通，解决人类面临的问题，所以它变成中国梦、全球化和全球治理的合作平台和抓手。这就是这次高峰论坛的一个重要历史意义。

三、成立亚投行与“一带一路”

1. 酝酿成立亚投行

亚洲基础设施投资银行（简称“亚投行”）最开始酝酿建立的时候，就想解决一个问题，是什么？就是整个世界的基础设施的投资缺口非常大。华盛顿共识、新自由主义的美国主导的全球化，基本上是以资本为导向的，它不会去投基础设施。投基础设施不赚钱，缺口这么大，或者短期内不太容易赚钱。所以，怎样把中国的新的比较竞争优势更好地发挥出来，选择去做基础设施，尤其是亚洲的基础设施。为什么？我们常说，周边是中国的安身立命之所、发展繁荣之基。从历史上看，中国要发展，首先这个道路要延伸，你这个基础要有。比如秦朝首先修道，条条大路通罗马，都是要有这么一个繁荣的过程。所以把中国和周边国家更多地通过基础设施互联互通连在一起，这是最初的设想。那么怎么去解决融资难的问题？基础设施缺口几十万亿美元，光亚洲最起码有 8 万多亿美元的缺口，怎么去解决基础设施发展短板的问题？要致富先修路，要快富修高速。基础设施先行先试，这些以后就是推动经济的高质量发展。

以前，美国的模式就是热钱大量盛行，几十万亿美元的热钱流到哪里，哪里经济一片繁荣，热钱一旦撤走就进入一片萧条。所以能不能治一治这种毛病，让热钱变成冷钱，变成服务于基础设施，而基础设施是造福于广大民众的，它就解决了贫富差距越来越拉大这样一个难题。中国提出的亚投行为什么引起世界广泛的参与，包括发达国家的参与？它很大程度上是看到这样一个希望。

2. 通过亚投行助力亚洲基础设施互联互通

中国从基础设施的设计、建造运营、管理标准、资金技术到人才性价比等全方位具有优势。就像我们的超级工程港珠澳大桥。所以，怎样才能更好地把中国新的比较竞争优势充分发挥出来，解决人类发展模式转型的问题？要致富先修路，所以就进入基础设施投资领域，这是引领。美国的一个学者叫康纳，他在《超级版图》这本书中说，人类在未来 40 年基础设施的投入将超过过去的 4000 年。美国总统特朗普当时也提出了 1 万亿美元的基础设施投资计划。因为发达国家基础设施已经老化了，现在基础设施要什么？要数字化、网络化、信息化。中国现在“三化”领域都很厉害了，比如苏州的经济发展、数字互联网技术发展。发展中国家基础设施一直是短缺，实际上还有 13 亿人没有用上电，印度有 3 亿人没有用上电，非洲 5 亿人没有用上电。把世界晚上的灯光一放，一看就很明白，这不叫全球化，这是部分的全球化，灯光主要是亮在发达国家里面，广大发展中国家内陆地区一片漆黑。

所以，“一带一路”是个希望工程，是个幸福工程，是实现联合国 2030 可持续发展目标的一个非常重要的抓手。

3. 亚投行与“一带一路”的关系

亚投行与“一带一路”是什么关系？首先它虽然不是“一带一路”的银行，“一带一路”有“丝路基金”，但它是完全服务于“一带一路”的。亚投行虽然是中国发起创立、也是中国主导的一个国际性的银行，但它不是说只服务于中国的战略利益，或者只服务于中国的“一带一路”倡议的。比如说它聚焦于亚洲的基础设施互联互通，这也是“一带一路”的重要内容，当然“一带一路”不局限于亚洲，而且亚投行有它自己的项目，有它自己的标准叫“lean、clean、green”。“一带一路”一下达不到高标准，所以不能完全说亚投行就是“一带一路”的。所以我们讲亚投行功能上、精神上都是跟“一带一路”通的，但不是为了“一带一路”服务或者“一带一路”的银行，这个要讲清楚。

4. 亚投行是为亚洲国家发展服务的

亚投行里面强调75%股权是亚洲国家的，所以别的国家再加入，它只能在25%的里面去分。这一点美国人开始不清楚，美国人说一旦我加入就是最大股东了。你加入是指在25%里面是最大股东，75%里面中国是最大的股东，印度是第二大股东，格局已经是亚洲国家了，你不是亚洲国家。这个是很重要的一个设计。无论是亚洲开发银行，还是世界银行，面临一个很大的问题就是它是个老银行，效率低、腐败，而且贷款还要什么政治条件、意识形态，就把他的国家利益战略目标去推广什么的，它已经不是一个纯粹的银行了；最关键就是它的资金太少，根本不能符合亚洲基础设施发展的需要。

还有一个背景，就是中国经过全球金融危机到现在，中国国家开发银行和国家进出口银行这两家银行对外放贷比世界银行、IMF总和还多。很多国家都觉得中国这套开发性金融理念超越西方那套。因为整个西方比较强调市场经济，但是按照市场经济就没有人去给这些落后国家贷款搞基础设施；如果这些国家没有搞基础设施，那它们就一直富不起来；富不起来，它们就没有钱，这是恶性循环，越来越落后，而发达国家越来越发达。怎样解决第一桶金的问题？所以，我们讲开放性金融理念，就是说我们创造培育市场，不要完全依赖于市场。中国发展模式就是政府和市场双重驱动的，在起步阶段可能首先政府要起更重要的作用，把市场培育到一定程度以后再让市场起决定性作用；一开始让市场起决定性作用，这个国家就死定了，被市场遗忘的角落就是这些。

我们强调“一带一路”要走出一条西方之外的选择。就是针对缺少资金、基础设施的国家，来解决第一桶金的问题，就是要实现脱贫致富，要用开发性金融理念创造培育市场，而不完全是依赖于市场。这些国家起步阶段就必须要所在国家的政府担保，所在国家政府用资产抵押，然后亚投行去给他们贷款。所以我觉得这个体现了中国发展模式对这些国家广泛的吸引力，也体现了中国在加入全球化、融入全球市场经济体制之后构建中国特色社会主义的市场经济机制。

四、人类命运共同体理念引领“一带一路”建设

人类命运共同体、“一带一路”是习近平新时代中国特色社会主义思想中最具国际影响力、原创性的两大倡议。2023 年是这两大倡议提出 10 周年，站在这个特殊的时间节点上，我们将二者联系起来看，“一带一路”如何致力于推动构建人类命运共同体？人类命运共同体如何引领“一带一路”建设？

共建“一带一路”是习近平主席顺应世界发展大势和时代进步要求，着眼推动构建人类命运共同体提出的重大倡议。在 2017 年底中国共产党与世界政党高层对话会上，习近平总书记指出，“我提出‘一带一路’倡议，就是要实践人类命运共同体理念”。

人类命运共同体是引领时代潮流和人类前进方向的鲜明旗帜，将“一带一路”的目标定位为构建人类命运共同体，充分彰显了中国共产党人“为人类谋进步、为世界谋大同”的初心。

1. 人类命运共同体指明“一带一路”互联互通的时代意义

2013 年 3 月，习近平主席在莫斯科国际关系学院演讲指出，“人类生活在同一个地球村里，生活在历史和现实交汇的同一个时空里，越来越成为你中有我、我中有你的命运共同体”。

党的二十大报告提出以中国式现代化实现中华民族伟大复兴，构建人类命运共同体，创造人类文明新形态，其中的逻辑是立己达人，在中国式现代化基础上通过发起“一带一路”国际合作，推动人类共同发展现代化事业。很长一段时间内，现代化＝西方化＝去传统化（世俗化），被奉为圭臬。

“一带一路”鼓励各国走符合自身国情的发展道路，并致力于政策沟通、设施联通、贸易畅通、资金融通、民心相通“五通”，打造互联互通伙伴网络，构建人类命运共同体，真正生活在同一个地球村里，你中有我、我中有你，命运与共。

2. 人类命运共同体赋予中国与“一带一路”国家荣辱与共的伟大使命

习近平主席指出，“人类命运共同体，顾名思义，就是每个民族、每个国家的前途命运都紧紧联系在一起，应该风雨同舟，荣辱与共，努力把我们生于斯、长于斯的这个星球建成一个和睦的大家庭，把世界各国人民对美好生活的向往变成现实”。

“一带一路”建设强调共商、共建、共享原则，倡导战略对接，如越南的“两廊一圈”构想、柬埔寨的“四角”战略、印度尼西亚的“全球海洋支点”构想、哈萨克斯坦的“光明大道”发展战略、俄罗斯的跨欧亚大通道建设等，改变了“一带一路”国家被全球化的局面，正在打造主场现代化、主场全球化，实现美美与共。

习近平主席在“一带一路”国际合作高峰论坛开幕式上的演讲中指出，推进“一带一路”建设，要聚焦发展这个根本性问题，释放各国发展潜力，实现经济大融合、发展大联动、成果大共享。正所谓“利当计天下利”，“一带一路”建设推动相互尊重、合作共赢的新型国际关系，对冲当下脱钩、断供、新冷战，具有鲜明的时代意义。

3. 人类命运共同体激发“一带一路”完善全球治理的迫切追求

2017年1月18日，习近平主席在联合国日内瓦总部演讲指出，“世界命运应该由各国共同掌握，国际规则应该由各国共同书写，全球事务应该由各国共同治理，发展成果应该由各国共同分享”。

长期以来，国际规则是强国制订的，弱小国家只能被动接受。“一带一路”改变了这种强者逻辑。共建“一带一路”搭建了广泛参与的国际合作平台，为全球治理体系改革提供了中国方案，成为推动构建人类命运共同体的生动实践，受到国际社会普遍欢迎，在世界发展史上具有重要里程碑意义。

在共建“一带一路”基础上，越来越多的国家与中国签署了命运共同体合作文件，可谓志同道合。在双边层面，中国同巴基斯坦、老挝、柬埔寨、泰国等国共同推动构建不同形式的命运共同体；在地区层面，周边、亚洲、亚太、中国—东盟、澜湄国家、中非、中阿、中拉、中国—中亚、上合组织等命运共同体稳步推进；在全球层面，网络空间、核安全、海洋等命运共同体应运而生，人类命运共同体理念多次写入联合国、金砖等国际组织决议或宣言，凝聚共识、推动合作行稳致远。这些国家、地区和领域，也是“一带一路”合作最深入、成果最为丰硕的；签署命运共同体文件也是“一带一路”建设机制化的结果。由此，也极大增加了有关国家、国际组织在全球治理和国际规则中的话语权。

未来的世界怎么样，很大程度上取决于“一带一路”建设得怎么样。“一带一路”致力于政策沟通、设施联通、贸易畅通、资金融通、民心相通的“五通”理念，推动构建全球互联互通伙伴网络，解决不联不通、联而不通、通而不联、被联通的问题，正在克服发展赤字、安全赤字、治理赤字、信任赤字。

总之，人类命运共同体致力于构建的持久和平、普遍安全、共同繁荣、开放包容、美丽清洁的世界。共建“一带一路”追求的是发展，崇尚的是共赢，传递的是希望；与此同时，“一带一路”建设所激活的“和平合作、开放包容、互学互鉴、互利共赢”的丝路精神，丰富了人类命运共同体精神谱系。

在人类命运共同体的引领下，“一带一路”国际合作早已超越了推动中国全方位开放的目标，超越了推动全球化朝着开放、包容、普惠、平衡、共赢方向发展的最初定位，致力于实现共商、共建、共享的新型全球治理，打造全球互联互通伙伴网络，正在开创人类文明新形态，呼唤我们构建“一带一路”自主现代化知识体系，打造人类命运共同体史。

五、“一带一路”倡议：十年征程再出发

党的二十大报告指出，“共建‘一带一路’成为深受欢迎的国际公共产品和国际合作平台”。在中国式现代化基础上，中国发起“一带一路”倡议。十年来，“一带一路”倡议始终坚持共商、共建、共享原则，以高标准、可持续、惠民生为目标，聚焦重点领域、重点地区、重点项目，持续推进民生工程、民心工程，为推动构建人类命运共同体、畅通国内国际双循环提供了有力支撑和强劲动力。截至 2023 年 8 月，中国已同 152 个国家和 32 个国际组织签署 200 多份共建“一带一路”合作文件，给当地带来实实在在的利益和繁荣。可以说，“一带一路”是中国打造的共同发展合作平台，是实现“世界版共同富裕”的生动实践。

1.“一带一路”建设的三重效应

共建“一带一路”是习近平总书记深刻思考人类前途命运以及中国与世界发展大势，推动中国与世界合作共赢、共同发展作出的重大决策。坚持以共商、共建、共享为原则推动“一带一路”建设，既对新时代我国开放空间布局进行了统筹规划，又对中国与世界实现开放共赢的路径进行了顶层设计，是新时代中国特色大国外交的重大创举，是我国今后相当长时期对外开

放和对外合作的总规划，是我们党关于对外开放理论和实践的重大创新。“一带一路”倡议受到国际社会普遍欢迎，在世界发展史上具有重要里程碑意义。世界银行2019年发布的《“一带一路”经济学：交通走廊的机遇与风险》报告指出，“一带一路”倡议的全面实施可帮助3200万人摆脱中度贫困（日均生活费低于3.2美元），使全球和“一带一路”经济体的贸易额增幅分别达到6.2%和9.7%，使全球收入增加达2.9%。对于沿线低收入国家来说，外国直接投资增幅达到7.6%。过去20年，中国帮助非洲国家修建了100座海港、1000条跨江大桥、1万公里铁路及10万公里高速公路。这是构建人类命运共同体的中非合作生动实践。

党的二十大报告指出，“推动共建‘一带一路’高质量发展。优化区域开放布局，巩固东部沿海地区开放先导地位，提高中西部和东北地区开放水平。加快建设西部陆海新通道。加快建设海南自由贸易港，实施自由贸易试验区提升战略，扩大面向全球的高标准自由贸易区网络”。这深刻阐明了“一带一路”的双重效应，即国内开放效应和全球化效应。

第一，国内效应。共建“一带一路”对新时代我国开放空间布局进行了统筹规划，提高了国内各区域开放水平，拓展了对外开放领域，推动了制度型开放，形成了“东西双向互济、陆海内外联动”的新开放格局。第二，中国与世界的合作效应。共建“一带一路”对中国与世界实现开放共赢的路径进行了顶层设计，搭建了广泛参与的国际合作平台，为全球治理体系改革提供了中国方案，成为推动构建人类命运共同体的生动实践。第三，全球效应。共建“一带一路”是构建人类命运共同体的重要实践平台，推动全球化从新自由主义全球化向发展导向全球化、包容性全球化转型。同时，聚焦基础设施建设这一最大实体经济投资，助推世界经济脱虚向实，消除全球金融危机产生的根源。发掘世界经济新增长点，引领了疫情后全球地区化和分布式合作模式。另外，增强发展中国家在全球治理中的分量，完善全球治理结构。“一带一路”自主知识体系的建构，回答了“知识就是力量”——谁的知识，谁的力量，打造以人民为中心的全新知识体系。

2. 高质量建设“一带一路”的必要性

党的二十大报告指出，“我国发展进入战略机遇和风险挑战并存、不确定难预料因素增多的时期，各种‘黑天鹅’、‘灰犀牛’事件随时可能发生。我们必须增强忧患意识，坚持底线思维，做到居安思危、未雨绸缪，准备经受风高浪急甚至惊涛骇浪的重大考验”。“一带一路”建设面临以下五大问题。

第一，定位。“一带一路”推动全球化朝着开放、包容、普惠、平衡、共赢的方向发展，但是现在全球化本身在调整。美国推动全球供应链去中国化，逼迫这些国家在中美之间站队。中国既要稳定又要重塑全球供应链、产业链和价值链，遭遇去全球化和经济全球化去中国化挑战。第二，底层逻辑。“一带一路”建设越深入，越遇到美元霸权、美国技术霸权的制约。美国常常以安全、债务陷阱等为由胁迫相关国家退出“一带一路”，动辄以长臂管辖反制，对我国投资公司设限。“一带一路”融资有赖人民币国际化，而人民币国际化又遭遇美元霸权制约。第三，投资模式。建设周期—盈利周期—政治周期—国际周期不匹配，给“一带一路”投资模式带来巨大挑战。第四,二元性问题。“一带一路”沿线国家经济基础相对比较落后，上层建筑、意识形态、法律制度等受西方发达国家影响较深，所以如何把中国硬件和所在国的软件进行对接？按照国际通行的法则，需要因地制宜，因此统筹不易。沿线国家的法治化、国际化营商环境如何建立，可谓任重道远。第五，西方国家搅局。国际环境、地缘政治冲突也给“一带一路”建设带来挑战。一些国家与中国合作进行大型基础设施建设存在建设难、成本高、破坏易、代价小的问题。为此，要大力吸引西方企业参与，发起全球基础设施安全倡议，倡导“一带一路”法治化、韧性发展。

为此，“一带一路”具备以下新的使命：从原来的市场拓展合作，到全球政治经济生态体系的再造；服务于“双循环”新逻辑，即国际大循环确保国内大循环，而不是国内循环服务于国际循环，尤其是关键原材料、零部件、数据、粮食、医药等领域健康稳定的供应链。

应对上述挑战，要求我们高质量建设“一带一路”，秉持共商、共建、共享原则，坚持开放、绿色、廉洁理念，努力实现高标准、惠民生、可持续目标。

高质量建设“一带一路”与国内强调高质量发展一脉相承，就是从要素投入型向创新驱动型转变，这也是国内高质量发展的应有之义。坚持开放、绿色、廉洁理念，不搞封闭排他的小圈子，把绿色作为底色，推动绿色基础设施建设，绿色投资、绿色金融，保护好我们赖以生存的共同家园。坚持一切合作都在阳光下运作，共同以零容忍态度打击腐败。引入各方普遍支持的规则标准，推动企业在项目下建设运行管理，采取采购、招投标等方式，按照普遍接受的国际规则、标准、形式进行，同时尊重各国法律法规。构建全球互联互通伙伴关系，走出一条互利共赢的康庄大道。

高质量建设“一带一路”具有国内外双重意义。共建“一带一路”，推动建设合作共赢的开放体系；共建“一带一路”，是我国扩大开放的重大举措和经济外交的顶层设计。推进“一带一路”国际合作，形成全面开放新格局。“一带一路”推动国内市场一体化，减少沿海与内地发展差距。推进“一带一路”国际合作，建设高水平开放型经济新体制，构建开放型世界经济，也是推动自由贸易区提升战略。

“一带一路”是“双循环”的重点。在新自由主义经济全球化的中心——外围格局里，中国从外围走到中心。中国主动谋局，改变“在人家土地上种庄稼”的尴尬局面，掌握“卡脖子”技术和关键零部件，打造主场全球化。

共建“一带一路”这十年

赵晋平
国务院发展研究中心对外经济研究部原部长

党的十八届三中全会审议通过的《中共中央关于全面深化改革若干重大问题的决定》提出，“构建开放型经济新体制”，“推进丝绸之路经济带、海上丝绸之路建设”。党的二十大再次强调，“推进高水平对外开放”，“推动共建‘一带一路’高质量发展”。十年来，我国实行更加积极主动的开放战略，在外商投资准入、商品和服务市场开放、自贸试验区战略提升、共建“一带一路”等方面不断推出新举措，形成了更大范围、更宽领域、更深层次对外开放格局。在新的历史起点上，按照党的二十大的决策部署，将坚持高水平对外开放，稳步扩大规则、规制、管理、标准等制度型开放，推动形成更高水平开放型经济新体制。

党的十八届三中全会以来的十年，是我国改革开放不断深化的十年。这一时期，我国实行更加积极主动的开放战略，在外商投资准入、商品和服务市场开放、自贸区战略提升等方面不断推出新举措，形成了更大范围、更宽领域、更深层次对外开放格局。

2023年是共建“一带一路”倡议提出10周年。2013年11月，“一带一路”建设写入党的十八届三中全会通过的《中共中央关于全面深化改革若干重大问题的决定》(以下简称《决定》)，正式上升为国家战略。《决定》提出要“加快同周边国家和区域基础设施互联互通建设，推进丝绸之路经济带、海上丝绸之路建设，形成全方位开放新格局”。同年12月，习近平总书记在中央经济工作会议上提出，抓紧制定“一带一路”建设规划，加强基础设施互联互通建设。

在我国提出共建“一带一路”倡议的前后几年时间里，我担任国务院发展研究中心对外经济研究部的负责人，服务于党中央、国务院经济社会领域科学决策的需要，主持和参与了许多涉及我国对外开放战略、政策等重大问题的研究和文件起草工作，其中也包括了与“一带一路”有关的研究和文件起草工作。

一、共建“一带一路”的十年

1. 共建“一带一路”的背景

共建“一带一路”倡议是在我国统筹国际国内两个大局、审时度势基础上提出的。首先，从当时国际环境来看，2008年国际金融危机后，世界政治经济格局发生了深刻变化，多极化特征凸现，区域一体化成为全球化的重要驱动力；全球产业分工加快调整，主要经济体的比较优势面临转换，全球治理和区域合作话语权争夺日益加剧。全球经济处于格局演变、动力转换、秩序重塑三大深度调整的交织期，各种挑战和不确定性因素明显增多。在这一形势下，“一带一路”作为推进亚欧非地区发展中国家密切合作和共同发展的重要倡议，一开始就受到广泛关注和相关国家的积极响应，充分印证了扩大区域内外贸易投资往来、促进地区经济繁荣稳定、形成全球经济增长和结构调整新动力等方面的重要性和紧迫性。

其次，从中国发展来看，根据世界银行公布的数据，2013年中国按汇率计算的GDP为9.24万亿美元，虽然和美国相比还存在较大差距，但已经超过日本成为世界第二大经济体。2013年，在世界经济复苏缓慢、全球经济增长持续低迷背景下，中国经济仍保持7.7%的增长，经济总量继续扩大，占全球的比重达12.3%，中国经济大国地位持续提升。同年，中国进出口贸易额达到4.16万亿美元，超过美国成为全球第一货物贸易大国。中国经济发展提升中国国际地位，也为世界各国带来发展机遇，在国际金融危机爆发后的几年，中国经济增长对带动世界经济走向复苏发挥了重要作用。

2010—2012 年，中国经济增量在全球经济增量中的份额提高到 25.2%，超过美国的 22.2%，成为世界经济增长的主要驱动力。但在那一时期，我们也清醒地认识到，中国还是一个发展中的经济大国，人均GDP尚未达到全球平均水平，全球影响力与世界主要发达经济体相比仍存在差距；中国经济仍存在“大而不强”问题。一是在国际分工中仍处于价值链中低端环节；二是在国际商品市场缺乏定价权，服务业和服务贸易发展水平偏低；三是传统劳动力资源优势逐渐减弱，知识、技术和人力资本密集型产业的国际竞争力尚未形成；四是国际经贸规则制定和全球治理参与程度及能力仍不足。正是在这样的背景下，党的十八届三中全会通过的《决定》作出了构建开放型经济新体制的总体部署，改革的目标是实现对内开放与对外开放相互促进，引进来与走出去更好结合，促进国内外各种要素跨境自由流动、资源高效配置、市场高度融合，培育参与和引领国际竞争合作新优势，以开放促改革。这是化解各种风险和挑战，应对外部环境和形势变化，提高我国国际竞争新优势的根本方向。为此，我国必须在更加广阔的全球视野下谋划自身发展及其对世界经济发展的贡献，全面推进开放型经济体系建设，努力实现可持续发展机遇的全球共享，为世界经济长期稳定发展和区域经济一体化提供更好的互利共赢合作平台和更多的国际公共产品。正是在这样的背景下，共建“一带一路”行动蓬勃兴起。

2. 共建“一带一路”的提出

2013 年 9 月 7 日，习近平主席在哈萨克斯坦纳扎尔巴耶夫大学发表重要演讲，首次提出共同建设“丝绸之路经济带”的倡议。习近平主席在演讲中强调，“为了使我们欧亚各国经济联系更加紧密、相互合作更加深入、发展空间更加广阔，我们可以用创新的合作模式，共同建设‘丝绸之路经济带’。这是一项造福沿途各国人民的大事业”。同年 10 月 3 日，习近平主席访问东盟期间在印度尼西亚国会发表演讲。他在演讲中强调，“东南亚地区自古以来就是‘海上丝绸之路’的重要枢纽，中国愿同东盟国家加强海上合作，使用好中国政府设立的中国—东盟海上合作基金，发展好海洋合作伙伴关系，共同建设 21 世纪‘海上丝绸之路’”。

中国领导人提出的这两大倡议，作为新的历史时期促进全球经济发展与合作的中国方案，展现了中国加强与周边国家之间互利共赢合作关系的强烈意愿，受到国际社会的广泛关注和积极响应，国内的相关讨论和政策研究也在不断走向深入。

2013 年 10 月 24—25 日，党中央在北京召开周边外交工作座谈会。习近平总书记主持会议并发表重要讲话，这次会议的主要任务是，总结经验、研判形势、统一思想、开拓未来，确定今后 5 年至 10 年周边外交工作的战略目标、基本方针、总体布局，明确解决周边外交面临的重大问题的工作思路和实施方案。这是党中央为做好新形势下周边外交工作召开的一次重要会议。习近平总书记在讲话中指出，“我国周边外交的战略目标，就是服从和服务于实现‘两个一百年’奋斗目标、实现中华民族伟大复兴，全面发展同周边国家的关系，巩固睦邻友好，深化互利合作，维护和用好我国发展的重要战略机遇期，维护国家主权、安全、发展利益，努力使周边同我国政治关系更加友好、经济纽带更加牢固、安全合作更加深化、人文联系更加紧密。我国周边外交的基本方针，就是坚持与邻为善、以邻为伴，坚持睦邻、安邻、富邻，突出体现亲、诚、惠、容的理念”。习近平总书记强调，“要同有关国家共同努力，加快基础设施互联互通，建设好丝绸之路经济带、21 世纪海上丝绸之路”。

2013 年 11 月，党的十八届三中全会通过《中共中央关于全面深化改革若干重大问题的决定》，明确推进丝绸之路经济带、21 世纪海上丝绸之路建设，以形成全方位开放新格局。自此，全面落实共建丝绸之路经济带和 21 世纪海上丝绸之路倡议上升为中国的重大国家战略。

2015 年 3 月 28 日，国家发展改革委、外交部、商务部联合发布了《推动共建丝绸之路经济带和 21 世纪海上丝绸之路的愿景与行动》，对中国推进“一带一路”共建合作的思路、目标和举措做出了全面、系统阐述，为我们科学把握共建“一带一路”的深刻内涵提供了重要依据。截至2023年8月底，中国已与152个国家、32个国际组织签署了200多份共建“一带一路”合作文件，参与各方在共商、共建、共享原则基础上加强合作和共同努力，使得“一带一路”真正成为全球公共产品，成为各国普遍欢迎的国际合作平台。

3.“一带一路”建设的基本历程

2013年11月，党的十八届三中全会《决定》对构建开放型经济新体制作出了全面部署，要求“推进丝绸之路经济带、海上丝绸之路建设，形成全方位开放新格局”。在党中央的正式文件中提出两大丝绸之路的完整表述，这还是第一次。《决定》紧紧围绕扩大内陆沿边开放的战略目标，明确了支持内陆城市增开国际客货运航线，发展多式联运，形成横贯东中西、联结南北方对外经济走廊；建立开发性金融机构，加快同周边国家和区域基础设施互联互通建设等重要政策思路。

2017年10月，党的十九大报告对党的十八届三中全会以来改革开放的重大成就进行了系统回顾和总结，明确指出“一带一路”建设成效显著。作为这五年来我国一系列重大外交活动的重要组成部分，通过实施共建“一带一路”倡议，发起创办亚洲基础设施投资银行，设立丝路基金，举办首届“一带一路”国际合作高峰论坛等活动，我国国际影响力、感召力、塑造力进一步提高，为世界和平与发展作出新的重大贡献。报告强调，中国要以“一带一路”建设为重点，坚持引进来和走出去并重，形成陆海内外联动、东西双向互济的开放格局；中国将积极促进“一带一路”国际合作，努力实现政策沟通、设施联通、贸易畅通、资金融通、民心相通，打造国际合作新平台，增添共同发展新动力。从此可以看出，从党的十八届三中全会《决定》到党的十九大报告，关于共建“一带一路”的理论内涵不断深化拓展，政策思路更加系统明确，实践成果持续显现，在中国开放型经济新体制和互利共赢国际合作新体系建设中的引领作用日趋凸显。简言之，绘制“一带一路”蓝图已经开始由谋篇布局的“大写意”发展进入了精谨细腻的“工笔画”阶段。

2022 年 10 月，党的二十大召开，习近平总书记在总结对过去五年工作和新时代十年的伟大变革时强调指出，共建“一带一路”成为深受欢迎的国际公共产品和国际合作平台，充分肯定了提出共建“一带一路”十年来所取得的辉煌成就。在此基础上，党的二十大报告提出了新时期推进高水平对外开放的新要求，强调要依托我国超大规模市场优势，以国内大循环吸引全球资源要素，增强国内国际两个市场两种资源联动效应，提升贸易投资合作质量和水平。稳步扩大规则、规制、管理、标准等制度型开放，推动共建“一带一路”高质量发展。在新的历史条件下共建“一带一路”增加了新的内涵。

面对全球经济大变局和新冠疫情带来的严峻冲击和挑战，提升“一带一路”区域合作质量和水平、巩固和加强与周边国家之间的互利共赢合作关系、构建长期稳定的跨境产业链供应链，对于全面贯彻落实党的二十大报告关于构建双循环新发展格局、实现中国经济高质量发展和推进中国式现代化目标具有十分重要的意义。

4.“一带一路”建设的主要成就

自 2013 年以来，共建“一带一路”成就显著。一是巩固和扩大了“朋友圈”。共建“一带一路”倡议得到越来越多国家和国际组织的积极响应，成为当今世界深受欢迎的全球公共产品。根据中国外交部 2023 年 8 月 31 日发布的消息，十年间中国已同 150 多个国家和 30 多个国际组织签署“一带一路”合作文件。二是构筑了坚实可靠的国际合作平台。在坚持“一带一路”的共商、共建、共享原则基础上，参与各国之间的合作涵盖互联互通、贸易、投资、金融、社会、海洋、电子商务、科技、民生、人文等领域，形成 3000 多个合作项目，拉动近万亿美元投资活动，打造了为数众多的“国家地标”、“民生工程”、“合作丰碑”。三是提升了区域基础设施互联互通能力和水平。十年来，西部陆海新通道、中欧班列等大通道功能显著加强，雅万高铁、中老铁路等一大批交通基础设施项目落地生根，为共建国发展注入强劲动力。世界银行测算，“一带一路”框架下有关交通项目的全部实施，到2030年有望使全球收入增加0.7%至2.9%，使760万人摆脱极端贫困、3200万人摆脱中度贫困。四是增强了中国与沿线区域的产业链、供应链韧性。近年来，在地缘冲突、新冠疫情和某些大国力推“脱钩断链”等因素叠加影响下，全球产业链供应链加快重组、区域化特征日趋明显，共建“一带一路”为中国与东南亚、西亚北非、欧亚地区等区域的产业合作创造了新机遇，并通过产能合作提升了区域整体生产效率，扩大了商品和服务跨境贸易，增强了产业链、供应链韧性。根据中国海关统计计算，2022年中国对外贸易额达到63.1万亿元，比2013年增加了1.4倍；换算成美元，占全球贸易额比重由11.2%提高到12.8%，中国在全球供应链中的地位进一步提升。同期，中国对东盟双边贸易增长了2.5倍，比全部外贸增长加快1.1倍，占比也由10.7%提升到15.5%；除此之外，中国与22个西亚北非（阿拉伯）国家以及与上合组织8个成员国的双边贸易增长明显加快、占比上升，对稳定和提升中国的全球供应链作出了积极贡献。五是深化了各国人文交流合作。共建“一带一路”促进了民心相通，各国之间的人文交流和友好往来日趋深化。中国与相关国家签署高等教育学历学位互认协议，承诺相互接收留学生并提供奖学金，携手共建孔子学院和鲁班工坊，成立丝绸之路智库联盟、媒体联盟、剧院联盟、博物馆联盟、艺术节联盟、图书馆联盟等，形成了丰富多彩的文化、教育、体育、文艺表演、影视出版、旅游休闲等领域丰富多彩的人文交流局面，为共建“一带一路”注入了持续活力。六是开启了共建绿色丝绸之路新进程。十年来，一批清洁、高效、质优的绿色能源项目点亮共建国家未来发展之路，绿色丝绸之路建设取得扎实推进。“一带一路”项目积极履行环保责任，开展生态环境治理，注重生物多样性保护，中国和有关国家及机构方签署了50多份生态环境保护合作文件，建立“一带一路”绿色发展国际联盟，同31国共同发起“一带一路”绿色发展伙伴关系倡议。联合国前副秘书长索尔海姆称，“一带一路”倡议已成为全球绿色发展的最大动力。

和以往的区域合作模式相比，共建“一带一路”在凝聚共识、创新理念、科学谋划、政策实施、机制建设和治理模式等许多领域都取得了新突破。亚洲基础设施投资银行（AIIB）的设立和积极作为就是其中最具创新意义的成功范例之一。2013年11月，党的十八届三中全会《决定》提出了建立区域开发性金融机构的设想。随着共建“一带一路”倡议的逐步落地实施，加强基础设施互联互通成为参与各方的强烈愿望和普遍诉求，相关配套机制建设的重要性日趋凸显，设立区域性开发机构的条件和环境日趋成熟。在这一背景下，以亚投行、丝路基金等为代表的政策性、开发性金融机构应运而生。亚投行是2014年10月24日，由中国、印度、新加坡等21个首批意向创始成员国在北京共同宣布发起设立、2015年12月25日正式成立的政府间性质的亚洲区域多边开发机构。亚投行的成立是为了促进亚洲区域的基础设施互联互通化和经济一体化进程，加强中国及其他亚洲国家和地区的合作，是首个由中国倡议成立、总部设在北京的多边金融机构。亚投行成立适逢共建“一带一路”倡议落地实施之际，顺应了共建“一带一路”的务实合作需要，为各国基础设施互联互通提供了有力支撑和政策工具。但是亚投行的功能和作用远远超出了“一带一路”的范畴，已经成为中国参与全球经济治理和开发性金融机制建设的重要实践，具有长期深远的战略意义。近十年来，亚投行成员不断增加，在全球基础设施建设领域的作用不断提升。2023年9月26日，随着萨尔瓦多、所罗门群岛、坦桑尼亚3个新成员加入，亚投行成员数已经由最初的57个创始国成员增加到109个，成为成员最多的区域性开发性金融机构。十年来，亚投行累计经手的项目数为235个，投融资总额达到448亿美元，在支持亚非拉发展中国家基础设施建设领域发挥了重要作用。

二、共建“一带一路”的理论探索

1. 如何理解共建“一带一路”的内涵

准确把握“一带一路”的内涵，有助于各方更好地理解其历史背景和重要意义。2013年之后的几年间，我曾经是较多在媒体和各类研讨会上对“一带一路”的内涵尝试进行系统解读的专家之一。2014年3月22日，“中国发展高层论坛2014”在北京钓鱼台国宾馆开幕。我在“建设陆海丝绸之路”主题论坛发言，主要谈了四个观点：一是陆海丝绸之路合作的核心就是国际大通道和经济大走廊的建设，以有效促进要素有序跨境流动、各种资源高效配置和市场相互融合。二是首先应从“政策沟通、设施联通、贸易畅通、资金融通、民心相通”做起，实现沿线60多个国家、几十亿人口的互联互通。三是加强政策协调和机制建设，为参与国企业创造有利的制度环境和政策环境。四是在国内有效处理好点、线和面的关系，加强统筹协同，避免城市之间各行其是和恶性竞争。

随后在出席博鳌亚洲论坛2015年年会“华商领袖与华人智库圆桌会”时，我将丝绸之路建设的内涵总结为以下十个关键词，引发与会嘉宾的共鸣。一是历史传承。古代丝绸之路为人类文明留下了非常宝贵的历史遗产，新的“一带一路”倡议是在继承和发扬历史优良传统的基础上形成的。二是开放包容。通过相互开放才能为各方都带来重要的发展机遇，要让参与的国家/地区和社会群体及人民都能共享合作成果。三是陆海统筹。参与各方不仅要通过海洋还要通过陆地构筑国际大通道和合作平台。四是东西互济。过去中国是向东开放，今后的“一带一路”强调的是东西双向开放，尤其是通过陆地国际大通道向西开放。五是虚实结合。“一带一路”主要是以沿线区域的发展中国家合作为主，包括中国在内有65个沿线国家，就这一范围而言有一个实的边界。但“一带一路”合作又不限于沿线，和沿线以外国家的合作也十分重要，因此边界也是虚的，是开放包容的重要体现。六是经贸先行。共建的目的在于促进区域经济发展和经济繁荣，贸易和投资是推动“一带一路”合作的关键领域，必须通过经贸先行为参与各方带来实实在在的好处。七是设施联通。要通过完善各国相互之间的基础设施互联互通，为贸易投资、文化、人员的交流创造一个非常便利的快捷的环境和基础设施条件。八是大国责任。中国作为全球第二大经济体，在“一带一路”区域内，中国GDP占到近40%，贸易占到近30%，人口占三分之一左右。履行大国责任、发挥大国作用，既是中国的必然选择，也是周边各国的期待。九是市场作用。政府的合作很重要，是推进“一带一路”的基础和条件，但最终要通过贸易和投资，通过市场机制为合作赋能。十是中外共赢。“一带一路”不是独奏，而是大合唱。真正让各国和所有地区的人们能分享“一带一路”的红利，从中获益，必须做到互利共赢，这也是中方在推动“一带一路”中的根本目标和出发点。现在看来，这些认识还仅仅是初步的，但是对于我们坚定信心、持续深化研究探索还是起到了积极作用。

2. 共建“一带一路”中的智库作用

2017年5月，习近平主席在第一届“一带一路”国际合作高峰论坛开幕演讲中强调指出，“我们要建立多层次人文合作机制，搭建更多合作平台，开辟更多合作渠道”，“要发挥智库作用，建设好智库联盟和合作网络”。这既是对“一带一路”合作中智库作用的肯定，也为拓展和深化共建国家之间的智库合作指明了方向。

关于智库在共建“一带一路”中的作用主要体现在三个方面：一是开展课题研究，提出政策建议；二是建立智库网络，深化智力合作；三是搭建政企学对话平台，汇集各方智慧。2014年以来，国务院发展研究中心为落实习近平主席提出的共建“一带一路”重大倡议、促进相关国家和国际组织之间的交流合作，创立了定期在欧亚国家主要城市召开的“丝路国际论坛”会议机制。首届“丝路国际论坛”于2014年12月在土耳其伊斯坦布尔召开，来自13个“一带一路”沿线国家的40多位高级政府官员和智库负责人发表讲话，200多位代表出席会议。第二届“丝路国际论坛”于2015年10月在西班牙马德里召开。会议期间，国务院发展研究中心发起建立丝路国际智库联盟的倡议，得到来自亚非欧等许多国家智库和相关国际组织的积极响应。第三届“丝路国际论坛”于2016年6月在波兰首都华沙举行，中国国家主席习近平、波兰共和国总统杜达出席论坛开幕式并发表主旨演讲，共有来自33个国家、13个国际组织、3个多边开发机构、34家智库和100多家企业的400多位代表出席论坛。这次论坛层次高、参会机构多、参会代表广，创历届之最，也是智库交流成果最为丰富的一次。丝路国际智库联盟正式启动，并在中国国务院发展研究中心设立秘书处，共建“一带一路”国际智库合作迈上了新的台阶。2018年12月7日，第四届“丝路国际论坛”在法国首都巴黎举行。四次会议秉承“传承丝路精神，共谋合作发展”的宗旨，凝聚各国智库力量，推动丝路沿线国家政策沟通、设施联通、贸易畅通、资金融通、民心相通，为共商、共建、共享“一带一路”搭建了高端交流合作平台，充分彰显了智库在促进共建“一带一路”合作中的独特作用。我作为前三届论坛会议组织设计的参与者和发言嘉宾，在现场深切感受到“一带一路”倡议的巨大影响力和时代意义。

3. 共建“一带一路”的理论探索

2017年5月12日，在首届“一带一路”国际合作高峰论坛开幕前夕，我和我的同事罗雨泽研究员在《人民日报》发表了题为“一带一路建设的理论探索与实践成就”的署名文章。文章认为，习近平主席提出的共建“一带一路”倡议，受到许多国家与国际组织的高度关注和积极响应，成为国内外各界热议的重大话题。3年多来，各方围绕“一带一路”建设的内涵、性质、意义等展开了深入研究和讨论，在广泛领域达成了共识；中国身体力行，积极与相关国家加强沟通，推进务实合作，取得了丰硕的实践成果。这些共识和成果既是“一带一路”理论研究和建设实践的早期收获，也为“一带一路”建设的持续推进奠定了基础。

关于“一带一路”倡议的理论研究正在逐步深入，主要集中在以下几个方面。

第一，深入研究“一带一路”建设的丰富内涵。“一带一路”倡议刚提出时，不少外国学者意识到，中国是世界经济增长的发动机，各国通过参与“一带一路”建设，可以加快自身发展。但也有外国学者存在认识误区。真理愈辩愈明。中国学者深入阐释了“一带一路”建设有利于扩大世界市场空间、有利于为世界发展提供中国机遇、有利于构建中国全方位开放新格局、有利于实现互利共赢等观点。3 年多的实践也证明，“一带一路”建设不是要替代现有地区合作机制，而是要在现有基础上推动沿线国家实现发展战略相互对接、优势互补。国际学术界已经形成基本共识：“一带一路”建设是中国向国际社会提供的一项制度性公共产品，它将沿线各国的发展战略有机衔接起来，在较大区域范围内深化合作，从而实现互利共赢、各方共赢，携手打造利益共同体、责任共同体和命运共同体。

第二，深入研究“一带一路”建设的基本属性。学者们深入研究和解读了“一带一路”建设的基本属性。一是历史性。“一带一路”借用古代丝绸之路的历史符号，发扬丝绸之路精神，并结合现代世界经济发展和国际政治关系特点进行了适当调整；二是系统性。“一带一路”建设不局限于某个领域，而是全方位的，覆盖了经济、政治、文化、社会等各个领域；三是开放性。“一带一路”建设不是封闭的，而是秉持开放的区域主义原则。除了沿线的域内国家，域外国家和国际组织也可以参与，不设门槛、没有壁垒；四是共赢性。“一带一路”建设遵循市场规律和国际通行规则，以企业为主体，由政府营造良好市场环境和政策环境，使参与各方均能获得收益，以保持合作发展的持续性。

第三，深入研究“一带一路”建设的核心指向。2016 年，习近平主席在乌兹别克斯坦最高会议立法院的演讲中，把“一带一路”概括为绿色丝绸之路、健康丝绸之路、智力丝绸之路、和平丝绸之路。学者们认为，提出绿色、健康、智力、和平四大指向，既消除了部分国家对中国转移过剩产能的疑虑，又符合沿线国家和地区发展的现实需要。生态恶化、疾病传播、人才匮乏、战乱频发是困扰部分沿线国家和地区的突出问题。共同繁荣发展与绿色、健康、智力、和平的指向和理念一道，为“一带一路”建设描绘了美好愿景、指明了前进方向。

第四，深入研究“一带一路”建设的基本原则。学者们对“一带一路”建设坚持的共商、共建、共享原则进行了较深入的研究，认为这一原则将保证“一带一路”建设是开放包容、统筹内外、点面结合的。“开放包容”，体现了经济全球化背景下区域合作的多样性和开放性；“统筹内外”，明确了“一带一路”建设不仅是一项新型国际合作机制，而且是中国建设开放型经济新体制、为世界经济增长增添更大动力的战略牵引；“点面结合”，表明“一带一路”建设需要多层次、多渠道、全方位推进，选择条件比较成熟的“点”优先建设，选择有广泛共识的“面”大力推进，两者不可割裂，而应相互支撑、相得益彰。共商、共建、共享的原则体现了自愿性、民主性和公平性，是凝智聚力、合作务实推进“一带一路”建设必须坚持的基本原则。

第五，深入研究“一带一路”建设坚持的义利观。学者们认为，“一带一路”建设向世人表明，海陆复合不是更大的地缘战略，而是经济全球化背景下各国实现共赢发展的必由之路。“一带一路”建设秉持开放的区域主义，超越了以往大国战略的狭隘性和自利性。它坚持正确义利观，深化中国同发展中国家的务实合作，实现同呼吸、共命运、齐发展；倡导扩大开放、优势互补，开放包容、不附加任何政治条件的合作理念，使其区别于以往超级大国的冷战博弈思维；主张国家不分大小、贫富、强弱，都是国际社会的平等成员，都应相互尊重、和平相处、互利合作、共同发展。这是对既往国际贸易投资规则和利益失衡格局的反思、调整和矫正。

第六，深入研究如何补齐“一带一路”建设的机制短板。“一带一路”

建设是大范围、宽领域、多层次的区域经济合作，其重要性已在国际社会取得广泛共识。随着“一带一路”建设的深入推进，国内外学者逐渐认识到加强顶层设计和政策体系构建的重要性。该区域相关合作机制虽多，但尚无一个覆盖沿线国家的综合机制来处理共同规划制定、合作建设、收益分配和纠纷解决等问题。中国学者提出，应加强合作机制的顶层设计，尽快建立沿线国家共商合作、统筹协调机制，如建立“一带一路”协调委员会等机制，有力支撑共商、共建、共享原则的深入实施。

伴随着国际国内经济环境发生的深刻变化，关于“一带一路”的理论探索持续加强和深化，对全球和区域经济格局的影响逐步凸显。首先，“一带一路”的认识出现分化对立。一方面，大多数国家尤其是发展中国家在参与共建中获得了巨大收益，对“一带一路”的共商、共建、共享原则有了更加深切的体会，合作的意愿持续加强，关于如何加快实现互联互通的方向和路径研究更趋深化；另一方面，一些西方国家的政客和学者出于维护本国霸权的需要，将本国自身存在的经济问题归咎于新兴国家崛起的影响，给“一带一路”贴上地缘政治工具的标签，为所谓的“脱钩断链”政策提供了理论支撑。其次，2018 年以来，极端贸易保护主义、新冠疫情和俄乌冲突等因素相互叠加影响，对全球供应链安全稳定造成巨大冲击。在此背景下，一些国家表现出抢掠的经济问题政治化倾向，滥用制裁手段打压本国企业竞争对手的现象不断增加。针对外部环境的新变化，国内学者对“一带一路”合作在稳定产业链、供应链中的积极作用更加关注，关于周边区域生产网络建设的理论探索和经验研究不断走向深入。许多观点认为，加强和周边国家之间的经济合作，支持和鼓励中国企业扩大面向东盟、南亚、西亚北非、欧亚等周边地区的贸易投资活动，不仅有利于应对外部环境变化带来的冲击，而且还可以充分利用发展中国家的劳动力等资源优势，提升中国产品和服务在全球市场的竞争力；还可以通过产业链供应链布局区域化为构建双循环新发展格局建设发挥积极作用。

第四章

发展成果更多更公平惠及全体人民

实现发展成果更多更公平惠及全体人民，必须加快社会事业改革，解决好人民最关心最直接最现实的利益问题，努力为社会提供多样化服务，更好满足人民需求。

——《中共中央关于全面深化改革若干重大问题的决定》

十八届三中全会以来收入分配制度改革

李 实

浙江大学共享与发展研究院院长

党的十八届三中全会审议通过的《中共中央关于全面深化改革若干重大问题的决定》提出，“形成合理有序的收入分配格局”、“提高劳动报酬在初次分配中的比重”、“增加低收入者收入，扩大中等收入者比重，努力缩小城乡、区域、行业收入分配差距，逐步形成橄榄型分配格局”。党的二十大再次明确“构建初次分配、再分配、第三次分配协调配套的制度体系”。十年来，我国初次分配、再分配、第三次分配领域的改革，虽然在实际推进过程当中也面临很多的困难和挑战，但是整体收入差距呈现相对稳定状态，城乡之间收入差距不断缩小，收入分配制度改革成为全局性改革的一部分。未来需要贯彻落实党的二十大精神，在不同阶段采取不同的改革措施，扎实推进共同富裕。

党的十八届三中全会出台了《中共中央关于全面深化改革若干重大问题的决定》(以下简称《决定》),《决定》是比较鼓舞人心的,《决定》预示着中央要进一步加大改革开放力度，进行全面深化改革，使中国发展到一个更高阶段。

一、收入分配制度改革主要领域

在收入分配制度改革方面，党的十八届三中全会也提出了改革方向和重点领域，主要集中在三个领域：一是初次分配领域，中央明确提出要提高劳动者报酬的比例。要改变过去劳动者报酬不断下降的状况，更多的国民财富向居民倾斜。同时，在初次分配领域当中，要建立合理的企业分配制度，要不断提高最低工资标准，形成企业内部的工资谈判机制，以及进一步改革企业内部分配制度。应该说在初次分配领域有一些重要的改革举措；二是在再分配领域，要进一步加大税收、社会保障和转移支付在调节收入分配当中的作用；三是在第三次分配方面，中央也提出要发挥个人和企业以及社会组织、慈善事业在扶贫济困方面的积极作用。最重要的是，中央提出要规范收入分配秩序，特别是在提高低收入人群的收入、扩大中等收入人群的规模以及调节高收入方面要出台一些相应的政策措施。这都是关于收入分配领域的一些重点的改革领域。经过十年的时间，这些领域的改革在不同方面都有所推进，在实际改革的过程当中也遇到很多的困难和挑战，加上国内外经济形势发生很大的变化，这种变化在一定程度上影响到具体领域的一些改革进程。

二、十年来我国收入分配格局变化

1. 整体收入差距呈现相对稳定状态

过去 10 年，我国收入分配格局也发生了一定的变化。相比前 30 年，近 10 年收入分配的格局与过去 30 年是有所不同的。主要的不同点有：第一个方面，整体收入差距在过去 10 年内呈现相对稳定状态。收入差距没有明显的扩大，也没有明显的缩小，基本上处在高位水平上。所谓高位水平，就是收入差距的基尼系数基本上是在 0.46 ~ 0.47 之间波动，有的年份稍微高一点，有的年份稍微低一点。之所以说这一水平相对维持在高位，是因为高出了大部分国家收入差距的基尼系数。

过去 10 年，中央在“提低”方面做了大量的工作。提高低收入人群收入，是缩小收入差距、规范收入分配秩序中的一个很重要的政策措施。在提低上，更多的是表现在精准扶贫方面。所谓农村的绝对贫困，在 2012 年底，根据专家的估计，农村有将近 9900 万人陷入绝对贫困状态。8 年的时间，使将近 1 亿人能够完全脱离绝对贫困，中央在扶贫上应该说下了大的力气，投入了各种各样的资源。2020 年底，中央对外宣布，中国已经消除了绝对贫困。应该说，这是一个伟大的成就，也是其他发展中国家想做却做不到的。消除绝对贫困对于缩小收入差距起到了一定的作用，因为毕竟这 1 亿人过去属于贫困人口。另外，中央包括各级政府也增加了一些针对低收入人群的救助项目。包括提高低保标准，增加对养老金的转移支付，对困难群体的一些帮扶措施。这样有助于很多低收入人群的收入能够保持比较稳定的增长，在一定程度上也维持了收入差距不再进一步扩大的局面。

第二个方面，我国在扩大中等收入群体上主要还是通过提低的方式。因为低收入人群的收入提高以后，有一部分低收入人群就可以成为中等收入人群。从这个意义上来说，经济增长、经济发展对于提低具有非常重要的作用。当经济发展比较快的时候，往往低收入人群收入增长得比较快，就会有更多的人群从低收入跃升为中等收入人群。所以中国的中等收入人群的比重是在不断上升的。比如，2017 年，我国中等收入人群的比重不到 30%，但经过近 5 年，我国的中等收入人群的比重已经上升到 33%，大概每一年有 1 个百分点的增加幅度。这说明扩中起到了实际的效果。当然这个效果主要是来自经济增长的作用，因为经济增长使得很多低收入人群受益，使他们成为中等收入人群。所以，扩中更重要的还是应该考虑，怎么让低收入人群收入能够更快地增加；同时，要稳定一部分中等收入人群，让他们的收入不至于下降。因为，很多的中等收入人群刚刚迈过低收入/中等收入的门槛，收入还处在一个相对不稳定的状态，容易受到就业、收入波动的影响，可能随时会掉入低收入人群行列。需要通过一些相应的政策来扶持刚刚成为中等收入的人群，使其能够有更加稳定的收入和就业。

第三个方面，在调节高收入方面。党的十八届三中全会也提出要保护合法收入，消除非法收入，限制灰色收入，同时调节过高收入。虽然提出了过高收入的概念，但是并没有出台相应的政策措施来进一步调节高收入。当然，主要有两方面的考虑。首先，我们的经济形势，特别在最近几年发生了比较大的变化，加之受到疫情的影响，经济处在一个困难时期。在这种情况下，出台一些调节过高收入的政策措施，可能会影响到经济增长和恢复。其次，很多的所谓高收入人群本身的收入往往也不是很稳定，加上个人所得税实际上在调节高收入人群方面已经发挥了很大的作用。所以，个人所得税需要进一步完善。我国的个人所得税税率，相对于其他国家来说，可能是比较偏高的，个人所得税的最高税率是45%。也就是说，对于年收入超过100万的人，他们要缴纳40%以上的个人所得税。从这个意义上来说，如果个人所得税能够严格征收的话，在一定程度上可以起到调节过高收入的作用。

应该说在过去10年，我们更多的精力是放在扶贫上，因为扶贫是一个比较庞大的工程，确实牵扯到中央很多的精力。大量的社会资源都投入了攻坚扶贫项目上。在提低上，应该说通过社会保障、转移支付也发挥了一定的作用，使得低收入人群收入增长与其他人群保持同步。相对于前30年，这应该是近10年收入分配格局一个比较重要的特点。当然这只是其中一个特点。

2. 城乡之间收入差距不断缩小，但城乡各自内部收入差距扩大

如果从收入分配的结构来看。我国是一个城乡分割的社会，城乡之间收入差距一直处在一个比较高的水平上。在过去10年，城乡之间收入差距在不断缩小，是一个长期的、持续的过程。特别是从2009年以后，城乡之间收入差距每一年都有不同程度的下降。2009年，城市居民的收入大概相当于农村居民收入的3.2倍；到了2022年，已经下降到2.5倍，大概下降了70个百分点。这是一个非常明显的变化。但是城乡之间收入差距的缩小，没有引起全国收入差距的大幅度下降，主要是因为城市内部、农村内部收入差距仍然在扩大，在一定程度上抵消了城乡之间收入差距缩小带来的影响，使得全国整体的收入差距处在一个相对稳定的状态。当然，城乡之间收入差距的缩小有很多原因。

一方面，从2003年开始，中央就不断加大对农村发展的一些扶持政

策。出台了很多的惠农政策，包括农业税减免，像农村义务教育学费的减免；包括农村低保制度的实施，种粮补贴政策，农村的社会保障制度，新农合、新农保等政策。这些有利于农民收入增长的扶持政策持续了 10 多年，在一定程度上对于提高农民收入起到了至关重要的作用，也缩小了城乡之间的收入差距。当然，这只是政策的效应。

另一方面，在过去十几年里，我国的城市化过程在不断继续，城市化的过程对于提高农民收入起到了至关重要的作用。因为大量的农村劳动力到城市打工，到城市就业，甚至到城市居住，他们从原来的农业转移到非农就业，到城市就业，他们的收入就随之有所提高。所以，农民收入当中工资性收入的比重就不断上升，使得农民收入增长超过了城市居民收入的增长，进而使得城乡之间收入差距在不断缩小。从这个意义上来说，高速的经济增长在一定程度上对低收入人群是有好处的，在一定程度上对于农民的收入增长也是有好处的。

为什么城市内部、农村内部的收入差距仍然在扩大？当然农村内部的收入差距扩大主要因素是人口结构的变化。有一部分有劳动能力的农村人口慢慢向城市转移，农村留下来的大部分是老弱病残；同时还有一部分人是在农村创业的人群，包括一些种粮大户，一些搞非农产业，在农村搞乡镇企业，搞一些企业加工的人群等。这两个人群中一部分是农村中的高收入人群，还有一部分是属于农村中的低收入人群。从这个意义上来说，农村的中等收入人群处在一个不断萎缩的状态，导致农村内部收入差距不断扩大。当然，城市内部收入差距扩大的原因有所不同，主要有两个方面的原因。一方面，随着居民收入的不断提高，有一部分居民的财产不断增值，财产积累在快速增加。因为财产会带来财产性收入，往往高收入人群有更多的财产，有更多的财产就会带来更多的财产性收入，他们的财产性收入就会比其他人群要高得多，所以他们不仅有工资性收入，有经营性收入，同时还有很大一部分财产性收入。所以财产性收入在一定程度上拉大了城市内部居民的收入差距。另一方面，在过去 10 年当中出现了一些新兴产业。这些新兴产业主要是高科技产业，包括一些IP产业、人工智能、数据平台、数据经济。这些产业需要的都是高技术人才，他们给员工支付很高的工资，这也在一定程度上拉大了不同人群之间的工资差距，导致城市内部收入差距不断扩大。

所以，从这三个方面来看，和前 30 年相比，我国的收入分配格局有很大的不同。因为前 30 年，整体上收入差距是在不断扩大的，而且城乡之间的收入差距也在不断扩大。但是最近 10 年，城乡之间的收入差距在不断缩小，但城市内部和农村内部收入差距在不断扩大，两种不同的力量相互对冲，导致全国整体收入差距处于一种稳定的状态。

3. 收入分配制度改革成为全局性改革的一部分

收入分配制度改革处于艰难的过程，因为收入分配制度改革不仅是一个流量的改革，还要涉及动存量的问题。应该说流量改革的时代已经过去了，而存量改革要涉及一个利益调整问题。如果涉及利益调整，改革就会遇到很多的阻力和挑战。

此外，收入分配制度改革，不仅是一个收入分配的问题，也是整个经济体制改革的一部分，和其他的改革有密切的关联性。如果其他方面改革不能推进，收入分配制度改革就很难顺利推进。比如初次分配改革，要让各种生产要素获得公平合理的报酬。所谓公平合理的报酬，就意味着我们要建立一个更加完善的要素市场。要素市场包括资本市场、劳动力市场、土地市场、资源市场等。如果要素市场不能得到良性发展，无法不断完善，在初次分配领域，要素报酬的分配就不可能合理。比如，国有资本和民间资本处在不同的竞争地位，这样民间资本就不可能得到和国有资本相同的要素报酬。实际上这是一个不公平的分配结果。但是我们面临的就是这些问题。又比如说劳动力市场，很多外来人口、外来劳动力和本地劳动力的户籍不一样，他们在当地就业、在当地生活就受到各种各样的歧视。所以，从这个意义上来说，要想使得初次分配的要素报酬的分配更加合理公平，必须要改变现有要素市场，要让现有的要素市场更有竞争性、更有流动性，使其能够公平地对待所有的生产要素。这也是党的十八届三中全会提出的，要在资源分配上让市场能够起到决定性的作用。一旦市场能够起到决定性的作用，它不仅会影响资源配置效率，还会影响要素报酬分配的合理性。所以从这个意义上来说，初次分配制度的改革、收入分配制度改革，更大程度上依赖于我们整体的市场制度的建设和完善。又如在资本市场上，由于国有资本的垄断问题，整个资本市场处在一个不完全竞争的状态。再如小微企业。小微企业往往都是利用自己的资金、自己的资本来创业就业，私有财产要得到应有的保护。所以从这个意义上来说，只谈收入分配制度改革是不够的，必须要考虑到其他相应配套的制度改革。收入分配制度改革是全局性改革当中的一部分，而且这一部分又和其他的部分相互牵制、相互牵连。所以说，其他领域的改革如果不动，只靠收入分配制度改革，解决不了收入分配中的一些问题。

三、实现共同富裕目标和不同阶段的任务

1. 共同富裕是一个比较宏大的长远目标

所谓共同富裕，我们理解的是“高水平富裕、高度共享”，这也是人类社会追求的两大目标：一方面不断提高发展程度，提高人民的富裕水平；另一方面不断提高社会成员的共享程度，让所有人都能分享到发展的成果。当然共同富裕的目标确定，是有一定的时代背景的。这个时代背景就在于，我们提出共同富裕，不是就中国谈中国，而是放在世界发展的格局下来看中国的共同富裕。也即一旦提到中国人民的富裕，那就是相对于其他国家而言，将来要达到最富裕国家的水平，这是富裕的目标。另外，中国要在收入分配上，在发展成果共享上，达到世界先进水平。这意味着，一方面富裕程度要达到发达国家水平，同时共享程度要达到世界最高水平、分配差距要处在世界的最低水平。所以从这个意义上来说，它是一个长期的目标。因为现在来

看，我国富裕程度和发达国家相比，还相差很远，共享程度也不高。

2. 共同富裕在不同阶段的任务要求

推进共同富裕可以分成不同的阶段，要根据我国的现状来考虑不同阶段的任务要求。在10年以前，中央已将脱贫攻坚作为长期推进共同富裕进程中的一项重要任务。为什么可以这样说呢？如果我国存在大量的贫困人口，社会就很难说是一个共同富裕的社会。所以从这个意义上来说，把最急迫要解决的贫困问题解决了，是推进共同富裕的第一步。所以，中央确定到2020年要消除绝对贫困。可以把它看作长期推进共同富裕当中的一个重要环节，或者是一个初期阶段所要完成的任务。

当我们消除绝对贫困以后，就要继续推进共同富裕，逐步完成共同富裕方面其他的任务。推进共同富裕，一方面，我们要不断地提高富裕程度，不断地提高经济增长水平、提高人民的生活水平；另一方面，要解决我们的发展不平衡的问题，包括城乡差距的问题、地区差距的问题、收入差距的问题、社会保障差别的问题等一系列问题。这样就面临着第二个阶段任务，要不断地提高发展水平，把发展放在一个很重要的位置。不是一个简单分配的问题，一定要发展。但我国的发展现在遇到了很多的困难，发展过程中受到了各种各样不利因素的影响，原来设想的发展目标可能在一定程度上都很难实现。如果在发展水平上到2035年要赶上中等发达国家、到2050年要赶上发达国家，必须要实现比这些国家更高的经济增长率。如果要实现比这些国家更高的经济增长率，就需要加快发展的进程。

3. 推进共同富裕面临的主要挑战

在推进共同富裕的进程中，提高富裕程度，达到预期的富裕目标，需要提升经济增长率和收入增长率，在这方面就会面临一个很大的挑战。回到10年前，高速经济增长不是问题，因为过去我国是7%、8%、9%的经济增长率，而现在是3%、4%的经济增长率，这问题就比较大了。按照现在的经济增长率，我国不可能实现共同富裕的预期目标。所以我们能怎么办？不能忽视经济发展和增长问题。如果忽视这个问题，只是把关注点放在共享分配问题上，最后不仅不能实现共同富裕的既定目标，而且反过来会影响到经济发展。因此，我们必须启动新一轮改革，而且要有一些实质性的重大改革举措。现在为什么很多学者提出要重新回到党的十八届三中全会，实际上是想通过党的十八届三中全会制定的一些改革目标、改革方向、改革领域以及采取的一些改革措施，重启改革新的进程。这样才能够使得经济增长进入一个正常的轨道。此外，在促进经济增长的同时，还要考虑如何进一步使得共享程度不断提高，缩小城乡差距、地区差距、社会差距，使得人人都享有相同的高质量的公共服务、社会保障等。这方面也要制定相应的一些改革措施来进一步完善我们的分配制度。党的二十大也提出，在收入分配领域，要建立初次分配、再分配、第三次分配协调配套的制度体系。在构建收入分配基础性制度的同时，在缩小社会差距等方面也提出了很多措施。

应该说，以上提出的只是一些比较大的问题，包括共同富裕的方向、推进共同富裕的基本原则、共同富裕的目标和实现路径等，但是还应该考虑到在不同阶段采取不同的改革措施，一些比较容易改的方面先把它们改起来，包括户籍制度。户籍制度是一个不难改革的部分，需要进一步完善。另外，我们的基本公共服务均等化要进一步推进，缩小不同人群享有的社会保障待遇，特别是养老金，进一步提高农民的养老金待遇，等等。所以，还是应该分阶段采取不同的改革措施。

4. 浙江建设共同富裕示范区

为什么选择在浙江建设共同富裕示范区？应该说相对于其他省份来说，浙江的发展水平是比较高的，再加上浙江也有比较好的发展条件。浙江在过去 20 年中，实际上是按照共同富裕的理念来设计发展战略和制定政策。浙江正在搞“八八战略”20 年相关纪念活动，“八八战略”是当年习近平总书记在浙江时制定的综合发展战略。这个发展战略对浙江产生了很大的影响。浙江在过去 40 年的改革开放当中，不断探索一些新的改革路径。应该说浙江是我国经济改革的最大受益省份，也是最先探索改革的省份，也是后来一直坚持改革的省份。所以，从这个意义上来说，浙江的发展，在富裕水平上以及在共享程度上，能够处在全国的领先水平，这很大程度上是和浙江过去长期坚持改革开放大的战略密切相关的。

浙江之所以被选为共同富裕示范区，当然有多种原因。一是自身的条件要比其他省份有很多的优势，发展程度比较高。二是城乡差距比较小。三是浙江的社会治理能力、政府公共治理能力、公共管理能力方面，相对于其他省市来说效率比较高，管理成效比较明显。因为浙江从上到下的行政执行力是比较强的。四是浙江处在一个相对有利的地理位置上，它近邻上海，又是沿海地区，加上浙江过去有非常好的发展基础。

我到浙江以后，也经常去做一些调研，做一些评估，承担一些研究项目。浙江在未来的发展中，在推进共同富裕方面，应该说没有太多的困难。浙江过去一直延续着这一套发展格局、理念、政策。无非就是说，有一个新的大的社会发展战略下来以后，浙江看到新的发展战略和原来要做的东西之间有多大的差别，把新的要求进行对比，原来可能没有考虑到的再把它补上去。实际上这是一个不断优化的过程。现在提出建共同富裕示范区，有一定的要求和标准，对标一下。有些地方我已经达到了你的标准，我就不需要再去做更多的事情；有些地方我做得不够，比如“一老一小”的问题，过去可能浙江强调得不够，现在把这一块所谓的短板补上去。

浙江做共同富裕之所以没有太大难度，是因为它不需要做大的调整，而更多的是做一些补充性的东西，因为它已经发展到了一定程度。比如，浙江人均GDP现在是 17000 多美元，比全国高出大概 60%。在这种情况下，无非是怎么能够让低收入人群收入增加更快一些。浙江的低保标准比全国高得多，农村养老标准待遇比全国高出 2—3 倍。所以，浙江做得更多的是补短板的事情。

很多浙江的农村人都不愿意到城市，在农村生活很舒服，生活水平也比较高。城乡差异仅看收入的话，是有差别的，毕竟城市当中有一部分高收入人群；从住房来看，浙江农村几乎村村家家最差的也都是比较像样的两层楼，无非房子稍微旧一点，大部分都是三层楼、四层楼，很多家庭都有自己的别墅。另外，浙江农民的就业机会很多，除了自己有块地能够搞点农业经营，因为周围几乎都是工厂，所以农民也可以外出去打工，不用出走很远就可以有打工机会，再加上其他各种各样的就业机会都很多，一个人经常是两份工作、三份工作，这样收入就有一定的保障。所以从这个意义上来说，浙江实现共同富裕，应该说不会有太大的困难。但对全国来说，困难是比较大的。

此外，浙江的经验到底多大程度可以复制？这是一个比较大的问题。但中央对浙江的要求是要有一些体制机制创新。所谓体制机制创新，比如缩小地区差距，浙江有 26 个山区县，这 26 个山区县相对于这些沿海地区，或者相对于平原地区，因为受地理位置影响，发展水平要低一些。但比中部地区、西部地区的农村，要好不知道多少倍。只是在浙江范围内是一个相对落后的状态。所以在这方面，主要是让山区县农民收入有较快的增长。其中一个方法就是采取东西部协作的方式，这也是当年习近平总书记在浙江提出来的所谓“山海协作”。这个协作就要求东部地区，像杭州、宁波、嘉兴这些地方去帮助这些山区县。另外，能够给山区县更多的改革自主权，能够吸引更多的外来资源，包括劳动力、资本，能够在当地发展产业，能够把很多的农村劳动力转移到其他地方去打工。再加上交通条件的不断改善，这样山区县慢慢和其他地方经济上的融合程度就越来越高。现在可以明显看到，这几年浙江山区县的经济发展、经济增长率、农民收入增长率基本上都超过了其他地方。这是一个体制机制创新的问题，不是一个简单的转移支付的问题。当然这里的体制机制也有很多具体的制度上的安排。

人口：深化改革仍在路上

田雪原

中国社会科学院学部委员

2013年11月党的十八届三中全会决定启动实施“单独二孩”政策；12月末的全国人大常委会通过中共中央、国务院印发的《关于调整完善生育政策的意见》，明确了各地落实“单独二孩”的实施方案。自此，在中国施行了近四十年的计划生育政策发生改变。2015年12月27日，十二届全国人大常委会第十八次会议表决通过人口与计划生育法修正案（草案），“全面两孩”政策于2016年1月1日起正式实施。2020年6月26日，中共中央、国务院印发《关于优化生育政策促进人口长期均衡发展的决定》，提出实施三孩生育政策及配套支持措施。2021年8月20日，全国人大常委会会议表决通过了关于修改人口与计划生育法的决定，明确“一对夫妻可以生育三个子女”。

党的十八大以来，在积极推进经济社会改革的同时，人口领域深化改革也在不断进行并取得显著成效。2013年开放夫妇一方为独生子女者可以生育二孩，2015年全面两孩生育政策普遍实施，标志着人口生育政策调整的基本到位。随后在党的十九大、二十大以及2023年5月习近平总书记主持召开的二十届中央财经委员会第一次会议，对完善新时代人口发展战略、建立健全养老社会保障制度、人口高质量发展支撑中国式现代化等，作出创新阐发，推出新的战略、方针和政策，支撑和推动着中国式现代化踔厉奋发、行稳致远。

这说明，人口领域的改革并未完结，仍需继往开来、深化改革。这里就推进人口政策调整、老龄服务社会保障、全面提升人口素质等，提出和阐述深化改革的思路和决策选择。

一、深化人口政策调整改革

中国人口生育政策调整基本到位，但是要不要继续进行调整，怎样调整，存在着不同的认识。有的仍在强调继续严格控制人口增长政策，以求彻底解决人口过剩问题。不过这种意见已经很微弱，影响不大，暂且不去多论。与此相反，另一种意见认为，人口数量庞大是中国的最大优势，应该守住第一人口大国宝座，大力推行鼓励人口增长的政策。实行这样的政策可以增加劳动年龄人口，解决劳动力短缺问题；消除人口老龄化威胁，减轻老龄化社会负担。因此，人口政策调整应放在人口结构主要是年龄结构的调整上，实行奖励生育的政策，最终带来人口总量的继续增长，以确保第一人口大国宝座不失。

党的十八大后，以习近平同志为核心的党中央果断决策，先后出台一独生二、全面两孩生育政策，致使人口政策调整基本到位。在提高生育率政策调整背景下，出现多生多育、守住世界第一人口大国宝座声音也不奇怪。有的提出多种奖励生育办法，如对多生多育家庭子女在上学、就业等实行优惠政策，还可对不生育者征税等。且不说这些鼓励生育的政策能否奏效，如不能奏效或基本不能奏效，这样的建议就没有多少价值。如果真的能够奏效，带来总体人口的持续增长，圆了守住“第一人口大国”梦，那会出现怎样的后果呢？在 14 亿人口基础上继续增加，达到 15 亿、16 亿或更多，这是我们实现 21 世纪中叶建成社会主义现代化强国所需要的吗？立足更长远视野，是实现中国 21 世纪人口、资源、环境、经济、社会可持续发展战略所需要的吗？笔者的回答是否定的。基本的立足点是，必须从当前我国人口实际特别是人口问题的性质出发，从现代化发展对人口变动发展的客观要求出发，对子孙后代负责，确定我们的发展战略、目标、方针和政策。

归结到一点，是人口性质问题。改革开放以来实施严格控制人口增长基本国策，建立在我国人口多、底子薄、生产力不发达基本国情基础之上，主要建立在人口相对过剩性质基础之上。45 年来情况发生很大变化，一种观点认为，我国人口问题已经解决或基本解决，已由原来的短缺经济与过剩人口的矛盾，转化为经济过剩与人口不足或短缺的矛盾。需要指出，尽管判断人口过剩还是人口短缺有着一定的难度，然而众民主义与寡民论仍长期争执不下。历史证明，就人口自身而言，很难断定人口数量是多是少、不足还是过剩。然而有比较才有鉴别，将一定数量人口放到具体的生存和发展环境之中做比较分析，还是可以区分出是多是少、过剩还是短缺的。这就需要选用具有较强普遍性、通用性、可比性的指标。最主要的是人口密度、人均经济发展水平两项。

人口密度（population density）。一般以人/平方公里为计量单位。2020 年世界人口密度 58，中国 148，中国为世界的 255.2%，高出 1.55 倍。以联合国五个常任理事国比较，2020 年英国 275、中国 148、法国 123、美国 36、俄罗斯 9。自高至低排列，英国排名第一，为世界人口密度的 4.74 倍；中国排名第二，为世界的 2.55 倍；法国排名第三，为世界的 2.12 倍；美国排名第四，为世界的 62.07%；俄罗斯排名第五，为世界的 15.52%。总体上英、中、法明显高于世界人口密度，美、俄低于世界人口密度突出，孰多孰少、泾渭分明。人口密度背后，涉及人均自然资源占有量，人口居住、生活、发展的自然环境，从一个方面给出了人口变动发展的方向，与人口密度相关的生活质量、幸福感、舒适感等。

人口密度比较，需要考虑到国土面积的质量、可利用价值的高低。如纬度、气候、光照、雨量、地质、地表动植物资源、地下矿产和非矿产资源等，不可仅看面积大小。需要按照一定的系数，换算成可比性较强的国土面积和人口密度。如此换算后，虽然俄罗斯人口密度会有很大提高，不过仍属于人口密度最低大国之一。而“五常”人口密度排名不会发生变化，密度高低依旧鲜明。

人均经济发展水平。2020年世界人均GDP（美元/人）10926，中国10500，为世界的96.10%。联合国“五常”中，美国63544、英国40285、法国38625、中国10500，俄罗斯10127。中国排在第4位，为美国的16.5%，英国的26.1%，法国的27.2%，俄罗斯的103.7%。2022年中国人均GDP达到85723.9元，按当年外汇比价人民币6.7261=1.0美元，折合12745.0美元/人，在“五常”中排位未变。与美、英、法差距很大。

由上述两项指标比较看出，目前我国人口密度处在较高水平，为世界的2.55倍。人均GDP处在中等收入国家行列，中等稍高一些水平。这说明人口多、底子薄、生产力不发达的基本国情中，“人口多”基本未变，至今仍是世界人口最多的两个国家之一。底子薄、生产力不发达已发生根本性改变，只是至今仍处在全面小康阶段，距离富裕和更富裕尚有很长的路要走。由此可见，当前对人口生育政策进行旨在放宽的调整，目的不是要增加总体人口数量，而在于给出生育率、出生率下行的底线、最低的限制线。以保持劳动年龄人口必要的供给数量、人口老龄化推升的速度和水平，使0～14岁少年人口、15～64岁成年人口、65岁以上老年人口占比保持在合理范畴之内。有利于人口数量的调整和人口素质的提升。发挥总体人口、人力资源巨大的优势，促进中国式现代化顺利推进、行稳致远。

二、深化老龄服务社会保障改革

1. 养老服务形势严峻

出生率下降和人口预期寿命延长，导致人口结构呈老龄化变动趋势。先后出台老有所养、老有所医、老有所学、老有所教、老有所乐、老有所为等不同举措。全面小康实现以后，虽然总体上老龄人口收入要低于一般居民，但是生存需要等得到基本的满足，不再为吃、穿、用、住发愁了。不过对于高龄老人、身患疾病老人和存在生理缺陷、生理障碍的老人来说，服务短缺包括数量短缺、质量不高和服务不到位突出，成为当前老龄保障体系中的短板和矛盾的焦点。

老龄服务可分为社会服务、家庭子女照料服务和老龄自力服务三个方面。老龄社会服务包括开设敬老院等一类服务机构，也包括政府部门、社会组织、志愿者服务等多种形式。当前各种类型的机构养老占比不足 5.0%，包括托老所、轮流赡养型养老形式占比不足 8.0%，二者以及其他养老服务相加不足 15.0%，居家养老占 85.0%以上。社会老龄服务缺口巨大，既指各种机构养老占比有限，更主要指居家养老社会服务少之又少、严重缺乏。无奈之下老龄家庭只能依赖市场，请保姆、钟点工、临时工解决。只是在没有任何规范的情况下，这样的市场化服务摩擦纠纷不断，效率和效益很差，难以满足老龄人口多层次服务需求。

家庭子女养老服务怎样呢？其功能弱化日益显现。自 20 世纪 80 年代国家正式提倡一对夫妇生育一个孩子以来到 2015 年全面两孩政策放开，经历了 35 年时间，独生子女一代人支撑着家庭小型化带来的压力，困难很多。2000 年全国每户家庭平均人口数 3.44 人，2010 年减少到 3.10 人，2020 年减少到 2.62 人，20 年间平均每户净减少 0.82 人。家庭小型化与子女赡养服务弱化相互关联，致使国家相关法律法规只能规定子女“常回家看看”。农村流动人口以流进城市特别是大城市为主，使得农村沦落为“三八（妇女）、六一（儿童）、九九（老龄）部队”天下。远在他乡的子女，怎能承担起对父母家庭服务的义务呢！各种情况表明，老龄居家社会服务严重缺失，是当今老龄服务体系构建必须解决的主要矛盾。

2. 社区担当责无旁贷

社区是一个复合词。社——代表特定区域内人口相近的精神、文化、社会属性。区——代表聚居人口特定的地域环境。二者组合到一起，社区人口为一定地域、一定社会环境下的人口总体；或为一定社会环境下人口聚居的特定地理区域；抑或更简明地概括为区域化的基层社会。社区既非政府行政组织，又同政府行政组织有着天然的联系。接受街道、乡、镇党政的直接指导和扶助，贯彻落实党的决定、部署、方针和政策。正因如此，社会上常常发生或将社区等同于政府一级组织，完全用政府一套行政手段指挥和管理社区，难免使社区失去其自治性带来的灵活性，而削减了应有的活力。或将社区完全置身于政府行政管理之外，变成不受任何约束的群众团体组织，又难免走偏方向。两种情况都不利于社区的健康发展和功能的发挥，需要准确地把握社区与政府的关系。具体到老龄服务上，社区的地位、责任和作用不可替代、责无旁贷。

目前，我国85%以上老龄人口居住在自己家中，多数人特别是高龄老人、患有慢性病老人和其他有生理障碍的老龄人口，难以融入社会。得不到抑或很少得到来自社会的生活照料、医疗健康、精神慰藉等的服务，滋生孤独感，不利于健康。造成这种状况的原因有多种，其中最主要的一条，是缺少相应的社会老龄服务。这一短板由谁来填补和承担？有人说，可由政府买单、由企业买单。不错，政府已经买了一部分账单，企业也购买了部分账单。但是对于已经退休、赋闲的老龄人口来说，无论政府还是企业，不可能实现跟踪式的服务。即使能够支付一部分财力，也拿不出人力、组织起庞大的服务大军。家庭子女提供老龄服务理所当然。然而如前所述，1980年至2015年出生人口中，独生子女占据很大一部分，多数人是上有老、下有小，加上工作压力，提供的服务有限，家庭服务功能弱化是必然的，一定期间内这种情况是无法改变的。剩下只有社区了。城镇社区行政机构是居民委员会、农村是村民委员会，其最基本的职责和功能，是为社区居民和单位提供社会化服务，管理社区内人口社会生活事务，救助、保护、照顾社区内的弱势群体，提升社区成员的健康、科教和文明素质，调节各种社会纠纷，保护居民生命财产安全等。这一系列职责和功能，几乎都同老龄服务相关联，社区担当全方位老龄服务可谓顺理成章、当仁不让。而且随着老龄人口较快增长、老龄化程度不断加深，老龄服务任务繁重、事务繁杂、难度加大呈上升态势。这是社区服务工作的难点和重点，要将构建“居家+社区服务”老龄服务体系放到优先位置。

3. 强化居家老龄服务改革思路

居家老龄服务包括衣、食、住、行等日常生活，学习、文化、文艺等精神生活，医疗、卫生、体育健康养生等社会生活，涵盖内容广泛、形式多样、改革涉及诸多方面。从实际出发，当前老龄服务保障改革，重点应抓住以下几点：

第一，实施社区老龄服务优先战略。社区建设和各项工作应当遵循以人为本、服务居民、居民自治、民主管理、责权统一、共建共享等原则，核心是做好服务。服务按工作性质区分，有日常生活、医疗保健、交通出行、文化娱乐、休闲旅游等多种。按人口年龄区分，有婴幼儿、少年、成年和老年服务等。婴幼儿服务，有托儿所、幼儿园；少年人口服务，有各级各类学校，提供程度不等的教育；成年人口服务，有高等院校、机关事业单位、各类企业单位等。唯独老龄人口服务，除去机构养老等提供固定式的服务外，居家老龄服务均无定数。有的依靠子女供养服务，有的自请保姆服务，有的由亲朋好友提供帮助服务，有的由健康老人向非健康老人提供辅助性服务等。各式各样、五花八门，缺乏有保障的有效服务。然而老龄化、高龄化加速推进时不我待，已变成刚性需求。如此，居家老龄人口的全方位服务，历史性落在了社区肩上。需要放到优先位置，实施社区老龄服务优先战略。

第二，大力培养老龄服务人才。同当代其他任何事业一样，发展的主要驱动力在人力资本、人才培养。实施老龄服务优先战略，根本的一条是培养出一大批老龄服务人才，像培养数学、物理、化学、生物、地质地理、文学、史学、哲学、经济、法律等科学人才一样，不断培养出有仁爱之心、有敬业之情、有专业知识和技能的合格服务类人才。要将老龄服务人才培养纳入国民教育体系，开设包括老龄教育服务在内的家政教育学科，将老龄服务专业正式列入国民教育系列，进行招生考试录取。逐步实现老龄服务人员持证上岗。

第三，建议成立中华家政学院。纳入国民教育体系，隶属高等专科院校系列。对取得专业毕业资格的老龄服务人员，经过评审合格者授予专业职称，享受同其他高校、科研机构专业人员同等待遇。从实际出发，老龄服务人员职称可分为高、中、初三个级别。高级职称：正高职称为社区服务师，简称社服师；副高职为副社区服务师，简称副社服师。中级职称：授予社区服务员，简称社服员；初级职称：授予实习社区服务员。同教学、研究机构的教授、副教授、讲师、助教同类职称，同类待遇。设置不同层次职称很重要，表明服务进入国民教育体系的完成。吸纳、培养、使用服务工作者有了考核标准。专业服务人才入围服务大军，对服务业发展、扩大劳动就业，将起到莫大的促进作用。还要建立相应的评审制度和考核制度，表彰先进，优胜劣汰，并同工资调整挂钩，形成激励机制，逐步形成支撑就业的重要行业之一。

第四，成立社区股份制服务公司。以老龄服务业为主体，成立股份制社区服务公司。按照公司法律法规，组织老龄服务产业运营和管理。公司初创，国家要投入部分资金予以支持。大部分股本金采用招募式募集，最基本的股民来自入住本公司老龄人口。他们既是本公司的老龄服务对象，又是本公司的主体股东。这样身兼主客双重身份的群体，将经营与受益统一起来，能够提升作为公司主人的责任感，更好地发挥监督作用。

第五，进行住房适老改造。“居家+社区服务”养老模式，“居家”环境直接影响到老龄人口的生活质量。20世纪80年代笔者在日本多地看到许多二层楼房加装电梯，不甚理解。进入21世纪以后，北京率先推出一项政策，在居民一致同意条件下，可签订协议加装电梯，不计楼房层次多少。事实上，不论住房层次高低，对于高龄和行动不便的老龄者来说，都是极其困难甚至是不可逾越的障碍。除加装电梯外，老龄人群对采光、通风、取暖、安全、无障碍等的要求也较高，改造时应予充分考虑。

第六，开展社区综合服务。社区老龄服务要从实际出发，除了吃穿用住日常生活服务，还需要开展医疗、卫生、文化、体育、法治等的综合服务项目。文化、体育、精神慰藉一类服务，对老龄群体身心健康至为重要。通过吸引居家老龄人口参与老年大学，诗词、绘画、音乐、舞蹈等研修班，不定期地举办展览交流，效果颇佳。开展网球、乒乓球、徒步走等体育活动，举办适合老龄人口体力的竞赛，以及联欢会、晚会、演出会等活动，都可收到增进身心健康的良好效果。

此外，可酌情开展老龄医疗保健服务。发展以社区为依托、公有制为基础、多种所有制共存的社区医院、医疗所、门诊部，就近方便老龄人口就诊。鼓励有条件的社区开办中医诊所，发挥中医和中草药在老龄疾病治疗、康复中的功能和作用。探索创办心理健康医院或诊所，进行诊治和咨询服务。组织定期巡回门诊、送医送药服务到各家各户、定期体检和义诊等服务，都是增进老龄人口健康所需要和必须的。

还可开展老龄法律咨询服务。当前，在法治化建设越来越深入的情况下，包括居家在内的老龄人口知法、懂法、普法要求增加。老龄人口作为弱势群体，迫切需要知法、懂法、用法，用以维护自身利益、权益不受侵害。建议市县在乡镇设立老龄律师咨询事务所，或者设立例如每周半天或二个小时的法律咨询服务，提供维权服务。

三、全面提升人口素质改革

站在历史唯物主义立场观察，包括中国式现代化在内的一切现代化，可以说科技是关键，基础在教育，主要驱动力在人力资本。

不同历史阶段的社会经济发展，依靠的主要资本有本质的不同。迄今为止 400 多万年的人类社会发展的历史，按照经济时代的划分不是依据生产什么，而是依据使用什么样的工具进行生产，即依据生产工具性质划分的方法论，可划分为三个大的历史断代：

一是手工工具时代。自人类社会诞生至 18 世纪中叶产业革命发生时止，包括原始、奴隶、封建诸社会形态。基本的特征，是使用以手工工具为主的生产劳动。依靠的主要是劳动者的体力，劳动者的手臂就是他们的力量。劳动工具也在不断进步，但是没有脱离手工劳作性质。因而社会生产力发展缓慢。

二是机器工具时代。18 世纪中叶产业革命发生后，蒸汽机逐渐取代手推磨，纺纱机逐渐取代手摇纺车，机器大工业逐渐占据主导地位，创造高出千百倍的劳动生产率。社会生产力获得前所未有的巨大增长，社会财富涌现，进入资本家阶级主导发展的时代。

三是智能工具时代。第二次世界大战结束后，世界格局发生巨大改变。从生产力视角观察，进入以微电子技术、智能工具为引领和主导的新技术革命阶段、智能工具时代。进入 21 世纪后，以生命科学为主导强势显现，基因技术、自动驾驶、智能工具等，将人的智能物质化、外在化推进到新的高度。以至于接近人类智能、某些超出人类智能的机器人诞生，被运用到诸多领域。克隆羊开克隆动物先河，虽然克隆人遭到国际社会强烈反对，但变相部分地克隆人的某些部位、器官不断推进。

时代不同，社会生产力发展的动力也截然不同。手工工具时代，主要驱动力在自然资本。自然资本丰盛的中国、埃及、希腊、两河流域，率先发展起来，成为世界“四大文明古国”。机器工具时代，主要依靠产出（生产）资本，依靠传统工业化领导发展潮流。智能工具时代主要依靠人力资本，即人所具有的知识、技能、经验和健康具有的价值。“二战”后，美国逐渐形成美元、科技、军事三大高地，有主客观多方面的原因。但科技特别是高科技在其中的基础、主导作用是根本的和主要的。美国之所以能够占领科技制高点，一个重要的原因在大力发展教育，广泛吸引各国人才涌入，有效地增强本国的人力资本积聚。一般估计，美国集中了世界 70%左右的高端人才，打造出超大规模的人力资本积聚高地。

历史发展到当代，各种竞争归根结底是科技的竞争，科技的竞争归结为人才的竞争，人才的竞争归结为人口素质——体能健康素质、智能科教素质、素养文明素质的全面提升。当前全面提升人口“三素质”，仍需大力深化相关领域的体制机制改革。

其一，深化体能健康素质提升改革。在人口素质“三要素”中，体能健康素质是基础，改革也具有基础性质。新中国成立以来人口体能健康素质提升显著。婴儿死亡率已由 1949 年以前的 150‰～200‰，降至 2021 年的 5.0‰。出生时预期寿命由 35～40 岁提高到 78.2 岁，增长 0.96～1.23 倍。二者下降和提升的幅度均超常规，已接近一般发达国家水平。继续提升除需要提升食品、营养、住房、医疗健康、环境卫生等保障外，包括体育在内的全民健身运动，成为人们关注和改革的热点。

体育运动在全民健身中占有重要地位。发展竞技体育、多拿冠军，是振奋民族精神、激发斗志的一项有效举措。不过一个时期以来，却出现竞技体育独大、将拿冠军视为主要甚至是唯一目标，违背了体育运动宗旨。改革需要提高对体育运动目的、意义的认识，回到以人为本，发展体育运动、增强人民体质宗旨上来。在体制、机制、管理和经费分配上，则要适度削减竞技体育过大偏向，实现向群众性体育为主、增强全民体质为主的重点转移。

其二，深化智能科教素质提升改革。在当今智能工具碾压一切领域，科学教育承担时代先锋背景下，智能科教素质提升成为全面提升人口素质的重中之重。新中国成立 70 多年来，科学教育发展的路子并不平坦。先是批判旧的“学而优则仕”教育，推行教育与生产劳动相结合方针，取得很大成效。然而“文革”冲垮原有的科教体制，鼓吹“知识越多越反动”，给科教事业发展带来严重破坏。粉碎“四人帮”后进行拨乱反正、恢复高考、召开全国科学大会、全国教育大会，率先举起改革的旗帜，迈出科教改革坚定的步伐。统计数据显示，16 岁以上人口人均受教育年限由 1990 年的 5.18 年，提升至 2020 年的 9.91 年，提升 91.3%，步入全民普及高中教育、高等教育高覆盖发展阶段。人力资本积聚的不断增强，基本上满足了各方面发展对人才的需求，起到为中国式现代化保驾护航的作用。

然而，在肯定成绩的同时，也要看到新产生的问题，进行与时俱进的改革。最值得重视的一点，是改革应试式教育。粉碎“四人帮”后恢复高考，是教育战线正本清源的关键之举，必须肯定，功不可没。然而事物总有两面性，一不留神竟落入应试式教育误区，一座座“高考工厂”悄然破土而出。笔者所见一些“高考工厂”，大都以高中生考进重点高校为目标，进行高考实验性封闭式教学，以考生升学率尤以考进北大、清华等重点高校升学率为主要评价标准，形成一整套围绕升学考试的教学体制、机制和教学方式、方法。这样的体制机制脱离了正常的国民教育体系，难以培养出德、智、体、美、劳全面发展的新人。必须改革、回归到正常的国民教育体系上来。

其三，深化素养文明素质提升改革。在人口素质“三要素”中，素养文明素质的提升是保障。北京大学未名湖西北侧，矗立德、才、均、备大屋顶式四斋（教工宿舍楼），象征着毛泽东时代倡导的培养德才兼备全面发展人才理念，彰显培养德、智、体、美、劳全面发展教育方针的魅力。后来教育方针几经修改，有越改越多、生怕漏掉不全之嫌。社会主义核心价值观推出24个字12个词组框架，也同教育方针类似，追求全面、完整、卓越。追求尽善尽美无可厚非、用心良苦也值得赞美。然而有一点值得商榷，即重心不够突出。大道至简，越是复杂、高深的问题，越是需要简洁、精练、至简，需要高度概括，深入人心、耳熟能详、掷地有声，起到有力推进行动的作用。笔者认为，教育方针的基本要义在立德树人，培养德才兼备人才。社会主义核心价值观亦可再加提炼，更显各尽所能、按劳分配、和谐发展、共同富裕特色。

新时代农村改革的突破与进展

宋洪远

农业农村部农村经济研究中心原主任

党的十八届三中全会以来，适应我国经济发展进入新常态、农业发展进入新阶段的时代需求，党中央着力增强改革系统性、整体性、协同性，加快推进农村重点领域和关键环节改革，推进农业供给侧结构性改革，完善农业支持保护制度，深化农业对外开放合作，深化农村土地制度和集体产权制度改革，改革创新农业经营制度，建立健全城乡一体化发展体制机制。农村改革只有进行时、没有完成时。新时代新征程，要以习近平总书记关于“三农”工作的重要论述为指引，全面深化农村改革，奋力开创全面推进乡村振兴新局面。

2023年是全面贯彻党的二十大精神的开局之年，也是改革开放45周年和党的十八届三中全会召开10周年。改革开放发端于农村，党的十一届三中全会启动了农村改革，按下了农业农村发展的快进键，为社会主义现代化建设提供了关键支撑和强大动力。党的十八届三中全会提出全面深化改革，开启了全面建成小康社会，进而建成富强民主文明和谐美丽的社会主义现代化强国的新征程。当前，我们已经全面建成了小康社会，正向着全面建成社会主义现代化强国的第二个百年奋斗目标迈进，认真回顾总结农村改革经验，对全面深化农村改革，全面推进乡村振兴，加快农业农村现代化具有重要意义。

党的十八届三中全会以来，党中央着力增强改革系统性、整体性、协同性，加快推进农村重点领域和关键环节改革，推进农业供给侧结构性改革，完善农业支持保护制度，深化农业对外开放合作，深化农村土地制度和集体产权制度改革，改革创新农业经营制度，建立健全城乡一体化发展体制机制。农村改革只有进行时、没有完成时。新时代新征程，要以习近平总书记关于“三农”工作的重要论述为指引，全面深化农村改革，奋力开创全面推进乡村振兴新局面。本部分按照“背景问题—政策措施—成效进展”的逻辑框架，对党的十八大以来，党和国家全面深化农村改革的探索实践和重要进展进行系统梳理，以期为全面推进乡村振兴、加快推进农业农村现代化提供参考和借鉴。

一、推进农业供给侧结构性改革

党的十八大以来，我国经济发展进入新常态，农业发展进入新阶段。农业的主要矛盾由总量不足转变为结构性矛盾，具体表现为农产品供给结构与需求结构失衡、农业生产成本攀升与农产品价格持续低迷、农产品国内库存高企与进口持续增长并存、农业资源和生态环境压力加大、农民收入持续增长乏力等问题突出。

为应对农业发展面临的新挑战，2015 年 12 月中央农村工作会议首次提出农业供给侧结构性改革，2016 年中央一号文件明确提出推进农业供给侧结构性改革，2016 年 3 月习近平总书记在参加十二届全国人大四次会议湖南代表团审议时强调，推进农业供给侧结构性改革是当前和今后一个时期我国农业政策改革和完善的主要方向。2017 年中央一号文件进一步提出要深入推进农业供给侧结构性改革、加快培育农业农村发展新动能，对推进农业供给侧结构性改革做出了全面部署。2018 年 12 月召开的中央经济工作会议认为，当前我国经济正在发生新的深刻变化，进一步深化供给侧结构性改革要更多采取改革的办法，更多运用市场化、法治化手段，强调当前和今后一个时期深化供给侧结构性改革要在“巩固、增强、提升、畅通”总的要求上下功夫。一是巩固农业供给侧结构性改革成果，加大力度优化种植结构，推进畜牧业提质增效和渔业转型升级，多措并举降低农业生产成本，加快补齐农业基础设施、生态环境等短板。二是增强农村微观主体活力，加快培育农业农村发展新动能，培育壮大新型农业经营主体，充分发挥各类新型农业经营主体带动作用，促进小农户和现代农业发展有机衔接。三是提升农业产业链水平，加快突破农业关键核心技术，强化农业科技创新驱动，促进农村产业融合发展，完善乡村产业体系。四是畅通农业产加销环节和城乡要素双向流动，健全农产品加工和市场流通体系，完善城乡资源要素优化配置体制机制。

随着农业供给侧结构性改革的深入推进，我国农产品供给保障水平稳定提升，粮食产量连续八年稳定在 1.3 万亿斤以上，棉、果、菜、茶、肉、蛋、鱼等重要农产品产量稳居世界第一；农业综合生产能力稳步增强，农业科技进步贡献率和综合机械化率逐年增长；农业发展方式加快转型升级，2022 年农产品加工转化率达 72%，农产品质量安全监测合格率稳定在 97% 以上，化肥农药施用量持续减少，农业废弃物资源化利用水平明显提高；农业适度规模经营水平不断提升，新型农业经营主体和农业社会化服务发展为小农户与现代农业发展有机衔接提供有效途径。

二、完善农业支持保护制度

农业生产经营面临着自然灾害和市场波动的双重风险，对农业农民进行支持保护是现代国家政策的重要内容。从国际经验看，发达国家为应对市场和价格波动、稳定提高农业综合生产能力，普遍采取了一些诸如农业投资、农业补贴、农业保险等扶持政策。从我国情况看，农业生产成本普遍上升，大宗农产品价格普遍高于国际市场，农业比较效益偏低；农产品国际贸易环境复杂严峻，保证农业产业安全、提升农业竞争力面临压力和挑战，迫切需要加强对农业的支持保护，提高我国农业质量效益和竞争力。

党和政府高度重视农业支持保护的重要作用，习近平总书记多次强调，要强化政府对农业的支持保护，健全农业支持保护制度。党的十八大以来，党中央着眼于农业形势的发展变化，将建立健全农业支持保护制度作为深化农村改革的重要内容，作出一系列部署和安排。2013—2023 年连续 11 个中央一号文件都对改革完善农业支持保护制度体系进行具体安排。2013 年 11 月印发的《中共中央关于全面深化改革若干重大问题的决定》提出，健全农业支持保护体系，改革农业补贴制度，完善粮食主产区利益补偿机制，完善农业保险制度。2015 年 11 月，中共中央办公厅、国务院办公厅印发《深化农村改革综合性实施方案》提出，加大农业支持保护力度，提高农业支持保护效能。2018 年 9 月，中共中央、国务院印发《乡村振兴战略规划（2018—2022 年）》，提出通过加大支农投入力度、深化重要农产品收储制度改革、提高农业风险保障能力等方面完善农业支持保护制度，加快建立新型农业支持保护政策体系。2019 年 11 月，中央全面深化改革委员会第十一次会议审议通过《关于完善农业支持保护制度的意见》，强调从农业投入保障、农业补贴补偿、支农资金使用管理等方面深化改革，不断增强政策的精准性、稳定性、实效性。2022 年 2 月，国务院印发《“十四五”推进农业农村现代化规划》，提出通过优化农业补贴政策、健全政府投入保障机制、健全农村金融服务体系等方式完善农业支持保护制度。

党的十八大以来，我国农业支持保护政策体系不断完善，为农村改革发展提供了重要支撑。一是农业农村投入稳定增长机制基本建立。2016—2019 年，全国财政一般公共预算累计安排农业农村相关支出 6.07 万亿元，年均增长 8.8%，高于全国一般公共预算支出平均增幅；二是农产品价格形成机制不断完善。从 2014 年开始，采取“分品种施策，渐进式推进”的方式，对粮食等重要农产品收储和流通体制进行改革，稳定了农户农业生产；三是农业补贴制度深化调整。2016 年，在全国范围内将农业“三项”补贴调整为农业支持保护补贴，提升了政策的指向性、精准性和实效性；四是农业保险体系不断完善。农业保险覆盖范围不断拓展，农业保险服务领域不断延伸，重要农产品保障水平不断提高，农业再保险体系逐步探索建立，“保险+”模式不断探索完善。

三、深化农业对外开放合作

农业国际化、市场化是世界农业发展的客观趋势，扩大农业对外开放制度是实现农业现代化的必然要求。从国际形势看，全球农业发展格局深度调整，气候变化对农业影响不断加深，农产品国际市场不确定性持续加强，农业持续增长动力不足和农产品市场供求结构显著变化等成为世界各国需要共同面对的新问题、新挑战，亟待通过开展农业合作，共同促进农业可持续发展。从国内农业发展形势看，一方面，我国农业农村发展取得了巨大的成就，对世界粮食安全作出了重大贡献，可以与世界各国分享中国经验；另一方面，改革开放以来我国农业与世界农业关联不断加深，整合利用全球市场和农业资源的需求不断增强，需要扩大和深化对外开放，促进农业要素有序流动、农业资源高效配置。

党的十八大以来，党和国家将农业对外合作摆在突出位置。2013 年 9 月和 10 月，国家主席习近平在出访中亚和东南亚时，先后提出共建“丝绸之路经济带”和“21 世纪海上丝绸之路”的重大倡议，在“一带一路”倡议下，积极推动与沿线国家在双、多边机制下开展农业领域合作。近几年中央一号文件多次对加快实施农业对外合作战略，提高农业国际化水平提出了要求。2014 年 11 月，国务院批准农业部牵头建立农业对外合作部际联席会议制度，共同推动开展农业对外合作。2016 年 4 月，国务院办公厅印发《关于促进农业对外合作的若干意见》，第一次系统构建了支持农业对外合作的框架政策体系；同年农业部印发《农业对外合作“两区”建设方案》《关于组织开展境外农业合作示范区和农业对外开放合作试验区建设试点的通知》，通过“两区”试验示范，推进农业对外开放与合作的体制机制进一步优化。2017 年 5 月，农业部、商务部、发改委和外交部联合制定发布《共同推进“一带一路”建设农业合作的愿景与行动》，明确了我国与丝路沿线国家开展农业合作的原则、框架、重点与思路。党的二十大提出，推进高水平对外开放，增强国内国际两个市场两种资源联动效应。2021 年 11 月，国务院印发《“十四五”推进农业农村现代化规划》，提出扩大农业对外开放，发挥共建“一带一路”在扩大农业对外开放合作中的重要作用，深化多、双边农业合作。2022 年 1 月，农业农村部印发《“十四五”农业农村国际合作规划》，明确了“十四五”时期我国农业农村国际合作发展的思路目标、主要任务。

党的十八大以来，尤其是“一带一路”倡议推进以来，农业进入全方位对外开放新阶段，服务国家政治外交大局和三农工作全局的地位不断凸显。一是农业对外合作稳步发展，“十三五”期间，累计与世界 140 多个国家开展了广泛的农业合作，与 94 个国家建立了稳定的农业合作关系，与 80 余个共建“一带一路”国家签署农渔业合作协议；农业成为元首外交和政府磋商的重要议题，农业成为自由贸易试验区、中国国际进口博览会等开放制度设计和平台载体的主要内容。二是农业对外贸易持续增长，2022 年我国农产品进出口总额达到 3343.2 亿美元，成为全球农产品第一大进口国、第三大出口国，重要农产品进口供应得到有效保障。三是农业投资合作规模不断扩大，农业对外投资存量、境外设立企业数量和覆盖国别不断增加。四是对外合作平台不断拓展，农业对外开放水平显著提高，农业对外开放合作试验区和境外农业合作示范区成为引领农业双向开放合作的新引擎。五是农业科技合作和对外援助加快推进，“十三五”期间，累计与 80 个国家及 21 个国际组织签署了 543 份科技合作文件，向 23 个国家派出 225 名农业专家，推动新技术转移 428 项，举办 400 余期援外培训班，培训外国农业人员逾 1.1 万人次，农业科技对外合作体系初步建成。六是全面参与全球粮农治理成效显著。成功实施中国—联合国粮食及农业组织南南合作二期项目，推进在华设立联合国全球人道主义应急仓库和枢纽，推动联合国世界粮食计划署在华设立南南合作卓越中心并启动农业南南合作项目，惠及近 30 个发展中国家上百万农户。

四、深化农村土地制度改革

处理好农民和土地的关系是农村改革的主线。我国农村土地制度改革的进程环环相扣，不断深入。改革开放之初实行家庭联产承包责任制，所有权归集体，承包经营权归农户，实行“两权分离”。随着社会主义市场经济的不断发展完善，按照归属清晰、权能完整、流转顺畅、保护严格的产权制度要求，2013 年中央一号文件提出，全面开展农村土地确权登记颁证工作，稳定农村土地承包关系。顺应农民保留土地承包权的同时流转土地的需要，2016 年中共中央办公厅、国务院办公厅印发《关于完善农村土地所有权承包权经营权分置办法的意见》和《深化农村改革综合性实施方案》，将落实集体所有权，稳定农户承包权，放活土地经营权作为农村土地制度改革的基本方向，形成所有权、承包权、经营权“三权分置”并行的格局。2017 年，党的十九大明确保持土地承包关系稳定并长久不变，第二轮土地承包到期后再延长 30 年。2019 年中共中央、国务院印发的《关于保持土地承包关系稳定并长久不变的意见》明确“长久不变”的政策内涵和第二轮土地承包到期后延包的基本原则。2020 年中央一号文件提出开展第二轮土地承包到期后再延长 30 年试点，同年 11 月由农业农村部、中央农办等 7 个部门和单位建立了第二轮土地承包到期后再延长三十年试点部际联席会议制度，为稳妥推进试点工作提供顶层设计和制度保障。

进入新时代，为赋予农民更多财产权利，激发农村土地要素活力，促进土地资源合理利用，迫切需要对农村宅基地、集体经营性建设用地等进行改革，形成合理的利益分配格局。2013 年 11 月，党的十八届三中全会通过的《中共中央关于全面深化改革若干重大问题的决定》提出，保障农户宅基地用益物权，改革完善农村宅基地制度，在符合规划和用途管制的前提下，允许农村集体经营性建设用地出让、租赁、入股，实行与国有土地同等入市、同权同价。2014 年 12 月，中共中央办公厅、国务院办公厅印发《关于农村土地征收、集体经营性建设用地入市、宅基地制度改革试点工作的意见》，对改革试点进行部署和安排。2018 年中央一号文件提出，探索宅基地所有权、资格权、使用权“三权”分置。2020 年 6 月，中央全面深化改革委员会审议通过《深化农村宅基地制度改革试点方案》，探索进一步放活宅基地使用权。2022 年 9 月，中央全面深化改革委员会审议通过《关于深化农村集体经营性建设用地入市试点工作的指导意见》，要求严格条件、规范程序，探索解决改革中的深层次问题。

通过一系列改革，我国农村土地产权权能不断完善，土地要素市场化配置效率进一步提升，全面深化农村土地制度改革取得了显著成效。一是农村土地承包制度进一步完善，农村承包地确权登记颁证全面落实，第二轮延包试点工作稳步推进，保持农村土地承包关系稳定并长久不变。二是宅基地制度改革探索推进，自 2015 年改革试点启动以来，各地加大闲置宅基地盘活力度，稳步探索宅基地自愿有偿退出机制；各地在确权登记的基础上，积极配合开展农民住房财产权抵押贷款试点，保障了农民土地权益，增加了农民财产性收入。三是集体建设用地入市不断深化，试点地区获得入市收益，促进乡村产业集聚转型发展，推动了城乡统一的建设用地市场建设。

五、改革创新农业经营制度

农业经营制度是关系农业农村现代化的关键制度安排，历来是农业农村改革的重要内容。习近平总书记强调，要以不变应万变，以农村土地集体所有、家庭经营基础性地位、现有土地承包关系的不变，来适应土地经营权流转、农业经营方式的多样化，推动提高农业生产经营集约化、专业化、组织化、社会化。党的十八届三中全会提出，坚持家庭经营在农业中的基础性地位，推进家庭经营、集体经营、合作经营、企业经营等共同发展的农业经营方式创新。

党的十八大以来，党中央、国务院围绕培育发展新型农业经营主体、发展多种形式农业适度规模经营、健全农业社会化服务体系等方面，出台一系列政策措施，推动农业经营制度改革创新。2013 年和 2014 年中央一号文件提出，大力支持发展多种形式的新型农民合作组织，培育壮大龙头企业。2014 年 8 月，农业部等九部门联合印发《关于引导和促进农民合作社规范发展的意见》，强调加强农民合作社规范化建设，提高农民合作社发展质量。2017 年 5 月，中共中央办公厅、国务院办公厅印发《关于加快构建政策体系培育新型农业经营主体的意见》，要求引导新型农业经营主体多元融合发展、多路径提升规模经营水平、多模式完善利益分享机制、多形式提高发展质量。2018 年中央一号文件提出，加快建设知识型、技能型、创新型农业经营者队伍。2019 年 2 月，中共中央办公厅、国务院办公厅印发《关于促进小农户和现代农业发展有机衔接的意见》，要求健全面向小农户的社会化服务体系；同年 9 月，中央农办等 11 个部门联合印发《关于实施家庭农场培育计划的指导意见》《关于开展农民合作社规范提升行动的若干意见》，对加快培育发展家庭农场、提升农民合作社的规范化水平作出部署和安排。2020 年 3 月和 2021 年 7 月，农业农村部先后印发《新型农业经营主体和服务主体高质量发展规划（2020—2022 年）》《关于加快发展农业社会化服务的指导意见》，进一步细化了发展新型农业经营主体的相关政策措施。2021 年 11 月，国务院印发《“十四五”推进农业农村现代化规划》，明确了“十四五”健全现代农业经营体系的发展方向和具体任务。

近年来，我国农业经济制度改革创新不断深化，新型农业经营体系逐步建立健全，为加快农业现代化、推动乡村振兴提供有力支撑。一是初步形成了以家庭农场为基础、农民合作社为中坚、农业产业化龙头企业为骨干、农业社会化服务组织为支撑，引领带动小农户发展的立体式复合型现代农业经营体系。二是新型农业经营主体数量不断增加。截至 2022 年 9 月底，我国累计认定县级以上农业产业化龙头企业 9 万多家，累计培育家庭农场 390 万个、农民合作社 222 万家。三是农业生产社会化服务渐成规模。截至 2021 年底，全国农业社会化服务组织数量超 95 万个，服务带动小农户 7800 多万户，有力推动了小农户与现代农业有机衔接。四是适度规模经营取得明显进展。近年来，各地按照依法自愿有偿原则，引导土地经营权有序流转，实现了集中连片种植和集约化经营；2015—2019 年，家庭农场经营土地面积增长约 2.6 倍，发展质量不断提升；截至 2021 年 7 月，全国已有 1239 个县（市、区）、18731 个乡镇建立农村土地经营权流转市场或服务中心，全国家庭承包耕地流转面积超过 5.55 亿亩。

六、深化农村集体产权制度改革

农村集体产权制度改革是全面深化农村改革的一项重大举措，对推动农村改革发展、完善农村治理、保障农民权益、培育壮大农村集体经济具有重要意义。农村集体产权制度改革是对农村集体经济组织所拥有的各类资源（主要是土地资源）、资金和资产（经营性资产、公益性资产），按照股份合作制的原则，将集体资产折股量化到人，由成员集体共有的产权制度转变为按份共有的产权制度、按份享受集体资产收益的制度改革。随着农村土地制度改革的持续深化，农户承包地和宅基地“三权分置”的制度框架基本确立，但集体成员财产权的实现路径仍不清晰，导致城乡融合发展进程中，农村各类资源要素流动不畅制约城乡要素的平等交换；集体资产归属不明、经营收益不清、集体收益分配权缺乏保障等问题又严重损害了农村集体所有制的优越性。

为完善新时代农村生产关系，形成既体现集体优越性又调动个人积极性的农村集体经济运行新机制，党中央、国务院出台一系列政策措施，推动农村集体产权制度改革。2013 年 11 月，党的十八届三中全会提出，保障农民集体经济组织成员权利，积极发展农民股份合作，赋予农民对集体资产股份占有、收益、有偿退出及抵押、担保、继承权。2014 年，农业部等三部门联合印发《积极发展农民股份合作赋予农民对集体资产股份权能改革试点方案》，在29个县（市、区）先行开展试点工作。2015年10月，财政部印发《扶持村级集体经济发展试点的指导意见》，选择13个省份开展试点，通过中央财政以奖代补等方式扶持村级集体经济发展。2016年，中共中央、国务院印发《关于稳步推进农村集体产权制度改革的意见》，对推进改革作出总体安排。2018年11月，中组部等三部委联合印发《关于坚持和加强农村基层党组织领导 扶持壮大村级集体经济的通知》，决定到2022年在全国范围内扶持10万个左右行政村发展壮大村级集体经济。2020年中央一号文件提出全面推开农村集体产权制度改革试点。2021年中央一号文件要求当年基本完成农村集体产权制度改革阶段性任务。2022年8月，农业农村部等四部门联合印发《关于做好农村集体产权制度改革成果巩固提升工作的通知》，对巩固提升农村集体产权制度改革成果作出部署和安排。

根据党中央、国务院的总体部署，中央农办、农业农村部会同有关部门先后组织开展了5批改革试点，覆盖全国所有涉农县（市、区），农村集体产权制度改革取得了阶段性成就。截至2021年底，全面完成了农村集体资产清产核资，全国核实集体资产7.7万亿元，集体土地等资源65.5亿亩；确认农村集体经济组织成员约9亿人，全国建立乡镇、村、组集体经济组织96万个（其中村级57万个），全部完成注册登记，领到《农村集体经济组织登记证书》，初步构建起归属清晰、权能完善、流转顺畅、保护严格的农村集体产权制度，为集体经济组织参与市场经营活动提供了保障。2020年，我国村集体经济总收入为6320.2亿元，比上年增长11.2%，是2012年的1.8倍；全国村集体经营收益超过5万元以上的村占到54.4%，比2012年增加32.8个百分点。

七、建立健全城乡要素合理配置的体制机制

城乡要素合理配置是经济社会高效运行的必要条件，建立健全城乡要素

合理配置的体制机制是加快推进农业农村现代化、实现乡村全面振兴的制度前提。随着我国工业化、城镇化进程的不断加快，农村人口、资金等各种资源要素涌向城市，同时，由于户籍制度、土地制度、市场竞争等原因，城市要素缺乏进入农村的渠道，城乡资源双向流动不畅、要素合理配置困难，制约着乡村产业和社会发展活力。

党中央长期高度重视推动城乡要素合理配置。党的十七大报告提出，建立以工促农、以城带乡长效机制；党的十七届三中全会提出，促进公共资源在城乡之间均衡配置、生产要素在城乡之间自由流动，推动城乡经济社会发展融合。党的十八大以来，党和国家加快城乡要素合理配置体制机制改革，促进城乡要素平等交换和公共资源均衡配置，多个中央一号文件对破除城乡要素流动壁垒进行具体工作安排。2014 年 3 月，中共中央、国务院印发《国家新型城镇化规划（2014—2020 年）》，要求加快建立城乡统一的人力资源市场和建设用地市场；同年 7 月，国务院印发《关于进一步推进户籍制度改革的意见》，要求建立与统一城乡户口登记制度相适应的教育、卫生计生、就业、社保、住房、土地及人口统计制度。2018 年 9 月，中共中央、国务院印发《乡村振兴战略规划（2018—2022 年）》，要求完善城乡融合发展政策体系，推动人才、土地、资本等要素双向流动。2019 年 4 月，中共中央、国务院印发《关于建立健全城乡融合发展体制机制和政策体系的意见》，明确了建立健全有利于城乡要素合理配置的体制机制 9 个方面的主要任务。2020 年 4 月 9 日，中共中央、国务院印发《关于构建更加完善的要素市场化配置体制机制的意见》，就扩大要素市场化配置范围、促进要素自主有序流动、加快要素价格市场化改革等作出部署。2021 年 2 月，国务院办公厅印发《要素市场化配置综合改革试点总体方案》，提出了土地、劳动力、资本、技术等 8 个方面试点任务，稳步推进要素市场制度建设。2022 年 3 月，中共中央、国务院印发《关于加快建设全国统一大市场的意见》，提出健全城乡统一的土地和劳动力市场。

随着政策深入实施，推进城乡要素合理配置的制度体系基本建立，促进城乡要素平等交换、双向流动。一是人才入乡激励机制和城乡人才合作交流机制逐步完善，城市下乡返乡创新创业人才队伍不断扩大；农业转移人口市民化成效显著，户籍制度改革进一步深化，城市落户门槛继续降低，居住证制度全面实施，居住证上附着的公共服务和办事便利项目不断增加，市民化配套政策有序实施，“人地钱”挂钩政策深入实施。二是城乡建设用地增减挂钩政策不断健全，农村宅基地制度改革路径基本确立，集体经营性建设用地入市探索深化，乡村产业振兴“用地难”问题逐步缓解。三是乡村建设资金来源渠道不断扩展，乡村营商环境得到改善，社会资本投向农业农村的规模不断扩大。四是县城在城乡要素配置中的作用不断增强，以县城为载体的新型城镇化和推进乡村全面振兴有机衔接，推动城乡资源要素配置、产业协同发展。

八、建立健全城乡基本公共服务均等化的体制机制

城乡基本公共服务均等化是农业农村现代化的重要内容，是满足农村居民美好生活需要的重要方面。长期以来，我国基本公共服务供给沿袭“城乡二元”思路，公共资源使用制度上的城乡差异，加剧了城乡发展的差距，导致了农村居民享受到的基本公共服务比城市居民面更窄、水平更低，农村公共服务是乡村发展的明显短板。

党的十六届六中全会首次提出“逐步实现基本公共服务的均等化”，党的十八大报告提出要加快健全基本公共服务体系，推动基本公共服务均等化总体实现。2013 年党的十八届三中全会强调，城乡基本公共服务均等化是加大强农惠农富农政策力度，让广大农民平等参与现代化进程、共同分享现代化成果的基础保障。围绕建立健全有利于城乡基本公共服务均等化的体制机制目标，2013—2023 年连续 11 个中央一号文件对加大农村基本公共服务投入，完善基本公共服务体系，提升农村教育、医疗卫生、社会保障、养

老、文化体育等公共服务水平，加快推进城乡基本公共服务均等化作出具体部署。2019 年 4 月，中共中央、国务院印发《关于建立健全城乡融合发展体制机制和政策体系的意见》，要求建立健全有利于城乡基本公共服务普惠共享的体制机制，推动公共服务向农村延伸、社会事业向农村覆盖，健全全民覆盖、普惠共享、城乡一体的基本公共服务体系，推进城乡基本公共服务标准统一、制度并轨。2021 年 12 月，国家发展改革委等 20 个部门联合印发《“十四五”公共服务规划》，系统谋划持续推进基本公共服务均等化；同月国务院办公厅印发《“十四五”城乡社区服务体系建设规划》，提出推动基本公共服务资源向村下沉，增加行政村和较大自然村基本公共服务供给。

党的十八大以来，农村公共服务短板加快补齐，城乡区域基本公共服务均等化水平不断提高。基本公共服务制度体系更加健全，建立了基本公共服务清单制度，出台了国家《基本公共服务标准（2021 年版）》，为政府履行职责和公民享有相应权利提供了依据。基本公共服务资源持续向基层、农村、边远地区和困难群众倾斜，城乡区域人群间基本公共服务差距不断缩小，中西部地区公共服务设施条件明显改善，部分指标逐步追平东部地区。城乡之间制度性差异明显减少，实现了“新农合”与城镇居民医保制度并轨运行，全面建立统一的城乡居民医保制度，统筹城乡的居民基本养老保险制度逐步健全，截至 2020 年底，全国基本医保参保人数达到 13.6 亿人，参保率稳定在 95%以上。基本公共服务逐步覆盖全部城镇常住人口，到 2020 年，全国 96.8%的县级单位实现义务教育基本均衡发展，85.8%的进城务工人员随迁子女在公办学校就读或者享受政府购买学位的服务 。农村基本公共服务供给持续改善，社会救助制度日趋完善，特殊困难群体基本生活得到有效保障，教育扶贫、健康扶贫、农村危房改造在助力打赢脱贫攻坚战中发挥了积极作用。各地陆续建立农村留守儿童、妇女、老年人关爱服务体系，初步构建起多层次的农村养老服务网络。

九、建立健全城乡基础设施一体化的体制机制

提升农村基础设施水平是改善农业生产条件和农民生活条件的前提条件，是推进乡村全面振兴、实现城乡融合发展的必然要求。从国际经验看，推动城乡交通等基础设施互联互通，缩小城乡基础设施水平之间的差距，是一些发达国家推动城乡协调发展的关键路径。从我国情况看，由于历史欠账较多，我国乡村的基础设施建设与城市相比仍然比较滞后，这是制约乡村产业发展、农村生活条件改善的短板弱项。

党的十八大以来，党和国家加快建立健全城乡基础设施一体化体制机制步伐，加大农村基础设施资金投入和建设力度。2013 年以来，历年中央一号文件都对农村基础设施建设工作做出具体安排；国家发展改革委连续多年对统筹城乡基础设施建设，加快基础设施向农村延伸，强化城乡基础设施连接的重点工作进行部署。党的十九大作出实施乡村振兴战略的重大战略部署，2018 年 9 月印发的《乡村振兴战略规划（2018—2022 年）》提出，要把基础设施建设重点放在农村，持续加大投入力度，加快补齐农村基础设施短板。2019 年 4 月，中共中央、国务院印发《关于建立健全城乡融合发展体制机制和政策体系的意见》，强调把公共基础设施建设重点放在乡村，坚持先建机制、后建工程，加快推动乡村基础设施提档升级，实现城乡基础设施统一规划、统一建设、统一管护。一是建立城乡基础设施一体化规划机制，以县或市作为整体，统筹规划城乡的道路、供水、供电、信息基础设施、广播电视、防洪、垃圾污水等基础设施建设，畅通城乡交通运输连接，因地制宜统筹处理城乡垃圾污水；二是健全城乡基础设施一体化建设机制，健全分级分类投入机制，发挥政府投入引领作用，积极引入社会资本和农民参与基础设施建设，支持有条件的地方政府将城乡基础设施项目整体打包，实行一体化开发建设；三是建立城乡基础设施一体化管护机制，更好地运用市场化手段保障城乡基础设施有效管护，合理确定城乡基础设施统一管护运

行模式，鼓励通过以购买服务的方式引入专业化企业，提高管护的市场化程度。2021 年 4 月，全国人大常委会通过的《中华人民共和国乡村振兴促进法》提出，要保障乡村发展能源和饮用水安全需求，统筹城乡公共基础设施和新型基础设施建设，统筹城乡基础设施规划、建设和管护，推动城乡基础设施互联互通，满足农民生产生活需要。

党的十八大以来，我国农村基础设施水平显著提升，农村用水条件不断改善，农村饮水安全问题实现历史性解决，截至 2021 年，农村居民有安全饮用水的用户比重为 97.0%，比 2013 年提高 22.3 个百分点；农村道路建设不断健全，基本形成了遍布农村、连接城乡的农村公路网络；农村用能水平不断提高，基本实现稳定可靠的供电服务全覆盖；农村厕所革命深入推进，补上了农村居民人居环境短板；城乡基础设施联通化、一体化步伐加快，越来越多的有条件的地方推进城乡污水垃圾统筹收集处理、城乡供水和客运一体化、城乡物流配送网络化。

建设美丽中国的体制蓝图

杨伟民

中共中央财经领导小组办公室原副主任

党的十八届三中全会审议通过的《中共中央关于全面深化改革若干重大问题的决定》提出，“紧紧围绕建设美丽中国深化生态文明体制改革，加快建立生态文明制度”。2015 年 9 月 11 日，中共中央政治局召开会议，审议通过了《生态文明体制改革总体方案》；9 月 21 日，中共中央、国务院印发的《生态文明体制改革总体方案》全文公布，成为我国第一部生态文明体制总体改革的中央文件。

党的十八大把生态文明建设纳入“五位一体”总体布局，党的十八届三中全会对生态文明体制改革作出总体部署，但生态文明体制到底是什么样的、应该改什么、向哪个方向改，并没有在部门间形成统一的认识。比如，党的十八届三中全会提出建立国家公园体制，但并没有提出具体方向。有的认为国家公园是搞旅游开发的，但如果这么搞，方向就偏了。

习近平总书记高度重视生态文明体制改革，指出“保护生态环境必须依靠制度、依靠法治”，要把制度建设作为推进生态文明建设的重中之重，着力破解制约生态文明建设的体制机制障碍。同时，改革实践迫切要求制定一个生态文明体制改革总体方案，对生态文明体制改革作出顶层设计，确定生态文明体制的“四梁八柱”，为生态文明体制的各项改革指明方向，并提供理论引领和思想基础。

2015 年初，中财办以经济体制和生态文明体制改革专项小组名义会同 12 个相关部门组成《生态文明体制改革总体方案》（以下简称《总体方案》）起草小组，用了近半年时间，形成了《总体方案》，并请有关单位进行事前评估，经中央审议通过后，2015 年 9 月 21 日，《总体方案》中英文版全文公布，成为我国第一部生态文明体制总体改革的中央文件。

《总体方案》是为了落实习近平总书记关于提高改革方案质量的要求由中财办直接牵头的一次尝试。改革方案要有质量，必须在多部门的讨论争论甚至激辩中逐步达成共识。改革是利益调整，要动奶酪。如《总体方案》提出的要整合 10 个方面的现行制度，必然涉及部门职责，如果这些整合由部门自己给自己动手术，很难下得去手。过去生态文明中的有关方面的体制，本来就是"九龙治水"的一件事，很多部门都管，让哪个部门来牵头，都有现实困难。

一、基本思路

《总体方案》的定位是，生态文明体制改革的顶层设计，促进我国经济绿色转型的强大动力，生态文明体制的"四梁八柱"，建设美丽中国的体制蓝图。在《总体方案》起草过程中，逐步形成了几个方面的考虑：

1. "四个突出"

方案的制定力图把握好以下四个问题：

一是阶段性。我国是发展中大国，必须处理好发展和保护的关系。发达国家生态环境从恶化到改善，经历了上百年，其生态环境方面的制度建立和立法是一个自然历史过程。我国在经济发展和生态保护方面独具特点，面临复合型的挑战，需要通过《总体方案》的设计，实现发展与保护的有机统一，现有体制向新体制的平稳过渡。《总体方案》应该是一个对生态文明体制的初步探索。

二是引领性。生态文明建设要内化为全社会行动，必须引领树立生态文明新理念。《总体方案》归纳了生态文明体制改革的 6 个理念、6 个原则、总体目标和 8 个具体目标。

三是系统性。坚持从我国的基本国情和新的阶段性特征出发，做好生态文明体制改革的顶层设计，推动形成系统完整的生态文明制度体系，以作为指导各方面具体制度建设和单项改革的依据。同时，强调在保障改革系统性、整体性、协同性的基础上，鼓励地方试点试验。

四是操作性。坚持问题导向，针对我国资源和生态环境的严峻形势和突出问题，提出改革目标、任务和明确具体的举措。同时，通过附表的形式，初步确定了每一项改革任务的责任主体、时间表和主要成果形式，以增强《总体方案》的操作性。

2.“四个认识”

由于过去我们对生态环境问题的认识不彻底，由此带来体制设计和行动上的某些偏差。方案的制定力图提高“四个认识”：

一是过去认为发展就是增加GDP，增加GDP就是增加农产品、工业品和服务产品，并没有把生态产品作为人们生存发展所必需的产品，没有作为发展的内涵。所以，要认识到生态产品也是产品，保护生态环境、提供生态产品，也是发展。

二是过去也提出了可持续发展，但没有在一定尺度的空间范围内把握人口、经济、资源环境之间的空间均衡。所以，要认识到生态环境问题，既是总体性问题，也是空间性问题，空间均衡，才能解决好人与自然和谐以及区域之间的协调发展问题。

三是过去我们注意到了在发展中要处理好人与自然和谐的问题，但在制度建设和工作重点上，把重点放在整治自然、征服自然，放在生态建设上，对约束人的行为注重不够。所以，要认识到实现人与自然和谐，主要方面在人，而不在自然。

四是过去我们也建立了不少的制度，有若干个“最严格”的保护制度，但对生态的系统的整体性认识不足，形成了按照自然资源类型和生态空间类型由不同部门分头管理的制度。所以，要认识到生态文明建设和改革是一个整体，需要系统观念，整体推进。

3. “四个特点”

“理念先行、顶层设计、填补空白、整合统一”，是总体方案的鲜明特点，是《总体方案》制度设计的出发点。

一是理念先行。习近平总书记在生态文明方面有很多走在时代前沿、理论前沿的新理念、新论断，在学习领会基础上，归纳了6个理念、6个原则，力求用思想的高度和理念的深度引领改革。

二是顶层设计。此前，生态文明体制改革总体上是滞后的、零碎的。生态的系统性、资源的稀缺性、环境破坏的严峻性，不允许仅靠“摸着石头过河”改革，必须确立整体的制度架构，把生态文明的“四梁八柱”立起来。

三是填补空白。在生态文明领域，某些方面还缺乏基础制度，“地基”缺失。例如，产权制度是社会主义市场经济的基石，产权不清、所有权人不到位，必然产生“公地悲剧”，带来生态环境的破坏。

四是整合统一。重点是对存在碎片化的体制进行整合统一，增强体制的统一性、整体性、协调性。《总体方案》提出了10个左右的制度整合。例如，自然资源所有者职责的统一、自然保护地的整合、空间性规划的整合，生态修复资金和政策的整合、绿色产品认证的整合等。

二、理念、原则、目标

《总体方案》提出了生态文明体制改革要树立的“六大理念”。

一是树立尊重自然、顺应自然、保护自然的理念。生态文明建设不仅影响经济持续健康发展，也关系政治和社会建设，必须放在突出地位，融入经济建设、政治建设、文化建设、社会建设各方面和全过程。这一理念是说，生态文明建设和改革，不仅是资源环境问题，还是一个先进的文明形态，要把生态文明的思想和原则贯彻到整个现代化建设的各方面和全过程。

二是树立发展和保护相统一的理念。坚持发展是硬道理的战略思想，发展必须是绿色发展、循环发展、低碳发展，平衡好发展和保护的关系，按照主体功能定位控制开发强度，调整空间结构，给子孙后代留下天蓝、地绿、水净的美好家园，实现发展与保护的内在统一、相互促进。这一理念是说，保护不是不发展，不同的区域，发展与保护的程度不同、开发强度不同，同时，发展要实现绿色发展。

三是树立绿水青山就是金山银山的理念。清新空气、清洁水源、美丽山川、肥沃土地、生物多样性是人类生存必需的生态环境，坚持发展是第一要务，必须保护森林、草原、河流、湖泊、湿地、海洋等自然生态。这一理念是说，生态产品也是产品，生态环境是生产生态产品的“耕地”，保护这些“耕地”，就是保护生态产品的生产能力。

四是树立自然价值和自然资本的理念。自然生态是有价值的，保护自然就是增值自然价值和自然资本的过程，就是保护和发展生产力，就应得到合理回报和经济补偿。这一理念是说，要拓展资本的内涵，保护自然，增值自然资本价值，理应得到回报，这样绿水青山就会变成金山银山。要按照市场化机制，促进生态产品的价值实现。

五是树立空间均衡的理念。把握人口、经济、资源环境的平衡点推动发展，人口规模、产业结构、增长速度不能超出当地水土资源承载能力和环境容量。这一理念是说，“有多少汤，泡多少馍”，要根据资源环境承载能力推动发展和实现区域协调，不能为了缩小本地区经济总量的差距，而破坏生态环境。对那些“一方水土养一方人养不富一方人”的区域，要增加经济总量与人口转移并举。

六是树立山水林田湖是一个生命共同体的理念。按照生态系统的整体性、系统性及其内在规律，统筹考虑自然生态各要素、山上山下、地上地下、陆地海洋以及流域上下游，进行整体保护、系统修复、综合治理，增强生态系统循环能力，维护生态平衡。这一理念是说，对生态环境治理要遵循自然规律，用系统观念的思想方法进行治理。正如习近平总书记所指出的，山水林田湖是一个生命共同体，人的命脉在田，田的命脉在水，水的命脉在山，山的命脉在土，土的命脉在树。如果种树的只管种树、治水的只管治水、护田的单纯护田，很容易顾此失彼，最终造成生态的系统性破坏。

《总体方案》提出了生态文明体制改革要树立的“六大原则”：

一是坚持正确改革方向，健全市场机制，更好地发挥政府的主导和监管作用，发挥企业的积极性和自我约束作用，发挥社会组织和公众的参与和监督作用。

二是坚持自然资源资产的公有性质，创新产权制度，落实所有权，区分自然资源资产所有者权利和管理者权力，合理划分中央地方事权和监管职责，保障全体人民分享全民所有自然资源资产收益。

三是坚持城乡环境治理体系统一，继续加强城市环境保护和工业污染防治，加大生态环境保护工作对农村地区的覆盖，建立健全农村环境治理体制机制，加大对农村污染防治设施建设和资金投入力度。

四是坚持激励和约束并举，既要形成支持绿色发展、循环发展、低碳发展的利益导向机制，又要坚持源头严防、过程严管、损害严惩、责任追究，形成对各类市场主体的有效约束，逐步实现市场化、法治化、制度化。

五是坚持主动作为和国际合作相结合，加强生态环境保护是我们的自觉行为，同时要深化国际交流和务实合作，充分借鉴国际上的先进技术和体制机制建设有益经验，积极参与全球环境治理，承担并履行好同发展中大国相适应的国际责任。

六是坚持鼓励试点先行和整体协调推进相结合，在党中央、国务院统一部署下，先易后难、分步推进，成熟一项推出一项。支持各地区根据本方案确定的基本方向，因地制宜，大胆探索、大胆试验。

《总体方案》提出了生态文明体制改革的目标：构建起由八项制度构成的产权清晰、多元参与、激励约束并重、系统完整的生态文明制度体系，推进生态文明领域国家治理体系和治理能力现代化，努力走向社会主义生态文明新时代。

——构建归属清晰、权责明确、监管有效的自然资源资产产权制度，着力解决自然资源所有者不到位、所有权边界模糊等问题。

——构建以空间规划为基础、以用途管制为主要手段的国土空间开发保护制度，着力解决无序开发、过度开发、分散开发导致优质耕地和生态空间占用过多、生态破坏、环境污染等问题。

——构建以空间治理和空间结构优化为主要内容，全国统一、相互衔接、分级管理的空间规划体系，着力解决空间性规划重叠冲突、部门职责交叉重复、地方规划朝令夕改等问题。

——构建覆盖全面、科学规范、管理严格的资源总量管理和全面节约制度，着力解决资源使用浪费严重、利用效率不高等问题。

——构建反映市场供求和资源稀缺程度，体现自然价值和代际补偿的资源有偿使用和生态补偿制度，着力解决自然资源及其产品价格偏低、生产开发成本低于社会成本、保护生态得不到合理回报等问题。

——构建以改善环境质量为导向，监管统一、执法严明、多方参与的环境治理体系，着力解决污染防治能力弱、监管职能交叉、权责不一致、违法成本过低等问题。

——构建更多运用经济杠杆进行环境治理和生态保护的市场体系，着力解决市场主体和市场体系发育滞后、社会参与度不高等问题。

——构建充分反映资源消耗、环境损害和生态效益的生态文明绩效评价考核和责任追究制度，着力解决发展绩效评价不全面、责任落实不到位、损害责任追究缺失等问题。

三、“八大制度”

《总体方案》，共十个部分、56 条。第一部分是生态文明体制改革的总体要求，包括指导思想、理念、原则、目标。第二至第九部分是生态文明体制的八项制度，是《总体方案》的“四梁八柱”，有 47 条改革任务和举措，

第十部分是改革保障。

生态文明体制改革就是要建立生态文明体制的“四梁八柱”，即八大制度，分别是产权制度、开发保护制度、空间规划体系、总量管理和节约制度、有偿使用和生态补偿制度、环境治理体系、市场体系、评价考核和责任追究制度。

这八项制度之间内容上相互关联、逻辑上相互贯通，构成了生态文明制度体系的基础性框架。产权制度既是生态文明制度的基础，也是社会主义市场经济体制的基石，所以《总体方案》首先明确要健全自然资源资产产权制度。自然资源资产具有外部性，即使拥有所有权，也不能任意开发，必须建立国土空间开发保护制度。为了处理好保护与开发国土空间的关系，必然建立空间规划体系。自然资源总是稀缺的，必须在开发保护中对各种自然资源进行总量管理。实现总量管理和全面节约，要依靠法律和行政管理，更需要采用价、税、费等经济办法，所以要健全资源有偿使用和生态补偿制度。实行这些制度后，在生产建设中必须加强污染防治和环境治理，建立健全环境治理体系。加强环境治理，需要行政、法律、经济各种手段并用，培育形成市场主体，发挥好市场配置资源的决定性作用，所以要健全环境治理和生态保护的市场体系。由于生态系统具有与经济系统不同的特点，外部性很强，政府在生态文明建设中必须充分履行职责，更好地发挥作用，所以要完善生态文明绩效评价考核和责任追究制度，严格约束和有效激励政府行为。

1. 健全自然资源资产产权制度

这一制度的核心是“清晰”，目标是构建归属清晰、权责明确、监管有效的自然资源资产产权制度。

确权登记。界定所有权及其空间范围，逐步划清“三个边界”，即全民所有自然资源与集体所有自然资源之间的边界，全民所有、不同层级政府行使所有权的边界，不同集体所有者的边界。在此基础上，建立权责明确的自然资源产权体系。

组建机构。按照所有者和监管者分开和一件事情由一个部门负责的原则，组建对全民所有的各类自然资源统一行使所有权的机构。

分级行使所有权。对全民所有的自然资源资产，按照不同资源种类和重要程度，研究实行中央和地方政府分级代理行使所有权职责的体制。中央政府主要对石油天然气、贵重稀有矿产资源、重点国有林区、大江大河大湖和跨境河流、生态功能重要的湿地草原、海域滩涂、珍稀野生动植物种和部分国家公园等直接行使所有权。

2. 建立国土空间开发保护制度

这一制度的核心是“主体功能”，目标是构建以空间规划为基础、以用途管制为主要手段的国土空间开发保护制度。使现在的以产业和领域的治理为主，转向更加重视空间治理。空间治理是国家治理体系的一个重要组成部分。

完善主体功能区制度。以主体功能区为空间治理的基础平台，统筹国家和省级主体功能区规划，健全基于主体功能区的区域政策。

用途管制。根据主体功能定位实行强度不同的开发和保护，调整按行政区和用地基数分配指标的做法。将用途管制扩大到所有自然生态空间。

国家公园。重点是“整合”“保护”，加强对重要生态系统的保护和永续利用，改革各部门分头设置的自然保护区、风景名胜区、文化自然遗产、地质公园、森林公园等的体制，对上述保护地进行功能重组，合理界定国家公园范围。国家公园实行更严格保护，除不损害生态系统的原住民生活生产设施改造和自然观光科研教育旅游外，禁止其他开发建设活动，保护自然生态和自然文化遗产原真性、完整性。加强对国家公园试点的指导，在试点基础上研究制定国家公园体制总体方案。

监管体制。将分散在各部门的有关用途管制职责，逐步统一到一个部门，统一行使所有国土空间的用途管制职责。

3. 建立空间规划体系

这一制度的核心是“一张图”，目标是构建以空间治理和空间结构优化为主要内容，全国统一、相互衔接、分级管理的空间规划体系。

编制空间规划是一个很难达成共识的改革。目前，主体功能区规划、国土规划和土地规划、城镇体系和城市规划、生态环境保护规划、林地保护规划、水源保护规划、交通规划等，都带有空间规划的性质。这些空间性规划多有交叉重叠和相互矛盾之处。同一块地，有的部门可能规划成建设用地，有的部门规划成农业用地，有的部门规划成旅游用地等。在“多规合一”改革试点中，一些市县发现仅城乡规划与土地利用规划的差异斑点就有 12 万块，合计 306 平方公里，占其行政区面积的 17.8%。

所以，通过“多规合一”的改革，形成全国统一、分级管理、相互衔接的空间规划体系十分必要。为国家的空间发展和空间治理提供指南，为可持续发展提供蓝图，为各类开发建设活动和用途管制提供唯一的依据。总之，要编制有用的、各方面都要遵循的空间规划。

但是，究竟哪些规划要整合、由哪个部门来牵头编制空间规划、空间规划包括哪些内容，还有不同的意见，甚至争论得很激烈。

目前在一些基本点上形成了一些共识，如空间规划分为国家、省级、市县三级；一个市县一个规划、一张蓝图；要统一土地分类标准；要划定“三区三线”，即城镇建设区、农业地区、生态地区，基本农田红线、生态保护红线和城镇开发边界；规划编制过程要广泛征求各方面意见，并全文公布听取当地居民意见，要由当地人大审议批准等。这些统一的认识已经在总体方案中明确了，但仍有很多未尽事宜。

《总体方案》明确，整合目前各部门分头编制的各类空间性规划，编制统一的空间规划，作为各类开发建设活动的基本依据。空间规划分为国家、省、市县（设区的市空间规划范围为市辖区）三级。鼓励开展省级空间规划试点。

推进市县“多规合一”，统一编制市县空间规划，逐步形成一个市县一个规划、一张蓝图，做到一张蓝图干到底。市县空间规划主要是划定生产空间、生活空间、生态空间，明确城镇建设区、工业区、农村居民点等的开发边界，以及耕地、林地、草原、河流、湖泊、湿地等的保护边界。

创新规划编制办法，探索规范化的市县空间规划编制程序，扩大社会参与，增强规划的科学性和透明度。鼓励试点地区进行规划编制部门整合，由一个部门负责市县空间规划的编制，可成立由专业人员和有关方面代表组成的规划评议委员会。规划编制前应当进行资源环境承载能力评价，以评价结果作为规划编制的基本依据。规划编制过程中应当广泛征求各方面意见，并全文公布听取当地居民意见。规划经评议委员会论证通过后，由当地人民代表大会审议通过，并报上级政府部门备案。规划成果应包括规划文本和较高精度的规划图，并在网络和其他本地媒体公布。鼓励当地居民对规划执行进行监督，对违反规划的开发建设行为进行举报。当地人民代表大会及其常务委员会定期听取空间规划执行情况报告，对当地政府违反空间规划的行为加以问责。

4. 完善资源总量管理和全面节约制度

这一制度的核心是“扩围”，从过去只是对耕地、水实行的总量管理制度，扩大到对所有应该保护的自然资源和自然生态管理。目标是构建覆盖全面、科学规范、管理严格的资源总量管理和全面节约制度。

节地、节水、节能，对如何落实最严格的耕地保护和水资源管理制度明确了改革要求。

天然林、草原、湿地、沙化土地、海洋资源的保护，对不同自然生态，分别提出建立保护制度的要求，如保护所有天然林，实行围填海总量控制、自然岸线保有率控制、海洋渔业资源总量管理制度等。

矿产资源开发利用，主要是建立有利于矿产资源集约开发和矿山环境保护的机制。

资源循环利用，主要是推行有利于资源回收和循环利用的制度，如种养业废弃物资源化利用、垃圾分类等。

5. 健全资源有偿使用和生态补偿制度

这一制度的核心是“有价”，自然生态是有价值的，保护自然，就是增值了自然价值、增加了自然资本，就应得到合理回报和经济补偿。目标是构建反映市场供求和资源稀缺程度、体现自然价值和代际补偿的资源有偿使用和生态补偿制度。

自然资源及其产品价格改革。我国资源及其产品的价格总体上偏低，没有体现资源稀缺状况和开发中对生态环境的损害，必须加快自然资源及其产品价格改革，将资源所有者权益和生态环境损害等纳入价格形成机制。

分别提出了完善土地、矿产资源、海域海岛有偿使用制度的要求，如完善矿业权出让制度，建立符合市场经济要求和矿业规律的探矿权采矿权出让方式，原则上实行市场化出让等。

资源税费改革。提出逐步将资源税扩展到占用各种自然生态空间，在华北部分地区开展地下水征收资源税改革试点。

生态补偿。中央财政逐步增加对重点生态功能区的转移支付，完善生态保护成效与资金分配挂钩的激励约束机制。制定横向生态补偿机制办法，以地方补偿为主，中央财政给予支持。

资金使用。把现有的生态保护修复方面的资金整合起来，按照山水林田湖系统治理的要求，更集中地用于青藏高原生态屏障、黄土高原—川滇生态屏障、东北森林带、北方防沙带、南方丘陵山地带等国家生态安全屏障的保护修复。鼓励各地区开展生态补偿试点，继续推进新安江水环境补偿试点，推动京津冀水源涵养区、广西广东九洲江、福建广东汀江—韩江等开展跨地区生态补偿试点，在长江流域水环境敏感地区探索开展流域生态补偿试点。

建立耕地草原河湖休养生息制度，编制耕地、草原、河湖休养生息规划，调整严重污染和地下水严重超采地区的耕地用途，逐步将 25 度以上不适宜耕种且有损生态的陡坡地退出基本农田。建立巩固退耕还林还草、退牧还草成果长效机制。开展退田还湖还湿试点，推进长株潭地区土壤重金属污染修复试点、华北地区地下水超采综合治理试点。

6. 建立健全环境治理体系

这一制度的核心是“共治”，体现环境问题不是政府一家的事，而是政府、企业、个人共同参与的事。目标是构建以改善环境质量为导向，监管统一、执法严明、多方参与的环境治理体系。

排污许可。这是发达国家普遍采用的做法，排污者必须持证排污、按证排污，从而把污染物总量控制的要求落到实处，改变现有按行政区层层分解的做法。《总体方案》提出，尽快在全国范围建立统一公平、覆盖所有固定污染源的企业排放许可制，依法核发排污许可证，排污者必须持证排污、按证排污，禁止无证排污或不按许可证规定排污。

区域联动。主要是在大气、水等污染防治上要建立区域协作机制。《总体方案》提出，在部分地区开展环境保护管理体制创新试点，统一规划、统一标准、统一环评、统一监测、统一执法。开展按流域设置环境监管和行政执法机构试点，构建各流域内相关省级涉水部门参加、多形式的流域水环境保护协作机制和风险预警防控体系。建立陆海统筹的污染防治机制和重点海域污染物排海总量控制制度。完善突发环境事件应急机制，提高与环境风险程度、污染物种类等相匹配的突发环境事件应急处置能力。

农村环境治理。目前责任主体不明确。提出了化肥、农药、农膜减量化，农作物秸秆综合利用，加强农村污水和垃圾处理等环保设施建设，财政支农资金的使用要统筹考虑增强农业综合生产能力和防治农村污染等。

信息公开。引导人民群众树立环保意识，完善公众参与制度，保障人民群众依法有序行使环境监督权。建立环境保护网络举报平台和举报制度，健全举报、听证、舆论监督等制度。

损害赔偿。过去赔偿标准太低，今后要大幅度提高违法成本。

环境保护管理制度。目的是建立环境治理的基础性制度。建立和完善严格监管所有污染物排放的环境保护管理制度，将分散在各部门的环境保护职责调整到一个部门，逐步实行由一个部门进行统一监管和行政执法的体制。有序整合不同领域、不同部门、不同层次的监管力量，建立权威统一的环境执法体制。

7. 健全环境治理和生态保护市场体系

这一制度的核心是“市场机制”，目标是构建更多运用经济杠杆进行环境治理和生态保护的市场体系。

培育市场主体。我们的企业，主体是生产工农业产品和服务产品的，从事环境治理和生态保护修复的企业太少，所以首先要培育市场主体。能由政府和社会资本合作开展的环境治理和生态保护事务，都可以吸引社会资本参与建设和运营。

市场体系。主要是建立用能权、碳排放权、排污权、水权交易市场。

绿色金融。通过金融方面的制度安排，发展绿色信贷、绿色股票指数、绿色债券，以及设立各类绿色发展基金等，激励企业绿色发展。

绿色产品。目前各部门分头设立的有环保、节能、节水、循环、低碳、再生、有机等产品，今后要统一整合为绿色产品，建立统一的绿色产品标准、认证、标识等体系。

8. 完善生态文明绩效评价考核和责任追究制度

这一制度的核心是“履责”，是针对政府设计的制度。目标是构建充分反映资源消耗、环境损害和生态效益的生态文明绩效评价考核和责任追究制度。

生态文明目标体系。把资源消耗、环境损害、生态效益纳入经济社会发展评价体系。根据不同区域的主体功能定位，实行差异化绩效评价考核。

资源环境承载能力监测预警机制。对资源消耗和环境容量超过或接近承载能力的地区，实行预警提醒和限制性措施。

探索编制自然资源资产负债表。建立实物量核算账户，明确分类标准和统计规范，定期评估自然资源资产变化状况。在市县层面开展自然资源资产负债表编制试点，核算主要自然资源实物量账户并公布核算结果。对领导干部实行自然资源资产离任审计。

最后，《总体方案》规定了生态文明体制改革实施的保障措施：一是加强对生态文明体制改革的领导，要求各部门要按照本方案要求和分工安排，抓紧制定单项改革方案，明确责任主体和时间进度。二是积极开展试点试验，鼓励各地区按照本方案的改革方向积极探索和推动生态文明体制改革，将各部门自行开展的综合性生态文明试点统一为国家试点试验，各部门根据各自职责予以指导和推动。三是完善法律法规，制定完善自然资源资产产权、国土空间开发保护、国家公园、空间规划、海洋、应对气候变化、耕地质量保护、节水和地下水管理、草原保护、湿地保护、排污许可、生态环境损害赔偿等方面的法律法规。四是加强舆论引导，加大生态文明建设和体制改革宣传力度，正确解读生态文明各项制度的内涵和改革方向，培育普及生态文化，提高生态文明意识，倡导绿色生活方式。五是加强督促落实。

生态文明建设和生态文明体制改革，在我国提出的时间较短，《总体方案》具有很强的探索性，是在生态文明体制改革上迈出的第一步，在实践的过程中还需要逐步完善。